民國歷史與文化研究

十五編

第12冊

由創作型態與民國新媒體
觀察京劇旦行之崛起至鼎盛（上）

吳怡穎 著

花木蘭文化事業有限公司

國家圖書館出版品預行編目資料

由創作型態與民國新媒體觀察京劇旦行之崛起至鼎盛（上）
／吳怡穎 著 -- 初版 -- 新北市：花木蘭文化事業有限公司，
2022〔民 111〕
目 8+206 面；19×26 公分
（民國歷史與文化研究　十五編；第 12 冊）
ISBN 978-986-518-931-0（精裝）
1.CST：京劇 2.CST：表演藝術 3.CST：角色
628.08　　　　　　　　　　　　　　　　111009778

ISBN-978-986-518-931-0

9 789865 189310

民國歷史與文化研究
十五編　第十二冊　　　　　　　ISBN：978-986-518-931-0

由創作型態與民國新媒體
觀察京劇旦行之崛起至鼎盛（上）

作　　者　吳怡穎
總 編 輯　杜潔祥
副總編輯　楊嘉樂
編輯主任　許郁翎
編　　輯　張雅淋、潘玟靜、劉子瑄　美術編輯　陳逸婷
出　　版　花木蘭文化事業有限公司
發 行 人　高小娟
聯絡地址　235　新北市中和區中安街七二號十三樓
　　　　　電話：02-2923-1455／傳真：02-2923-1452
網　　址　http://www.huamulan.tw 信箱 service@huamulans.com
印　　刷　普羅文化出版廣告事業
初　　版　2022 年 9 月
定　　價　十五編 14 冊（精裝）新台幣 42,000 元　　版權所有‧請勿翻印

由創作型態與民國新媒體
觀察京劇旦行之崛起至鼎盛（上）

吳怡穎　著

作者簡介

吳怡穎，一九八三年生於彰化市。國立中山大學中國文學系學士、國立清華大學中國文學所碩士、博士。碩士期間由王安祈教授指導，碩士論文為《兩岸禁戲研究》；博士階段則由王安祈教授與蔡英俊教授聯合指導，博士論文為《由創作型態與民國新媒體觀察京劇旦行之崛起至鼎盛》。著有期刊論文〈談國劇傳習所──介於科班與票房之間的教學組織〉。

提　　要

　　本論文藉由一路與京劇共生共存共榮的「民國新媒體」：報紙期刊、唱片電影，將京劇旦行由崛起至鼎盛分為四個階段：第一階段「在老生頭牌之下的清末旦行發展」，清末旦行演員聚焦於陳德霖與王瑤卿，分別代表正工青衣與新創花衫；第二階段「梆黃合演與性別對峙中梅蘭芳的崛起」，民初旦行演員前有所承、後有所創，尤以梅蘭芳承接遵循陳、王旦行表演傳統，在劇壇梆黃合演與坤伶競爭氛圍中，以劃時代的「時裝新戲」與「古裝新戲」展現創作型態與文化底蘊，締造編演新戲的文化風潮氛圍；第三階段「報紙票選五大名伶新劇」，「五大名伶」梅蘭芳、尚小雲、荀慧生、程硯秋、徐碧雲，競相邀集文人編劇的風潮在劇壇上大行其道，使得京劇的質性由民間戲曲轉趨文士化，亦改變了原來老生掛頭牌的京劇傳統，整體風格相形轉變，這些新戲有演員自擇編劇、自尋故事、指導編劇、修改唱詞，俱是創作意識之體現與鮮明「創作型態」之展現。第四階段「由期刊與唱片確立的四大名旦」，梅程荀尚從專屬劇目中建立個人表演風格，四大名旦稱謂經《戲劇月刊》與《五花洞》唱片確立，流派藝術進入高度發展。整體而言，以四個時期建構京劇旦行崛起、轉折、變化、競爭的完整脈絡。

表目次

圖目次

第一章　緒　論

第一節　研究動機、問題意識、研究範圍

一、研究動機

　　《中國京劇史》將京劇的醞釀形成、逐步成熟至鼎盛繁榮時期，分別界定為：1790～1840、1840～1917、1917～1938，[註1]對於京劇發展進入燦爛絢麗的嶄新階段，直指：「四大名旦的脫穎而出是京劇走向興盛期的重要標誌」，[註2]因此本論文討論京劇旦行發展必然以「四大名旦」：梅蘭芳（1894～1961）、尚小雲（1899～1976）、程硯秋（1904～1958）、荀慧生（1900～1968）為核心。

　　從現今觀點來看，旦行的流行與「四大名旦」作為京劇旦行的最重要代表人物，均是已成定論的觀點，亦是京劇藝術的文化成就，但若回溯京劇初起時並非如此，形成自清朝中葉北京民間之京劇，最先由「老生掛頭牌」：

　　「前三鼎甲」余三勝（1802～1866）、程長庚（1811～1879）、張二奎（1814～1860）

　　「後三鼎甲」譚鑫培（1847～1917）、孫菊仙（1841～1931）、汪桂芬（1860～1909）

〔註1〕馬少波等主編，北京市藝術研究所、上海藝術研究所組織編著：《中國京劇史》（北京：中國戲劇出版社，1999年），上卷，頁8～9。

〔註2〕馬少波等主編，北京市藝術研究所、上海藝術研究所組織編著：《中國京劇史》，中卷，頁707。

　　「前、後三鼎甲」俱是老生演員，「前三鼎甲」為「以地立派」，各自出身於漢劇、徽戲、京腔之戲曲劇種，使得三人唱腔各具其地方色彩，因而此時的京劇仍舊處於「徽班」、「漢調」等前身劇種的語言和腔調融合交匯之形成過渡期。〔註3〕到了「後三鼎甲」之譚鑫培，在前三鼎甲之基礎上精煉表演、改變唱腔風格，對於原有的劇本進行整理精修，或刪節、或潤飾，突出表演重點；唱詞亦略做修編，以利演唱發揮，才開始形成個人演唱風格的特色，而開啟「以人立派」的階段。誠如王安祈在《為京劇表演體系發聲》所指出：「京劇歷史發展，正以體系建構、典律成形之過程為分期標誌。一部京劇發展歷史，就是表演體系逐步確立的過程。京劇典律之嚴謹不下於崑曲，流派藝術的發揮更較崑曲豐富。」〔註4〕京劇發展歷史悠久，完整舞臺表演藝術體系由老生所開啟建構，相對於老生行當在譚鑫培「譚派」身上發揚光大，筆者關注的焦點是：「旦行如何在長期老生掛頭牌的局面中崛起發展、發揮特色？進一步脫穎而出、建構旦行的表演體系？方能取代轉變以生行為主導領銜的舞臺？並且開創以旦行掛頭牌的時代？」開派宗師譚鑫培在京劇史上的重要典範意義，在於以聲腔藝術塑造劇中人物，由《托兆碰碑》、《秦瓊賣馬》、《四郎探母》等舊有劇目，細膩唱腔蒼涼氣韻建立京劇老生藝術的核心價值。相對於老生，旦行的崛起至鼎盛主要憑藉新編戲，旦行演員競演新戲截然不同於原本京劇戲班頭牌之老生，老生搬演的多為現成既有的傳統劇目，並沒有創作新戲的概念。而以「四大名旦」梅尚程荀來說，相繼接二連三推出新戲，他們強勢主導一切，除了身為戲班老闆、名角領班者，更是戲曲舞臺上的主導者，他們自己擇選與邀請文人為其編劇，對於題材故事具有自己的看法，乃至於劇本的唱段安排、唱腔佈局、敘事結構，均有自己的思考判斷與主導權。因此筆者認為「四大名旦」既需個別獨立看待，卻又必須視為一個文化群體放進整個京劇史裡頭，因此本論文的主要研究動機，就是希冀在紛

〔註3〕「以地域立派」之研究，參見林幸慧：《京劇發展 V.S.流派藝術》（臺北：里仁書局，2004 年，根據其 1998 年國立清華大學中文研究所碩士論文《流派藝術在京劇發展史上的意義》修改而成，由王安祈指導），頁 81～137；王安祈：〈京劇梅派藝術中梅蘭芳主體意識之體現〉，收入王安祈：《為京劇表演體系發聲》（臺北：國家出版社，2006 年），頁 86～89。關於京劇形成階段漢調、徽班、京腔之融合，參見馬少波等主編，北京市藝術研究所、上海藝術研究所組織編著：《中國京劇史》，上卷，頁 56～100。

〔註4〕王安祈：〈自序〉，《為京劇表演體系發聲》，頁 7。

繁的京劇旦行研究中，找尋一個從根本出發的切入點，藉由建構京劇旦行由崛起至鼎盛的過程，探討分析京劇旦行的定位方式。

二、問題意識

由上述研究動機思索，如何建構還原京劇旦行發展，「回到歷史現場」是絕對必要的，根據《中國京劇史》描述：「京劇藝術的繁榮，對理論研究與宣傳活動的開展提出了要求。由於京劇社會地位的提高，以及印刷、錄音、攝影、廣播等科學技術的推廣，京劇的評論與宣傳得到較大發展。這反過來又促進了京劇的繁榮。」〔註5〕印刷、錄音、攝影、廣播等報刊與影音媒介，今日看來或許稱為故紙遺音，但回顧歷史可統稱為民國新興傳播媒體（下文簡稱為民國新媒體），一路與京劇發展共存共榮，也就是說：民國新媒體在京劇旦行由崛起至鼎盛的階段，發揮極大作用且舉足輕重，對於舞臺聚焦於「四大名旦」具有關鍵性與決定性。

更重要的是，之所以用「創作型態」與「民國新媒體」來論述，乃是因為在 1949 年之後戲曲改革為劇壇帶來劇烈震盪改變，「創作型態」不再是演員個人的主導自由發揮，在此之前，演員是劇團老闆擁有全盤主導權，一方面由市場決定藝術走向，另一方向也有演員自我的藝術投射，但戲曲改革使得演員個人的創作理念消失，必須放下任何價值觀點而全然為新中國新社會所服務，至此整體京劇藝術徹底改變，更深刻影響了京劇表演藝術「流派」的發展。由此前後對照，當時候的這些新媒體不僅是本論文研究依據與途徑，更提煉出本論文之問題意識：

（一）「演員」與「民國新媒體」的互動關係

首先是演員與民國新媒體的互動因應，源於老生、盛於旦行，1912 年譚鑫培在上海新新舞臺演出，由《申報》1912 年 11 月 7 日第五版廣告所述：「譚叫天名望隆重，前清時都人稱之為譚貝勒，其高貴可知。論其資格劇界中已無前輩，音調之美尊之為伶界大王實無愧焉。」譚鑫培因受慈禧太后封賞，被京城中人稱譽為「譚貝勒」之餘，「無腔不學譚」的風氣盛行，「伶界之大王」封號由《申報》所揭示確立；「四大名旦」之形成與出線亦是出自於報紙票選、期刊徵文、唱片灌製：1927 年北京《順天時報》舉行「五大名伶新

〔註 5〕馬少波等主編，北京市藝術研究所、上海藝術研究所組織編著：《中國京劇史》，中卷，頁 747。

劇奪魁投票」，1930 年上海《戲劇月刊》舉辦「現代四大名旦之比較」徵文活動，〔註6〕以及 1932 年灌製的《四五花洞》唱片，歷經報紙、期刊、唱片三階段所導出的結果，自此得到戲曲界乃至於戲迷觀眾的普遍認可，更可看出京劇在當時正是大眾流行娛樂，四大名旦所捲起的追星風潮更勝以往，不僅為戲劇界、文化圈的盛事，更是社會性的活動。回頭觀看這些「史實」，筆者關注有兩個面向：

其一、報刊票選徵文的現象與意義，無論是「伶界大王」、「五大名伶」、「四大名旦」的封號稱譽，除了具有一定程度或承接或轉向的關係之外，事實上都不是伶人演員自己本身能夠選擇的，而都是由一個特定的投票徵文機制所產生，在這些投票徵文製造「明星」的背後，其實蘊含著特殊的京劇名伶文化：演員檯面上與檯面下的競逐，檯面上有表演藝術的競爭、劇目擬定的較勁，檯面下則有「智囊團」幕前幕後策劃指揮全局，因此從這個角度勾勒探究京劇旦行演員的創新演繹，更能看出演員表演劇目的特色重點。

其二、「演員」與「民國新媒體」的迎拒互動，演員接觸了新興媒體，歷經了新興媒體的洗禮，而相對應的是，傳播媒介提供特定空間場域造就名伶，名伶如何看待這些新興媒體？旦行與老生面對這些媒體的態度與接受程度有何不同？旦行演員尤其站在「四大名旦」梅尚程荀的角度立場，如何面對、運用甚至是操作新媒體，藉由新媒體推廣傳播自己創作的新戲，導致響譽舞臺步上藝術的顛峰階段，尤其從「五大名伶」至「四大名旦」稱號的改變，演員藉由新媒體自我宣傳，亦仰賴新媒體的推波助瀾，「五大」至「四大」的受惠者與受影響者：荀慧生與徐碧雲，荀慧生身旁有「白社」為之出專刊、寫劇評大力宣揚，相較之下即使徐碧雲其盛譽一度不在四大名旦之下，但卻也因為幕中欠缺「徐黨」的協助奧援而逐漸相形失色，來不及站穩菊壇形成徐派便淡出舞臺，也因此開啟各自不同的發展面向。除此之外，旦行的表演如何受到新媒體的影響而有所創新與轉變，特別是新興電影媒介的運用，四大名旦之中唯有梅蘭芳接觸電影，更早於 1920 年即能在瞭解新媒體電影的傳播特性之下，積極把握契機、精準掌握宣傳力量，找尋一種切合電影拍攝的搬演

〔註6〕1927 年北京《順天時報》舉行的新劇奪魁投票，以梅蘭芳、尚小雲、程硯秋、荀慧生、徐碧雲（1903～1971）五人新戲進行選舉，在此之後徐碧雲表演成就的影響不大，因此 1930 年上海《戲劇月刊》舉辦的徵文活動即以「現代四大名旦之比較」為旨，旦行發展爭衡以梅尚程荀為主，故劇壇多只稱「四大名旦」。

戲曲方法，針對自己經典劇目斟酌的刪修而拍攝電影。

在這兩層意義上，筆者一方面藉由新興媒體材料勾勒京劇旦行的發展過程，整本論文對於新戲的介紹分析均運用當時新媒體，另一方面則提出民國新媒體如何影響演員的雙向寫作論證。

（二）旦行演員的「創作型態」

以「四大名旦」梅尚程荀而言，他們強勢主導自己的新戲，劇本和表演均全力介入、深刻投入，例如程硯秋回憶直言，「只要是爭得著大軸的主角的人，便有他個人的劇本」，〔註7〕尚小雲亦這樣說，「任何藝術要發展，就得創新；要競爭，就得獨具一格，有自己的絕活兒」，〔註8〕荀慧生所言：「1924年，我從滬杭等處返還北京，在環境影響之下，同程硯秋先生、尚小雲先生各與劇作家們緊密合作，在新劇目的競賽中，都創編了新劇。」〔註9〕足見清楚意識到必須編演新戲，警覺到創作的重要性，以「本店自造」的專屬劇本並打造獨一無二的「絕活兒」，自然還得憑藉新媒體的宣傳，才能在諸多旦行中崛起逐步穩固。而「新媒體」正是上述外界新時代播散的物質文化，涵蓋報紙、期刊、唱片、電影等項，「創作型態」與「新媒體」之一內、一外的交互作用，相互激盪、相互滲透，正因為藝術本身關乎時代思潮，「創作型態」受外界刺激而產生變化，如同詩人「遵四時以嘆逝，瞻萬物而思紛」，在時運交移之下書寫創作，面對傳統／革新之間的劇烈變動，眾聲喧嘩之下，演員做出什麼創作、如何創作，此處的創作不單指演員新戲、也指涉唱腔方面的創作。與此同時，京劇演員無可避免的參與歷史、介入歷史，留下的京劇劇目不僅是表演記錄，亦可解釋為反映歷史現實的創作成果。

這裡先簡述「京劇劇目」的定義，「劇目」意義不同於「劇本」：「劇本」是劇作家的書寫，「劇目」則是已經演出過，並在舞臺上成形的劇本，因此「劇目」內涵包括「劇本」和「演出」，而「演出」自然包含演員的表演和導演的處理。四大名旦的專屬劇目代表著京劇鼎盛期的舞臺榮景，與老生後三鼎甲——以譚鑫培為主——所代表的成熟期劇目，兩大群體劇目展現不同時空背

〔註7〕程硯秋：〈檢閱我自己〉，程硯秋著、程永江編、鈕葆校勘：《程硯秋戲劇文集》（北京：華藝出版社，2009年），頁3。

〔註8〕陝西政協及河北南宮市政協文史料委員會編：《京劇藝術大師尚小雲》（陝西：陝西人民出版社，1990年），頁29。

〔註9〕荀慧生：〈我對流派藝術的一些看法〉，《荀慧生演劇散論》（上海：文藝出版社，1980年），頁251。

景下個別之特色，使得京劇的質性由民間戲曲轉趨文士化。而原來的傳統民間老戲仍繼續活躍於舞臺上，京劇的劇本形成「民間／俚俗」與「文士化」兩線並行的現象。

循此筆者想要問的是：在外緣新媒體因素影響下，旦行演員如何由配戲的從屬地位，因應時代思潮與美學型態的流變，展現有別於老生的鮮明創作型態。尤其民國初年梅蘭芳首開先例，邀請文人編劇專門為他量身打造、度身訂製編寫新戲，〔註10〕這些新戲皆針對梅蘭芳的表演特質而安排劇情、塑造人物，梅蘭芳也根據劇情與人物特色以設計身段唱腔，方能成為具有鮮明個人特質的「專屬劇目」，同時，因為只適合梅蘭芳演出，為的是統一呈現梅蘭芳個人氣質秉性，所以也稱作梅派「私房戲」，而梅派的成形正是奠基於這批「專屬劇目」之上。故四大名旦劇目之成形、創作型態之確立，奠基於「名角挑班」之下各有專門合作的文人編劇、琴師鼓師，是烘托、是渲染、是支襯，形成專屬的創作團隊，亦出現追隨名伶之捧角集團。而邀請文人合作編劇亦有其關鍵點，例如尚小雲深知自己表演強項是紮實武功，最適合扮飾的是女俠劇中人物，因此特別擇選武俠小說作家還珠樓主與之合作，足見其清晰的創作型態；荀慧生與編劇陳墨香的合作，考量展示自己融匯花衫與花旦之長，彰顯兼擅不同行當的能力，創作如《紅樓二尤》、《勘玉釧》以「一趕二」改扮分飾氣質殊異、性格迥然的角色，可見荀派著重於新戲的色澤變換；「程郎晚出動京師」之程硯秋出身悲苦備受艱辛，其強烈的社會使命感是四大名旦中最為突出的，直接反映在敦請文人金仲蓀編寫《荒山淚》與《春閨夢》新戲之上，爾後邀請職業編劇家翁偶虹合作《鎖麟囊》，將舞臺程式的唱唸做打與劇本敘事的起承轉合做出最適當的安排，在編演關係中展露強烈的自我意識與演員自覺。

因此，運用民國新媒體分析京劇旦行演員劇目中透露的創作理念，即使在歷時的過程中這些新媒體並不是同時出現，在其重要性乃是逐步產生確立，由此進一步釐清四大名旦表演的創作形態與藝術進程，以及演員、創作群、媒體端三方的交流互動之外，整體而言，實包含搬演前後兩端的討論：編劇／演員、文士／伶人、劇本／演出、案頭／場上之交織共構，觀眾消費者、劇院經營者、劇評家、捧角集團迴響反饋於演員劇目的錯綜現象。從這樣多層次的角度切入，四大名旦的重要性更能因此顯現，並不只是開展一部

〔註10〕王安祈：〈京劇文士化的幾個階段〉，《傳統戲曲的現代表現》（臺北：里仁書局，1996年），頁59～84。

旦行戲曲發展史。更重要的是，四大名旦在當時開創京劇嶄新局面，使京劇發展臻於鼎盛，也因係「京劇鼎盛之標誌」而成為京劇之「正統／傳統」，因此現今學界與劇壇不斷提出「傳統與創新」或「紮根於傳統的創新」討論時，期許通過本論文之研究，可將京劇之「傳統」進行具體且整體的分析。

三、研究範圍

本論文對於研究範圍的擬定，自清末以降至 1945 年中日戰爭結束，大致劃分四個階段：

在老生頭牌之下的旦行發展：清末

梆黃合演與性別對峙中梅蘭芳的崛起：1911～1917

報紙票選「五大名伶新劇」：1917～1927

由期刊與唱片確立的「四大名旦」1927～1945

表 1-1：清末至 1949 年以降的旦行分期

分　期	關鍵事件	本期旦行整體表現	本期旦行主要演員
清末	老生掛頭牌 女觀眾開始解禁進劇場（1900）	旦行青衣戲碼少、配戲多。以旦角為主的劇目不如生行豐富。居於配角地位	陳德霖：傳統守格奠定京劇青衣唱腔典範 王瑤卿：突破行當嚴格界線，銳意革新創花衫
民初至譚鑫培逝世前：1911～1917	梅蘭芳初次赴滬演出（1913） 譚鑫培逝世（1917） 京劇改良運動	梆黃合演之下，乾旦與坤旦競爭激烈。梅蘭芳以文化人姿態崛起，首創編演「時裝新戲」與「古裝新戲」，使得劇壇頭牌逐漸轉型	梅蘭芳：「時裝新戲」如一縷麻、童女斬蛇，「古裝新戲」如天女散花、黛玉葬花
			尚小雲：傳統正工青衣路線，以鋼為主的唱法
			荀慧生：梆子花旦改行京劇，蹻功極佳
旦行鼎盛至「五大名伶新劇」票選：1917～1927	順天時報票選「五大名伶新劇」（1927）	「五大名伶」全為旦行演員，新劇蓬勃發展，開展藝術競爭。	梅蘭芳：「古裝新戲」開展文化高度，如洛神、太真外傳
			尚小雲：新戲塑造一系列文武帶打俠女形象，而摩登伽女最具創新意識
			荀慧生：新戲「融梆子於京劇」如元宵謎、香羅帶

			程硯秋：以新戲紅拂傳走紅，文姬歸漢等新戲奠定「程腔」地位
			徐碧雲：以新戲綠珠擠身五大名伶
「四大名旦」因灌製唱片而確立至中日戰爭結束：1927～1945	《戲劇月刊》「現代四大名旦的比較」徵文（1930）灌製「長城五花洞唱片」確立四大名旦之名（1932）	旦行派別確立，新戲風格鮮明，專屬劇目成形	梅蘭芳：傳統戲如宇宙鋒、新戲如鳳還巢
			程硯秋：新戲鎖麟囊奠定程派
			尚小雲：重塑漢明妃與失子驚瘋，文戲武唱特質
			荀慧生：新戲紅樓二尤、紅娘發揮塑造女性風格
1949 年之後	戲曲改革	旦行唯一新流派「張派」	張君秋：狀元媒、望江亭、西廂記、秦香蓮

　　京劇旦行發展需從京劇萌芽與「老生掛頭牌」劇壇開展，因此本論文以清末作為討論起點，隨著陳德霖（1862～1930）、王瑤卿（1881～1954）帶來明顯轉變，梅蘭芳的崛起與尚小雲、荀慧生、程硯秋的繼起，而後經由一般民眾進行票選，以民意輿論為基礎根柢而奠定其名，確是有其歷史與文化意義，方能醞釀累積進入京劇史、戲曲史而成為一中心指標，而四大名旦劇目，自民國初年一直搬演至今，流派傳人依舊在舞臺之上演出，更進一步改編演繹著，這些戲碼等於是京劇價值之所在。從外圍戲曲環境而言，揭示劇壇頭牌的轉變，由旦行內部來論，更是代表著旦行腳色的孳乳與分化完成，造就青衣、花衫、花旦、刀馬、武旦之風格特質，方能進入流派藝術範疇予以深論。而本論文時間下限定於 1949 年，概因 1949 年後官方明令實施「戲曲改革」政策，成為傳統戲曲的重要分界，不過論文中劇目分析重要例子會稍微超出此時限，如 1948 年梅蘭芳《生死恨》電影、1955 年「梅蘭芳的舞臺藝術」、1959 年梅蘭芳搬演《穆桂英掛帥》的重要意義，此外，隨著四大名旦而出現「四大坤伶皇后」、「四小名旦」、「四大坤旦」，則歸於結論。〔註11〕希冀藉由「以史帶論」為京劇旦行發展軌跡建立清晰框架。

〔註11〕1930 年由天津《北洋畫報》發起舉辦「四大坤伶皇后」票選：胡碧蘭（1909～）、孟麗君（1911～1991）、雪豔琴（1906～1986）、章遏雲（1911～2003）為「四大坤旦」，後因胡碧蘭息影舞臺，以新豔秋（1910～2008）遞補為四大坤旦之列。1936 年北京《立言報》投票選出的「四小名旦」：李世芳（1921～

第二節　前人研究成果

　　本論文探究京劇旦行發展，牽涉的面向廣泛多元，實則複合京劇歷史與表演藝術領域，尤其是關於旦行演員的表演藝術，始終是研究主流與重要方向，學界的研究成果也持續不斷的加深與擴展，而本節先提出「戲曲物質載體」的研究路徑，對於筆者撰寫論文的研究方法具有相當程度的啟引，次則針對表演流派藝術的前人研究成果進行梳理與述評。

一、「戲曲物質載體」研究回顧

（一）梅蘭芳1961年遺稿〈漫談運用戲曲資料與培養下一代〉

　　筆者閱讀四大名旦資料時，即關注到梅蘭芳1961年遺稿〈漫談運用戲曲資料與培養下一代〉〔註12〕，此文章本來預計發表於文藝界的座談會，而後由許姬傳與朱家溍記錄整理刊登於《戲劇報》，文章開門見山便提出：「戲曲表演藝術的記錄材料，包含照像、唱片、錄音、影片、文字等，對培養下一代、培養師資是有很大作用的。」晚年的梅蘭芳已有「戲曲資料」的概念想法，這是演員的自覺，也是對於自我表演藝術的總回顧。而所謂的「戲曲表演藝術的記錄材料」，不僅只對於戲曲教育具有相當助益，讓後輩演員揣摩名伶的照片身姿而得到啟發，參考唱片中唸字發音氣口而有所收穫，閱讀表演的文字記錄而「去病健藝」；更重要的是，可視作珍貴的研究材料，藉由平面的「戲曲照片」再現立體劇中情景，從演員眼神身段體現生動氣韻，而「戲曲唱片」更可全面整體省視演員的嗓音唱法變化過程。

（二）《京劇歷史文獻匯編》

　　《京劇歷史文獻匯編》這套重要資料包含清代卷十冊、清代卷續編四冊，〔註13〕蒐羅清代中葉以至清末包含：「專書、清宮文獻、報紙、日記、筆

　　　　1947）、毛世來（1921～）、張君秋（1920～1997）、宋德珠（1918～1984），而後因李世芳因意外逝世，宋德珠息影紅氍，1947年北京《紀事報》進行新「四小名旦」選出：張君秋、毛世來、陳永玲（1929～）許翰英（～1971），同樣是以大眾傳媒票選，其中唯有張君秋以華麗唱腔結合新戲成立「張派」。

〔註12〕梅蘭芳：〈漫談運用戲曲資料與培養下一代〉，《戲劇報》，1961年第Z7期，頁24～33；〈漫談運用戲曲資料與培養下一代〉，《戲劇報》，1961年第Z8期，頁37～45。收入於《梅蘭芳全集》第三卷，頁170～192。

〔註13〕傅謹主編：《京劇歷史文獻匯編》（南京：鳳凰出版社，2010年）、傅謹主編：《京劇歷史文獻匯編續編》（南京：鳳凰出版社，2014年）。另外參考吳存存：〈爬羅剔抉，刮垢磨光：旁搜遠紹，細大不捐：讀《京劇歷史文獻匯編（清

記序跋、竹枝詞、雜誌、圖錄」等京劇相關材料類別，由傅謹擔任主編、谷曙光為副主編，傅謹在〈前言〉中指出：「對京劇的研究，顯然嚴重滯後於教育的發展，這些現象，都與京劇研究資料缺少系統完整的蒐集與整理有關連」，因此立意編撰這部《匯編》的動機，正是緣於「全面蒐集整理與京劇相關的歷史文獻，為同行學者們從事京劇研究提供一個堅實的平台，方有可能推動京劇學科的研究」。筆者概覽目前京劇史料研究，在這套《京劇歷史文獻匯編》之前，以張次溪《清代燕都梨園史料》及其續編為京劇研究重要資料，〔註14〕涵蓋清代戲劇發展與部分民國出版的史料，而《京劇歷史文獻匯編》除了將許多重要文獻「第一次以經過整理的方式集中面世」之外，爬梳剔抉報章材料，整體蒐集整理的文獻遠多於《清代燕都梨園史料》。回到傅謹的出版前言而論，點出：「京劇學」的發展建立，除了傅謹自己本身曾出版《京劇學前沿》與《京劇學初探》專書，〔註15〕以及多次舉辦「京劇學研討會」，〔註16〕這套《京劇歷史文獻匯編》更透過系統性的輯錄編撰文獻資料來建構京劇學，推動京劇學科的研究，特別是關注到圖文並茂「圖錄」作為第一手的研究材料，包含：《情天外史》與《新情天外史》以演員肖像與文字評選優伶，《北京唱盤》為法國百代公司於北京收錄唱片的宣傳文宣，《圖畫日報》之「三十年來伶界之拿手戲」專欄，圖文介紹上海自清朝同治年間以來的著名優伶拿手好戲，以及「世界新劇」專欄關注新舞臺的改良新劇，《黑籍冤魂圖說》以劇照配合文字圖說形式為清末創舉，《民權畫報》以新聞速寫搭配繪圖人物報導上海伶界表演。〔註17〕

代卷）〉》，《戲曲藝術》，2013 年第 3 期，頁 134～135、140。

〔註14〕 張次溪編：《清代燕都梨園史料》（北京：中國戲劇出版社，1991 年）。

〔註15〕 傅謹：《京劇學前沿》（北京：文化藝術出版社，2007 年）、傅謹：《京劇學初探》（北京：文化藝術出版社，2011 年）。

〔註16〕 至 2018 年已舉辦七屆「京劇學國際學術研討會」，分別以「京劇與中國文化傳統」、「京劇與現代中國社會」、「京劇表演理論體系建構」、「梅蘭芳與京劇的傳播」、「京劇的文學、音樂與表演」、「京劇流派的傳承與創新」為主題。論文參閱杜長勝主編：《京劇與中國文化傳統：第二屆京劇學國際學術研討會論文集》（北京：文化藝術出版社，2008 年）。杜長勝主編：《京劇與現代中國社會：第三屆京劇學國際學術研討會論文集》（北京：文化藝術出版社，2009 年）。杜長勝主編：《京劇表演理論體系建構：第四屆京劇學國際學術研討會論文集》（北京：文化藝術出版社，2013 年）。

〔註17〕 傅謹主編：《京劇歷史文獻匯編（清代卷）·玖·圖錄（上）》、《京劇歷史文獻匯編（清代卷）·拾·圖錄（下）》（南京：鳳凰出版社，2010 年）。

（三）曾永義〈論說「戲曲資料」之五種類型〉與王安祈《錄影留聲　名伶爭鋒：戲曲物質載體研究》

曾永義撰有〈論說「戲曲資料」之五種類型〉，[註18] 專論「戲曲研究所運用資料」包含「文獻、田野考古文物、調查所得、訪問記錄、劇場觀賞評論」，而王安祈 2016 年出版的《錄影留聲　名伶爭鋒：戲曲物質載體研究》，[註19] 更直接以「戲曲物質載體」為書名，點出研究路徑。曾永義先生為該書撰寫序文時，特別提及：在田野考古發掘與發現之古文物的「文物資料」之外，「對於近代科技文物：唱片、錄音帶、錄影帶、電影、電視、光碟、音配像等」的重要性，直指「物質載體」方法相當值得重視。此外大陸學者亦關注所謂的「梨園文獻學」，谷曙光《梨園文獻與優伶演劇：京劇崑曲文獻史料考論》，[註20] 提出「梨園文獻」以勾連調和案頭與場上的具體概念，並回顧了吳小如〈戲曲的文獻學〉，以及苗懷明《二十世紀戲曲文獻學述略》專書、〈戲曲文獻學當議〉文章，[註21] 苗文概括分為十大類別：「劇本，研究論著，報紙期刊，唱片、錄音，繪畫、臉譜、照片等圖像資料，電影、錄像，音韻、樂譜、鑼鼓經等，戲單，與京劇文獻有關的文物等，域外文獻和海外研究論著」。足見「戲曲物質載體」的研究方法與路徑，逐漸成為戲曲研究的主要趨勢。

以上分別由演員、編撰者、研究者角度切入，皆不約而同的提出了戲曲資料之於京劇學科研究的重要性，這些「戲曲物質載體」都是與京劇旦行崛起至鼎盛時期同步發展的新媒體，或記人記戲、或錄音錄影，皆具有高度的傳播力量，因此不僅作為研究材料與方法，筆者進一步將這些與演員表演結合視之，在縱向的京劇發展史中開展橫向論述。

〔註18〕曾永義：〈論說「戲曲資料」之五種類型〉，《戲曲學（一）》（臺北：三民出版社，2016 年），頁 29～70。

〔註19〕王安祈：《錄影留聲　名伶爭鋒：戲曲物質載體研究》（臺北：國家出版社，2016 年）。

〔註20〕谷曙光：《梨園文獻與優伶演劇：京劇崑曲文獻史料考論》（北京：中國社會科學出版社，2015 年）。另外參閱谷曙光：〈老唱片研究的「照著講」與「接著講」——吳小如先生的老唱片研究與戲曲唱片文獻學的構建〉，《中國戲曲學院學報》第 39 卷第 1 期（2018 年 2 月），頁 15～21。

〔註21〕吳小如：〈戲曲的文獻學〉，收入於《吳小如戲曲文錄》（北京：北京大學出版社，1995 年），頁 612～613；苗懷明：《二十世紀戲曲文獻學述略》（北京：中華書局，2005 年）、〈戲曲文獻學當議〉，《文學遺產》，2006 年第 4 期，頁 124～160。

二、「京劇旦行發展與表演藝術」研究述評

（一）京劇旦行發展：四大名旦多、陳德霖與王瑤卿少

目前關於「京劇旦行」研究成果卷秩浩繁，無論在專書、期刊與碩博士論文領域，向來以「演員表演藝術」為論述的焦點主軸，「四大名旦」研究尤為顯著、又以梅蘭芳為最。〔註22〕儘管許多專書並非由學者所執筆書寫，內容屬於演員「傳記」，從身世學藝歷程著手，形式多為圖文並茂，諸如出版社以叢書方式編纂：《京劇泰斗傳記叢書》〔註23〕、《中國戲曲藝術大系・京劇卷》〔註24〕、《中國京崑藝術家傳記叢書》〔註25〕等伶人傳記系列叢書，或是以一人之力出版京劇四大名旦全傳，〔註26〕這些出版現象共同體現著名伶輩出、流派紛呈，其中的文獻考證可視為研究者的參考資料。較演員傳記更具參考價值的，則屬演員的「評論專著」，諸如：《梅蘭芳的舞臺藝術》、《梅蘭芳藝術評論集》、《程硯秋的舞臺藝術》、《秋聲集：程派藝術研究專集》、《荀慧生的舞臺藝術》等，〔註27〕皆扣緊演員的唱唸做打與流派藝

〔註22〕以梅蘭芳為主體，涉及其梅派唱腔、藝術造詣、演出劇目方面，例如仲立斌：《京劇梅派唱腔藝術研究》（福建：福建師範大學音樂學博士論文，2009年）、郭曉菲：《梅蘭芳戲曲唱片研究（1920～1936）》（北京：中國戲曲學院戲劇與影視學碩士論文，2015年）、趙婷婷：《民國時期梅蘭芳演出劇目研究》（東華理工大學碩士論文，2018年）。或以演員個人為主題之微觀研究，單篇論文如王安祈：〈乾旦梅蘭芳——完美女性　雅正典型〉，收入王安祈：《性別、政治與京劇表演文化》（臺北：臺大出版中心，2011年），頁1～27。鄒元江：〈梅蘭芳的「表情」與「京劇精神」〉，《戲劇研究》第2期（2008年7月），頁145～168。侯雲舒：〈梅蘭芳與費穆的跨界對話〉，《虛擬與寫實的碰撞：二十世紀前期京劇形式的新變與跨界》（臺北：文史哲出版社，2012年），頁177～247。

〔註23〕《京劇泰斗傳記叢書》共12冊，石家莊：河北教育出版社，1996年。

〔註24〕《中國戲曲藝術大系・京劇卷》共10冊，北京：中國戲劇出版社，2011年。

〔註25〕《中國京崑藝術家傳記叢書》由謝柏梁主編，包含京劇四大名旦、四大鬚生，上海：上海古籍出版社出版，2012年。

〔註26〕李伶伶：《梅蘭芳全傳》、《程硯秋全傳》、《尚小雲全傳》、《荀慧生全傳》（北京：中國青年出版社，2011年）。

〔註27〕許姬傳、朱家溍：《梅蘭芳的舞臺藝術》（北京：中國戲劇出版社，1960年）。中國梅蘭芳研究學會、梅蘭芳紀念館編：《梅蘭芳藝術評論集》（北京：中國戲劇出版社，1990年）。《程硯秋的舞臺藝術》（北京：中國戲劇出版社，1959年）。中國戲曲家協會北京分會、程派藝術研究小組：《秋聲集：程派藝術研究專集》（北京：北京出版社，1983年）。《荀慧生的舞臺藝術》（北京：中國戲劇出版社，1960年）。

術面向，反映出演員歷經舞臺錘鍊琢磨所造就的表演成果，由這批評論專著可見論述層面更為完整。尤以中國梅蘭芳研究學會、梅蘭芳紀念館編輯《梅蘭芳藝術評論集》，雖然早在 1990 年出版，但內容匯集梅派弟子的回憶記錄、學者專家的研究考據，開拓且奠定梅派藝術研究的廣度與視野，而 2008 年出版的《梅蘭芳與京劇的傳播：第五屆京劇學國際學術研討會論文集》，〔註 28〕多視角針對梅蘭芳的表演生涯進行論述，亦給予筆者書寫論文時的深邃思考。

在豐碩研究基礎上，筆者試圖從「四大名旦」與「流派建構」的角度上進一步探索，此處先需提及在「京劇流派」的觀念架構上，當以曾永義所提出的〈論說「京劇流派藝術」之建構〉為集大成之作，整理目前對於京劇流派之形成發展、構成基礎、建構條件之成果，揭示其定義：

> 所謂的「京劇流派藝術」，是京劇演員所創立表演藝術的獨特風格，被觀眾所喜愛認可，所共鳴模擬，終於薪傳有人而成群體風格，流行劇壇的一種京劇表演藝術。它是隨著開創者的成熟而建立，隨著徒眾的薪傳而完成。〔註 29〕

曾文指出每位流派開創者，必然經過傳統劇目詮釋、代表劇目的淬礪，各自發揮藝術風格。因此曾文對於流派之周延定義與架構，足作為本論文之依據根柢。回到「四大名旦」與「流派建構」上，特別以王安祈〈京劇梅派藝術中梅蘭芳主體意識之體現〉最先具有完整論述脈絡，藉梅蘭芳為例證點出「流派藝術」，〔註 30〕透過梅派戲的演進分期，考察演員與劇中人形象疊映的轉變關係，凸顯梅蘭芳的獨特性，以及對於京劇流派內涵之深切影響，開展京劇梅派藝術的詳密探討，全文對於梅派劇目的闡釋，則是極為重要的觀點。

順此研究脈絡，林幸慧《京劇發展 V.S.流派藝術》與李元皓《京劇老生旦行流派之形成與分化轉型研究》，〔註 31〕為京劇研究開啟重要端緒也奠定紮實

〔註 28〕傅謹主編：《梅蘭芳與京劇的傳播：第五屆京劇學國際學術研討會論文集》（北京：文化藝術出版社，2008 年）。

〔註 29〕曾永義：《戲曲之雅俗、折子、流派》（臺北：國家出版社，2009 年），頁 548。

〔註 30〕王安祈：〈京劇梅派藝術中梅蘭芳主體意識之體現〉，《為京劇表演體系發聲》，頁 31～98。

〔註 31〕李元皓：《京劇老生旦行流派之形成與分化轉型研究》（臺北：國家出版社，2008 年）。

基礎。林幸慧《京劇發展 V.S.流派藝術》先論流派形成之基礎，後談流派形成之條件，第四章「民國初年流派紛呈對京劇繁榮所起的推動作用」，所論圍繞於 1917 至 1937 年菊壇之演員與劇目盛況，唯參考當時報刊參考文獻稍屬不足，但其翔實論述實為本論文發展推進的根基；李元皓專著以老生與旦行為論述主軸，大量運用早期戲曲唱片資料，針對京劇表演的重心——「唱腔」發展深入分析與研究，由唱腔析論史的角度旁徵博引，開展腳色行當至流派競勝的過程，進一步建構京劇表演體系，尤其第四章「旦行的崛起與獨尊」，與本論文研究的時代正好重疊，其重點圍繞唱唸做打表演藝術之唱腔環節，因此對於四大名旦專屬劇目的關注自然較少，尤其是新戲的創作、表演、劇作家之間交織的文伶編演關係尚未充分開展，有鑑於此本論文正好可補其缺漏。另外，劉汭嶼《近代京劇旦行藝術的演進——以京師名旦為中心（1880～1945）》博論，〔註 32〕以「內部研究」視角考察京劇旦行藝術之行當、劇本、唱腔、音樂、身段、表演、造型、舞美等要素，勾勒近代京劇旦行藝術的生態面貌，分為：「晚清京劇旦行藝術的興起、梅蘭芳、程硯秋、民國京劇旦行藝術的分流」四大專章，將尚小雲、荀慧生、筱翠花歸於旦行藝術分流較為特別，提供筆者不同的參考觀點。

　　相對於四大名旦全方位的研究資料，清末民初旦行發展研究：代表人物陳德霖與王瑤卿較為不足，概因「京劇旦行的美學」多認定由四大名旦之首梅蘭芳所開創奠定，除了評傳類專書如陳德霖孫子陳志明編纂《陳德霖評傳》、《陳門三代梨園世家》，孫紅俠《桃李不言　一代宗師：王瑤卿評傳》，〔註 33〕整理時人評論與文獻資料，學術研究以學者么書儀〈陳德霖‧余玉琴‧王瑤卿〉文章，主要談陳德霖突破「張不開嘴」改革行腔使字，〔註 34〕

〔註 32〕劉汭嶼：《近代京劇旦行藝術的演進——以京師名旦為中心（1880～1945）》（北京：北京大學中國語言學系博士論文，2016 年）。相關的單篇論文有劉汭嶼：〈晚清京劇旗裝戲與旦行花衫的興起〉，《中國戲曲學院學報》第 34 卷第 4 期（2015 年 11 月），頁 64～71。劉汭嶼：〈近代京劇旦行藝術的集成與突破——王瑤卿戲曲革新研究〉，《中國戲曲學院學報》第 38 卷第 2 期（2017 年 5 月），頁 99～105。劉汭嶼：〈京劇青衣時代的奠定——陳德霖與晚清京師徽班旦行的變革〉，《戲曲藝術》，2018 年第 2 期，頁 280～292。

〔註 33〕陳志明編著：《陳德霖評傳》（北京：文津出版社，1998 年）。陳志明主編：《陳門三代梨園世家》（北京：學苑出版社，2014 年）。孫紅俠：《桃李不言　一代宗師：王瑤卿評傳》（上海：上海古籍出版社，2013 年）。

〔註 34〕收入么書儀：《程長庚、譚鑫培、梅蘭芳：清代至民初京師戲曲的輝煌》（北京：北京大學出版社，2009 年），頁 254～279。

黃兆欣《京劇旦行表演傳承與對話——以陳德霖、王瑤卿與梅蘭芳、程硯秋為例》博論，〔註35〕以「身體」角度重探京劇旦行表演本質，特別在表演傳承系統的脈絡裡，論述陳德霖的正宗青衣建立於唱腔完備，王瑤卿之開創花衫則在表演技巧上廣泛吸收，而成為影響旦行美學發展的關鍵人物。

（二）報刊角度的京劇研究綜述

報刊作為晚清新興媒體，於建構知識與娛樂文化中扮演極為重要的論述工具，從報刊切入的研究視角，戲劇報刊以及延伸的劇評研究，諸如耿祥偉《晚清民國戲劇期刊研究》博士論文，王興昀《報刊媒體對京劇女藝人的呈現——以民國時期京津為中心的考察》碩士論文，趙海霞：《1872～1919年近代報刊劇評研究》博士論文，孫俊士《民國時期戲曲報刊研究》博士論文，于琦《二十世紀前期（1904～1949）戲曲期刊與戲曲理論批評》博士論文，張芳《民國初期戲劇理論研究（1912～1919）》專書等，〔註36〕基本上均是藉由晚清以來興起的報刊媒體，或梳理戲劇理論、或概述戲曲發展史不同面向概況。而學者葉凱蒂從報刊運行機制提出「京劇明星」的研究：「自民國初年，京劇旦角的崛起以及由此帶起來的旦角藝術的發展成熟，是眾所周知的。標誌這一發展趨勢的高峰是1920年代中期『四大名旦』的出現。這導致了後來以旦角為主的各大流派的形成，促成了以旦角為首的明星文化，比電影界推出的明星文化早十幾年。最著名的是梅蘭芳，他不但成為中國京劇的巨星，

〔註35〕黃兆欣：《京劇旦行表演傳承與對話——以陳德霖、王瑤卿與梅蘭芳、程硯秋為例》（中壢：國立中央大學中國文學系博士論文，2014年），頁49～76。

〔註36〕耿祥偉：《晚清民國戲劇期刊研究》（上海：復旦大學博士論文，2010年）。王興昀：《報刊媒體對京劇女藝人的呈現——以民國時期京津為中心的考察》（天津：天津師範大學中國近現代史碩士論文，2010年）。趙海霞：《1872～1919年近代報刊劇評研究》（上海：復旦大學博士論文，2011年）。孫俊士：《民國時期戲曲報刊研究》（山西：山西師範大學博士論文，2011年）。于琦：《二十世紀前期（1904～1949）戲曲期刊與戲曲理論批評》（北京：中國藝術研究院戲劇戲曲學博士論文，2013年）。張芳：《民國初期戲劇理論研究（1912～1919）》（長春：吉林大學出版社，2013年）。趙海霞：《1872～1919年近代報刊劇評研究》將報刊劇評分為發軔（1872～1901）、發展（1902～1911）、蓬勃（1912～1919）三個時期，論述劇評與大眾文化的關係，反映了戲劇演員「明星化」的現象。此外，單一期刊研究如朱星威：《戲曲出版與商業文化：《戲劇月刊》研究，1928～1932》（新加坡：新加坡國立大學中文系碩士論文，2009年）。趙丹榮：《《戲劇月刊》文獻資料研究》（山西：山西師範大學戲劇與影視學碩士論文，2015年）。

而且成為世界級的藝術明星。」〔註37〕從這樣的角度切入，例如徐煜《近現代戲曲名角制文化研究》、楊慈娟《京劇明星與上海摩登——《申報》中的梅蘭芳（1913～1937）》碩論、張雅筑《報刊媒體與京劇坤伶的明星化（1912～1937）》碩論，〔註38〕可見從「名角制」與「明星化」的角度研究，補充了前人較少關注的面向。

從報刊角度開展京劇研究最為系統化且理論化，當以林幸慧 2004 年《《申報》戲曲廣告所反映的上海京劇發展脈絡：一八七二至一八九九》博士論文，修改後於 2008 年《由申報戲曲廣告看上海京劇發展：一八七二至一八九九》出版，〔註39〕綜觀細察《申報》戲曲廣告勾勒上海劇壇概況，歸納十九世紀上海京劇由確立形成到發展成熟的關鍵脈絡，具有京劇與報刊領域的學術開展性，雖然論文是以「上海京劇」為研究對象，海派京劇的文化場域較為特殊，但其對於《申報》戲曲廣告文獻的分析見解與整理鉤沉，將所謂的「戲曲廣告」提升成為一種研究路徑，不僅可視為形塑戲曲娛樂文化的傳播媒介，一方面提供劇本文學與表演藝術的重要材料，一方面重新審度以還原當時的演出環境與劇壇生態，對於筆者或後續研究者甚有助益。〔註40〕

其次以李湉茵博士論文《京劇知識形成、商業宣傳與演員中心現象——由 1917 至 1938 京劇報紙期刊探討京劇之發展》，〔註41〕藉由京劇鼎盛期的

〔註37〕葉凱蒂：〈從護花人到知音——清末民初北京文人的文化活動與旦角明星化〉，收入陳平原、王德威編：《北京：都市想像與文化記憶》（北京：北京大學出版社，2005 年），頁 121。葉凱蒂：《上海‧愛：名妓、知識份子和娛樂文化（1850～1910）》（北京：生活讀書新知三聯書局，2012 年）。

〔註38〕徐煜：《近現代戲曲名角制文化研究》（上海：上海書店，2011 年）。楊慈娟：《京劇明星與上海摩登——《申報》中的梅蘭芳（1913～1937）》（臺北：臺灣師範大學歷史學系碩士論文，2014 年）。張雅筑：《報刊媒體與京劇坤伶的明星化（1912～1937）》（中壢：中央大學中國文學學系碩士論文，2016 年）。

〔註39〕林幸慧：《由申報戲曲廣告看上海京劇發展：一八七二至一八九九》（臺北：里仁書局，2008 年）。

〔註40〕例如高美瑜：《二十世紀上半葉海派京劇研究（1900～1949）》（臺北：國立臺北藝術大學戲劇學系博士論文，2018 年），其指導教授由邱坤良與林幸慧聯名指導，博論透過報刊、相片、唱片史料，以及藝人訪談口述歷史，形構海派京劇的歷史風貌。

〔註41〕李湉茵：《京劇知識形成、商業宣傳與演員中心現象——由 1917 至 1938 京劇報紙期刊探討京劇之發展》（新竹：國立清華大學中文所博士論文，2015 年）。

綜合性報紙與戲劇期刊，以 1917 年前到抗戰前夕新舊劇理論互動論述為開展，歸納「京劇知識形成、商業宣傳、演員中心」三大現象，特別是運用報刊之商品與戲園廣告材料，由視覺圖像研究證實廣告與京劇名伶為相輔相成，證實京劇演員地位與報刊宣傳能見度之緊密關連，而四大名旦正是最佳且合適的案例。以及王照璵《近現代「京劇捧角」文化研究》博士論文，〔註42〕亦以報刊為主要研究文獻，探討清末民初興起的「捧角風潮」，奠基於「品優」文化變遷的背景，梳理「京劇捧角」淵源、過程、群體與活動面貌，進一步解讀文士捧角者與伶人關係與其背後的文化意涵。正因為知識份子文士向來是學術研究的重要對象，因此該論文針對「評劇家」與「伶黨：捧伶集團」的專章處理，提供筆者對於文伶關係的參考。

第三節　研究方法：戲曲文獻與視聽媒介

本論文以「京劇旦行」作為研究主體，所使用的主要材料為文獻與有聲資料，筆者藉由「戲曲文獻」：報刊、戲單、回憶錄，以及「視聽媒介」唱片、電影、音配像，這兩大類型的素材進行相互運用參考，並以「四大名旦為主、流派傳人為輔、老生為對照」之原則，以期呈現文本上與舞臺上的旦行演員，建構京劇旦行的發展過程。以下逐項介紹代表性材料：

一、戲曲文獻：報刊、戲單、回憶錄

（一）歷史素材：報刊（包含照片圖像）

學者陳平原指出：「報刊研究不只提供了回到歷史現場、理解一個時代文化氛圍的絕好機會，同時也讓你馳騁想像，重構那個時代的『文學場』（literary field）。」〔註43〕筆者欲藉由報刊材料作為一種重要的歷史文本，在

〔註42〕王照璵：《近現代「京劇捧角」文化研究》（中壢：國立中央大學中國文學系博士論文，2018 年）。

〔註43〕陳平原：〈報刊研究的視野與策略〉，收入於陳平原主講，梅家玲編訂：《晚清文學教室：從北大到台大》（臺北：麥田出版，2005 年），頁 39。「文學場」（literary field）即為「文學生產場域」，為法國社會學家布赫迪厄（Pierre Bourdieu，1932～2002）所提出，在經濟與政治條件影響左右藝術觀念之下，文學場域與權力場域之間具有各種開放或隱含的形式、直接或反向的依賴效應，參見 Pierre Bourdieu 著、劉暉譯：《藝術的法則：文學場的生成與結構》新修訂本（北京：中央編譯出版社，2011 年），頁 191～266。

不同報刊之不同文本的碰撞中，交涉互看並挖掘組織四面八方流動聲音，進一步試圖建構旦行由崛起至鼎盛的高度發展「京劇動態場域」。本論文使用以下重要綜合性報紙，包含：《申報》、《順天時報》、《大公報》、《益世報》、《北洋畫報》，〔註44〕期刊則包含：《戲劇月刊》、《戲劇與文藝》、《國劇畫報》、《劇學月刊》、《戲劇週報》、《半月劇刊》、《十日戲劇》、《半月戲劇》、《立言畫刊》，〔註45〕以下列為表格說明以清眉目：

表 1-2：民國新媒體代表性報紙與期刊介紹

	報刊名	創刊至終刊	創辦／主編	出版地與機構	報刊內容與欄目簡介
報紙	《申報》	1872～1949	英商美查	上海	近代第一份中文日報，發行時間最長、影響力最大，「自由談」專欄劇評眾多且極具份量。
	《順天時報》	1901～1930	日籍中島真雄	北京	主編之一的日人辻武雄愛好京劇，以辻聽花為筆名發表大量劇評，並主導多次菊選。
	《大公報》	1902～1949	英斂之	天津	創刊以文人論政、文章報國為己任，副刊登載演出訊息、戲曲評論等。
	《益世報》	1915～1949	比利時人雷鳴遠與中國劉守榮	天津	羅馬天主教會在中國印行的中文日報，雖為宗教背景但並非傳教性報刊，登載劇評、劇事瑣記，如「津門遊藝界所聞見」專欄等。

〔註44〕本論文使用《申報》縮印本（上海：上海書店，根據上海圖書館所藏全套原報縮小二分之一影印，1983～1987 年）。《順天時報》微捲資料、《大公報》縮印本（天津：天津大公報社，根據原報縮印為八開本）。全套自光緒 28 年 6 月起至民國 38 年 1 月止，共 164 冊。《益世報》影印本（北京：南開大學、天津古籍、天津教育出版社，2006 年），共 136 冊。創刊於 1915 年 10 月 10 日，至 1949 年 1 月停刊。另，參考《益世報天津資料點校匯編》（天津：天津社會科學院出版社，1999 年）。《北洋畫報》影印本（北京：書目文獻出版社，根據北京圖書館所藏全套原報影印，1985 年）。創刊於 1926 年 7 月 7 日，先後出版 1587 期，並於 1927 年 7 月至 9 月間另出副刊 20 期。

〔註45〕姜亞沙、經莉、陳湛綺主編：《中國早期戲劇畫刊》（北京：全國圖書館文獻微縮複製中心，2006 年）。

	《北洋畫報》	1926～1937	馮武越、譚北林	天津	傳播時事、提倡藝術、灌輸知識為宗旨，以照片為主、文字為輔，包含時事社會活動、戲曲電影人物等，最為相關是舉辦 1930 年「四大女伶皇后」菊選。
期刊	《戲劇月刊》	1928～1932	劉豁公	上海戲劇月刊社	對傳統戲曲的宣傳研究評論，有銅圖（戲裝、時裝與便裝照片）、臉譜、文字三項欄目，圖文並茂。
	《戲劇與文藝》	1929～1930	熊佛西、陳治策	文化學社發行	刊載戲劇理論，探討戲劇文學，介紹報導戲劇消息，漫談藝術趣話。
	《國劇畫報》	1932～1933	齊如山	北平國劇協會	以整理研究發展京劇為主旨，發表劇本劇照、梅蘭芳等授課記錄，以及京劇表演化裝音樂等。
	《劇學月刊》	1932～1936	金仲蓀	中國戲曲音樂院研究所	登載京、崑、話劇與地方戲研究，主要欄目有論文、專記、研究、曲譜、古今劇壇、京劇提要等，為當時最具影響的刊物之一。
	《戲劇週報》	1936～1940	白雪	上海戲劇週報社	主要介紹梨園動向，設有劇壇、梨園公報、各地劇聞、菊部春秋等欄目，以大量圖片反映劇壇現況。
	《半月劇刊》	1936～1937	沈聞雛	北平半月劇刊社	以研究闡發京劇藝術為宗旨，刊登戲劇論述、梨園掌故、伶工品評、菊部珍聞，刊有大量名伶劇照。
	《十日戲劇》	1937～1941	張古愚	上海國劇保存社	主要介紹著名京劇演員與劇目，以及評論京劇藝術，刊登大量劇照與臉譜。
	《半月戲劇》	1937～1943	鄭子褒	上海聲美出版社	以京劇研究與評論為主，設有戲劇理論、劇史資料、演員介紹、演技研究等欄目。
	《立言畫刊》	1938～1945	金受申	立言畫刊社	內容多元，戲曲相關欄目有國劇、文藝等，介紹戲曲表演與刊載珍貴戲像。

由上表可清楚看出，報刊發行集中於北京、天津、上海，之所以選擇京津滬所發行的報刊，因為這三地是極為重要的三大商業城市，戲曲演出活動熱鬧頻繁，出版市場與商業機制相對完整，衍生出現「京劇專刊迅速發展」的現象，〔註46〕筆者參考的期刊相繼創辦於 1910 年代至 1940 年代，正是京劇鼎盛時期。因此可透過這批大眾媒體資料具體審視京劇旦行演出劇目評論，這些劇評不只是「同時代的觀眾回應」、觀眾有意之發聲，而是觀眾反饋於演員的最佳證明，演員面對這些迴響餘音，反過頭來修訂排演，這之間所形成特殊的觀、演現象，亦是本論文所欲探究的層面之一。而且梨園行有句俗語：「北京學成、天津走紅、上海賺包銀」，所描述的演員北京紮根學戲，在天津嶄露頭角獲得觀眾肯定，而後到上海商演賺進大把鈔票，這三地恰正與戲曲界發揚開展不謀而合。尤其上海是最大的經貿樞紐，十里洋場與城市商埠形塑建構發達的娛樂文化，因此《申報》所登載京劇相關消息評論最多，且具有全國性的宣傳力量，影響力為報業之翹楚。除了所熟悉的《申報》「自由談」劇壇專欄，刊載當時第一手評語，頗具有參考價值之外，報紙刊登的演出「廣告」更是筆者關注焦點，不僅可考察劇團業者生存競爭的行銷手法，演員橫跨重要都市的演出記錄，概覽劇壇劇種發展的整體氛圍，更重要的是，可藉由報紙所載的演員名單、演出劇目，分析名角的起落進退、劇目的興衰消長，尤其可重現如今僅存、而無法窺見演出的劇目。另一方面，報刊所登載的「戲曲照片」亦是筆者閱覽重點，包含演員的戲裝與時裝照片，瞭解演員新戲服裝造型，更可架構出京劇鼎盛時期的文化圖景。

（二）戲單

順著報刊的脈絡，筆者特別將「戲單」獨立一類，正因為戲單除了記錄著上演劇目、演員陣容，更真實記載了劇場變遷的情況，關於戲單的研究，以蔡欣欣〈圖文顯影──「戲單」史料的解構與重整〉一文，〔註47〕清楚指

〔註46〕祝均宙：《圖鑑百年文獻：晚清民國年間期刊源流特點探究》（臺北：華藝學術出版社，2012 年），頁 229。報刊研究參見以下資料，張天星：《報刊與晚清文學現代化的發生》（南京：鳳凰出版社，2011 年），祝均宙：《圖鑑百年文獻：晚清民國年間畫報源流特點探究》、《圖鑑百年文獻：晚清民國年間期刊源流特點探究》（臺北：華藝學術出版社，2012 年）、《圖鑑百年文獻：晚清民國年間小報源流特點探究》（臺北：華藝學術出版社，2013 年）。
〔註47〕蔡欣欣：〈圖文顯影：「戲單」史料的解構與重整〉，《臺灣歌仔戲史論與演出評述》（臺北：里仁書局，2005 年），頁 269～379；蔡欣欣：〈重返歷史現場：

出戲單具有「宣傳、記錄、說明」的史料價值與意義；谷曙光《梅蘭芳老戲單圖鑑：從戲單探究梅蘭芳的舞臺生涯》論著，[註48] 直接從老戲單與節目冊資料著手，客觀全面鉤稽梅蘭芳的演劇歷程。本論文使用戲單史料還原劇場真實面貌，參閱韓樸主編《首都圖書館藏舊京戲報》，杜廣沛收藏、樓兌撰文《舊京老戲單：從宣統到民國》，另外參考倪曉建主編：《菊苑留痕：首都圖書館藏北京各京劇院團老戲單：1951～1966》，[註49] 以呈現時空交織下的劇場沿革，包含觀賞座位的情況，彌補了報刊資料的空缺。

（三）傳記回憶錄

大量豐富的「筆記叢談」、「伶人往事」──演員回憶紀錄、舞臺生涯回顧，詳細記載演員藝史、表演想法，如梅蘭芳之《舞臺生活四十年》自傳、荀慧生《小留香館日記》等，可視為第一手珍貴京劇史料；與旦角名伶合作的演員、流派後繼傳人，[註50] 所出版的習藝閱歷、表演體會，可見配戲合演過程的觀摩、傳人與宗師之間的對話，除此之外，長期關注的戲迷劇評專家，身歷其境的親見親聞觀劇心得，例如票友兼劇評者薛觀瀾，僅小梅蘭芳三歲，和梅蘭芳、余叔岩、孟小冬等名伶俱都熟諳，「以過來人現身說法」，談論其所親見的梅蘭芳便具有說服力。以上這四個面向的傳記回憶錄應彼此參照互證，對於京劇旦行發展的完整建構提供最佳輔助。但面對這些傳記回憶錄的「口述歷史」，帶有或多或少的點綴渲染，需保持謹慎求真態度。

「戲單」中圖文顯影的臺灣歌仔戲〉，《臺灣歌仔戲史論：文本、展演與傳播》（臺北：政大出版社，2018 年），頁 19～60。

[註48] 谷曙光：《梅蘭芳老戲單圖鑑：從戲單探究梅蘭芳的舞臺生涯》（北京：學苑出版社，2015 年）。

[註49] 杜廣沛收藏、樓兌撰文：《舊京老戲單：從宣統到民國》（北京：中國文聯出版社，2004 年），韓樸主編：《首都圖書館藏舊京戲報》（北京：學苑出版社，2004 年）。倪曉建主編：《菊苑留痕：首都圖書館藏北京各京劇院團老戲單：1951～1966》（北京：學苑出版社，2012 年）。

[註50] 涵蓋李伶伶四大名旦叢書、河北教育出版的京劇泰斗傳記、中國戲劇出版社系列等。而之所以將流派傳人談論習藝閱歷與表演體會也需包含其內，正因為流派傳人的修改演出有待細究之必要，例如青衣、花旦、刀馬三門抱之演員李玉茹，其《梅妃》劇本根據金仲蓀、程硯秋的本子進行重新編排，濃縮精簡後創造自我特色，足見傳人與宗師之間的對話。因此，本論文雖以四大名旦本人的代表劇目為主軸，但該流派傳承過程中的改變現象亦是重點，檢視為何杜近芳、趙燕俠、李玉茹、童芷苓等不成流派之因，由此可反推觀察本人之特色。

二、視聽媒介：唱片、電影

（一）唱片

自 1877 年愛迪生（Thomas Alva Edison，1847～1931）發明世界第一部留聲機（Phonograph），1887 年伯利納（Emile Berliner，1851～1929）進一步研究製造蠟盤留聲機（Gramophone），即是唱片（disc）的原型濫觴，[註51] 19 世紀末留聲機與唱片傳入中國，影響催生近代中國唱片工業的迅速發展，開啟音樂產業的嶄新脈絡。「唱片上的戲曲」有別於「舞臺」與「文本」，根據學者容世誠研究稱為「第三類型戲曲」：由唱片公司機械生產的中國戲曲，體現出中國戲曲史上前所未有的空間性和社會性。[註52] 因此唱片資料對於研究京劇旦行乃不可或缺：

1. 總集：《中國京劇有聲大考》、《京劇大典》、《京劇絕版賞析》、《中國京劇音配像精粹》

2. 別集：王瑤卿「說戲」、《京劇大師梅蘭芳老唱片全集》、《京劇大師尚小雲老唱片全集》、《京劇大師程硯秋老唱片全集》、《京劇大師荀慧生老唱片全集》

3. 京劇老唱片網站

「前三鼎甲」時期尚未發明錄音科技，因此戲曲唱片資料以譚鑫培、陳德霖乃至四大名旦及傳人為主，[註53] 總集如《中國京劇有聲大考》、《京劇大典》，生旦淨丑行當齊全，收錄唱段唸白兼備；而《京劇絕版賞析》與《中

〔註51〕 葛濤：《唱片與近代上海社會生活》（上海：上海辭書出版社，2009 年），頁 2～14。德國學者史通文（Andreas Steen）著，王維江、呂澍譯：《在娛樂與革命之間：留聲機、唱片和上海音樂工業的初期（1878～1937）》（上海：辭書出版社，2015 年），頁 35～37。

〔註52〕 容世誠：《粵韻留聲——唱片工業與廣東曲藝（1903～1953）》（香港：天地圖書公司，2006 年），頁 20～21、100。容世誠：《尋覓粵劇聲影——從紅船到水銀燈》（英國：牛津大學出版社，2012 年），頁 29～58。

〔註53〕 關於京劇唱片之討論，參見吳小如：〈關於京劇老唱片〉，《吳小如戲曲文錄》（北京：北京大學出版社，1995 年），頁 785～787。李元皓：〈京劇視聽媒介的演進——物質文化與非物質文化相遇〉，《清華學報》第 41 卷（2011 年 3 月），頁 171～194。王安祈：〈京劇名伶灌唱片心態探析——物質文化與非物質文化相遇〉，《清華學報》第 41 卷（2011 年 3 月），頁 195～221，後收入於《錄影留聲 名伶爭鋒：戲曲物質載體研究》，頁 25～57。錢乃榮：《上海老唱片：1903～1949》（上海：上海人民出版社，2013 年）。王小梅：〈戲曲唱片的產業鏈及其傳播分析——以 1917～1937 年的成熟發展其為考察〉，《福建藝術》，2013 年第 3 期，頁 38～43。

國京劇音配像精粹》較為特別，均是音像記錄，前者為上海東方電視臺戲劇頻道所組織拍攝，中國唱片上海公司出版，邀請眾多京劇專家學者與著名流派傳人，介紹剖析許久未現甚至是消失舞臺的絕版唱段；後者簡稱《音配像》），由李瑞環策劃推動，自 1985 年提出試錄，1994 年正式錄製，〔註 54〕以京劇名家錄音為底，也正是以戲曲唱片為基礎，擇選流派傳人弟子按照錄音對口型配像演出的，可觀察流派表演藝術嚴謹且精準的程式規範。

　　別集如《京劇大師梅蘭芳老唱片全集》收錄梅蘭芳 1920 至 1949 年所灌錄的所有唱片，包含傳統青衣戲、傳統花衫戲、新編古裝戲、新編歷史戲、崑曲與吹腔戲、反串小生戲以及 1947 年《生死恨》實況錄音等七大類。〔註 55〕筆者欲藉由大量的京劇唱片總集與別集之「原音重現」，以流傳保存之經典唱腔，作為京劇劇本的對照，不僅從中得知演員唱詞念白增刪修改的遞嬗痕跡，更可見演員在不同時期挑選哪些劇目，抉擇其中哪些唱段以錄製，如梅蘭芳所言「從過去的唱片中，可以聽出我所走過的道路」，反映出自身演唱藝術的歷程。

（二）電影

　　歷史上第一部電影於 1895 年開篇問世，並於隔年輸入中國，十年之後 1905 年北京豐泰照相館老闆任慶泰（字景豐，1850～1932）出資拍攝，以法國製造的手搖攝影機，嘗試拍攝中國第一部電影、亦是第一部戲曲電影〔註 56〕：由「伶界大王」譚鑫培擔綱演出京劇《定軍山》，包含「請戰、舞刀、開打」等片段，而京劇旦行演員唯有梅蘭芳一路歷經拍攝黑白無聲、黑白有聲、彩色電影，拍攝包含：1920 年《天女散花》與《春香鬧學》，1923 年《上元夫人》，1924 年《廉錦楓》、《西施》、《霸王別姬》、《木蘭從軍》、《上元夫人》、《黛玉

〔註 54〕　參見天津市中華民族文化促進會編：《中國京劇音配像精粹紀念文集》（北京：中國戲劇出版社，2002 年）。筆者碩士論文，即以《中國京劇音配像》對比《戲考》，聚焦於政治禁令「戲曲改革」政策之下，京劇劇本修改痕跡所反映的現象。見筆者碩論《兩岸禁戲研究》（新竹：國立清華大學中國文學所碩士論文，2008 年）。

〔註 55〕　《京劇大師梅蘭芳老唱片全集》與《中國京劇音配像精粹》均將該《生死恨》錄音誤作為 1936 年，根據梅蘭芳嗓音特色應為 1947 年，在中日戰爭結束後才留存的錄音。

〔註 56〕　程季華、李少白、邢祖文編著：《中國電影發展史》（北京：中國電影出版社，1963 年），第一卷，頁 14～15。王怡琳：〈《定軍山》及任景豐的「活動照相」觀〉，《電影文學》，2013 年第 9 期，頁 22～24。

葬花》片段，1930年《刺虎》，1934年《虹霓關》，1948年《生死恨》，可見其走紅程度。除此之外，「戲曲電影片」是大陸官方於1955年起採取拍攝電影的手法：

> 梅蘭芳《梅蘭芳的舞臺藝術》上：〈斷橋〉、〈修本〉、〈金殿〉（1955）
> 　　　　《梅蘭芳的舞臺藝術》下：〈貴妃醉酒〉、〈霸王別姬〉（1955）
> 　　　　《洛神》（1956）
> 程硯秋《荒山淚》（1956）
> 尚小雲《尚小雲的舞臺藝術》：〈昭君出塞〉、〈失子驚瘋〉（1962）

以戲曲結合電影、虛擬融合寫實，保存了梅蘭芳、程硯秋、尚小雲之舞臺紀實，也是這三位流派宗師目前碩果僅存的彩色表演影像，再透過翻錄技術轉換成為數位影碟，後人始能一睹如此精湛珍貴的演出資料，更值得重視的是，流派宗師的表演藝術至拍攝電影的當下，已達精緻穩定的相對高度，成為傳承遵循的絕對典範。

以上兩大影音材料：唱片與電影皆是作為文本的相互印證，更可擴展紙本文獻的侷限性，以綜合析論劇本／表演、案頭／場上之劇目特色。

第四節　章節大要

以下分別說明各章大要如下：

第一章緒論。第一節為研究動機、問題意識、研究範圍。第二節評述前人研究成果，第三節為研究方法與步驟，並詳細介紹「戲曲文獻與視聽媒介」研究材料。第四節則為章節大要。

第二章說明清末京劇旦行演進發展。談論四大名旦劇目之前，需先對於清末以來京劇旦行發展之來龍去脈做一全面梳理，第一節藉由戲單戲班演出劇目與戲考進行一通盤考察並列表，歸納行當的劇目戲碼，具體呈現老生戲與旦角戲的比重改變，觀察在老生頭牌之下旦行發展，第二節與第三節分別以陳德霖與王瑤卿作為正工青衣與花衫代表人物，釐清各自表演藝術以及奠定的基礎。前三節勾勒京劇藝術本身發展進程，第四節則論析劇場與觀眾的變化，同步以戲單實證女性觀眾解禁進入劇場，另一種關係社會時代之觀劇文化審美趣味生成。

第三章探討梆黃合演與性別對峙中梅蘭芳的崛起。京劇醞釀形成期間，清廷屢次嚴峻明令禁止女性進入戲園觀戲，自然也不允許女性學戲，更遑論

女演員登臺搬演，因此各行腳色演員幾乎皆為男性，劇中女性亦由男性所扮演，衍生出男扮女裝的「乾旦」藝術，直至同治光緒年間「坤旦」亮相登場，民國初年才出現男女合班的情況，戲園開始爭相邀請坤旦登臺演出，乾旦此時不只是與男性演員競爭，更須面對來勢洶洶的坤伶旦角，在此基礎之上探討民初「京梆兩下鍋」之「坤旦」代表人物——劉喜奎所指涉的劇種意義，這是本章第一節所必須回顧的演劇軌跡。第二至第四節則藉由當時演出廣告與配戲過程，以時間為序，分別勾勒梅蘭芳、荀慧生、尚小雲三人的崛起輪廓，尤其針對其時鴉片、甲午戰爭乃至八國聯軍，民族意識與改革思潮的蓬勃蔚興，連帶晚清文學界引發「戲曲改良運動」，牽動影響了甫走紅的梅蘭芳，進一步探究其崛起之後「時裝新戲」編演嘗試。

第四章闡釋 1917 年至 1927 年旦行鼎盛至「五大名伶新劇」票選。1927 年北京《順天時報》舉行「五大名伶新劇奪魁投票」，以梅蘭芳、尚小雲、程硯秋、荀慧生、徐碧雲新戲進行選舉，投票之結果依序為：尚小雲《摩登伽女》、程硯秋《紅拂傳》、梅蘭芳《太真外傳》、徐碧雲《綠珠》、荀慧生《丹青引》，因此本章第一節首先說明「五大名伶新劇奪魁投票」票選來龍去脈，第二節論述 1917 年至 1927 年之間，最為出色旦角演員梅蘭芳之「古裝新戲」，第三節論述尚小雲開啟對於俠義女性劇中物的塑造，以及融梆子特色於京劇新戲的荀慧生，第四節則論析後起之秀程硯秋快速走紅，在羅癭公與金仲蓀編劇協助下新戲密集演出。

第五章著眼 1927 年至 1945 年間「四大名旦」因期刊與唱片而確立至中日戰爭結束。1930 年上海《戲劇月刊》舉辦「現代四大名旦之比較」徵文活動，綜合天資、扮相、嗓音、字眼、腔調、臺容、身段、臺步、表情、武藝、新劇、舊劇、崑戲、品格等項進行比較，確立梅尚程荀之地位形成。本章第一節藉由期刊徵文，析論四大名旦此一整體所衍生的社會意義，以及 1932 年灌製《四五花洞》唱片。第二節著重於梅蘭芳與程硯秋之師徒對話與競爭，第三節荀慧生與尚小雲持續發展個人劇目。

第六章析論在時代變遷與新興媒體中崛起並定型的旦行流派。第一節與第二節分別以唱片、電影為主軸，探究在傳播媒體對於旦行由崛起至鼎盛所起的關鍵作用，而無論是唱片灌製或電影拍攝，梅蘭芳均是旦行的代表人物，準確掌握時代脈動與宣傳傳播性，藉由新媒體展現自我創作型態。第三節則以報刊資料凸顯演員明星化的過程，特別以荀慧生「白黨」輔佐簇擁作為對

照，考察原為「五大名伶」之一的徐碧雲影響相對遞減之關鍵。

　　第七章闡釋旦行特殊的「創作型態」，旦行流派之編演關係、創作技法與專屬劇目。四大名旦的逐步崛起與獨尊劇壇，成為京劇旦行最耀眼的明星演員，其可貴之處在於：不只是迎合消費市場需求，更存在演員自身與時代環境、文化思潮之間的相互呼應。面對著自晚清「戲曲改良運動」與民初五四新文化運動席捲而來的風潮，在演新劇、廢舊戲的存廢之間，以及觀眾結構的改變，女觀眾的解禁進場觀戲，劇場嶄新設備的運用等面向，處處皆激發了演員創作新戲：如何創作、怎樣演下去，在持續嘗試中逐漸形成清晰的「創作型態」，而四大名旦均有自己鮮明顯著的想法主意，並分別與其專屬編劇重要推手合作，開展京劇史上「文士化」的階段。第一節即以梅蘭芳、程硯秋與其文人之編演關係為論述焦點，第二節以創作技法為主軸，研析尚小雲新戲《摩登伽女》的創新立異，第三節運用四大名旦專屬劇目敘述派別成形與流派定型。

第二章 在老生頭牌之下的旦行發展：清末

前言

　　晚清以降，劇壇主流劇種為京劇，民國初年更達京劇史上的鼎盛高峰期。而回溯京劇在清中葉道光孕育形成之際，北京劇壇歷經花雅對峙爭勝，雅部崑腔與花部亂彈呈現此消彼長的局面，〔註 1〕首先是由弋陽腔傳入北京形成的「高腔」，又稱「京腔」的流行走紅，而後乾隆四十四年（1779 年）四川名旦魏長生（1744～1802）以秦腔《滾樓》風靡京城，一時之間「京腔舊本，置之高閣」，「六大名班幾無人過問，或至散去」，京腔的「六大名班」為大成班、王府班、裕慶班、餘慶班、萃慶班、保和班幾乎乏人問津，〔註 2〕由禮親王昭槤《嘯亭雜錄》所記錄的：「時京中盛行弋腔，諸士大夫厭其囂雜，殊乏聲色之娛，長生因之變為秦腔，辭雖鄙諛，然其繁音促節，嗚嗚動人，兼之演諸淫藝之狀，皆人所罕見者，故名動京師。」〔註 3〕秦腔的繁音促節、靡

〔註 1〕關於花雅之爭，參見陳芳：〈論清代「花、雅之爭」的三個歷史階段〉，《清代戲曲研究五題》（臺北：里仁書局，2002 年），頁 9～63。

〔註 2〕〔清〕吳長元：《燕蘭小譜》卷三，收入張次溪編纂：《清代燕都梨園史料》（北京：中國戲劇出版社，1991 年），頁 44～45。「六大名班」，參見馬少波等主編，北京市藝術研究所、上海藝術研究所組織編著：《中國京劇史》（北京：中國戲劇出版社，1999 年），上卷，頁 37～38。

〔註 3〕〔清〕昭槤：《嘯亭雜錄》，收入《清代史料筆記叢刊》（北京：中華書局，1980 年），卷八，頁 236。

靡之樂，〔註4〕將北京原先流行的「京腔」取而代之，加上招牌表演劇目多為諧諧粉戲，演員盡情施展妖饒媚態，因此魏長生所影響的不僅「京腔效之，京秦不分」，〔註5〕使得京腔不得不向秦腔學習模仿，造成京腔秦腔不分的現象，也改變了當下的美學風潮，秦腔旦角獨領風騷，原先盛行已久的京腔戲班黯然失色、漸趨式微，秦腔驟興取代了屬於高腔系統之京腔地位。繼之「徽班」進京，劇場唱腔風貌與演出劇目隨之有異，乾隆五十五年（1790年），有「二黃耆宿」〔註6〕之稱的高朗亭率領三慶班，進宮獻藝慶祝高宗八旬壽辰，其代表著兩層意義：一層是徽班班社進京入都的劇種意義，聲腔方面「以安慶花部，合京秦二腔」，〔註7〕將流行於安徽安慶的二黃腔，結合原已在京城流行的京腔、秦腔，乃至於流麗悠遠的崑曲等諸腔雜奏、同臺搬演，兼容各腔調頗有壓倒其它劇種戲班之勢，許多徽班便接踵而至；另一層則是掌班高朗亭身為旦角的表演意義，《消寒新詠》形容：「一舉一動，酷肖婦人」，〔註8〕小鐵笛道人之《日下看花記》卷四描述：「體幹豐厚，顏色老蒼，一上氍毹，宛然巾幗，無分毫矯強，不必徵歌，一顰一笑一起一坐，描摩雌軟神情，幾乎化境；即凝思不語，或詬誶讙然，在在聳人觀聽，忘乎其為假婦人。」〔註9〕足見高朗亭藝術修為表演精妙，粉墨登場宛如巾幗，一掃身形侷限、盡脫蒼顏本色，展現旦角婀娜多姿身段與情致纏綿做表。由秦腔魏長生乃至徽班班主高朗亭所代表：不僅是聲腔流變的推移，更顯現旦角獨秀的戲曲生態，亦因應產生了梨園花譜的流行、品評優伶的文化。〔註10〕自此繼來者陸續有四

〔註4〕關於秦腔的研究，參閱潘仲甫：〈清乾嘉時期京師秦腔初探〉，《戲曲研究》第10輯，頁13～31。曾永義：《戲曲之雅俗、折子、流派》（臺北：國家出版社，2009年），頁509～513。王安祈：〈奇雙會的幾個問題——出入徽京崑與鴉神解謎〉，《戲劇研究》第21期（2018年1月），頁35～68。

〔註5〕〔清〕李斗：《揚州畫舫錄》（北京：中華書局，2001年），卷五，頁155。

〔註6〕〔清〕小鐵笛道人：《日下看花記》卷四，收入張次溪編纂：《清代燕都梨園史料》，頁103。

〔註7〕〔清〕李斗：《揚州畫舫錄》，卷五，頁131。

〔註8〕〔清〕鐵橋山人：《消寒新詠》，收入傅謹主編：《京劇歷史文獻匯編（清代卷）·壹·專書（上）》（南京：鳳凰出版社，2010年），頁144。

〔註9〕〔清〕小鐵笛道人：《日下看花記》卷四，收入張次溪編纂：《清代燕都梨園史料》，頁103～104。

〔註10〕梨園花譜的相關研究，參見潘麗珠：《清代中期燕都梨園史料評藝三論研究》（臺北：里仁書局，1998年）；龔鵬程：〈品花記事：清代文人對優伶的態度〉，收入於《中國文人階層史論》（宜蘭：佛光人文學院，2002年），頁285～383；么書儀：〈晚清的觀劇指南與戲曲廣告〉，《晚清戲曲的變革》（北京：人民文

喜、和春、春臺等戲班進京，「四大徽班」各擅勝場。而道光年間湖北之「漢調」——即「楚調」傳至北京，此西皮調與二黃腔相互吸收交流，加上漢劇演員如王洪貴、李六等亦多半進入徽班表演，〔註11〕「急是西皮緩二黃」〔註12〕的合奏，形成徽漢劇種、二黃西皮聲腔曲調之合流，而鎔鑄成為多腔調劇種皮黃戲——京劇。〔註13〕

　　「四大徽班」活躍於北京舞臺之時，「其調各殊，其派各別」，〔註14〕兼容並蓄崑亂諸腔而各俱擅場，四喜班特別以崑劇「曲子」演出著名，〔註15〕三慶班以「軸子」連臺本戲為主，「新排近事，連日接演」；春臺班以「孩子」童伶為號召吸引看客；和春班則以「把子」技擊武術為主，演出《三國》、《水滸》小說情節戲曲。至道光年間，梁紹壬紀錄丙戌年（即道光六年，1826 年）看戲之記載：

> 京師梨園四大名班，曰四喜、三慶、春臺、和春。其次之則曰重慶、曰金鈺、曰嵩祝。余壬午年初至京，當過密八音之際，未得耳聆目賞。次年春，始獲縱觀，色藝之精，爭妍奪媚。然余逢場竿木，未能一一搜奇也。丙戌入都，寓近彼處，閒居無事。時復中之。四班名噪已久，選才自是出人頭地，即三小班中，亦各有傑出之人、擅

學出版社，2006 年），頁 327～361；吳存存：〈清代梨園花譜流行狀況考略〉，《漢學研究》第 26 期（2008 年 6 月），頁 163～184；王照璵：《清代中後期北京「品優」文化研究》（南投：國立暨南大學中文所碩士論文，2008 年）；吳存存：《戲外之戲：清中晚期京城的戲園文化與梨園私寓制》（香港：香港大學出版社，2017 年）。

〔註11〕「京師尚楚調，樂工中如王洪貴、李六，以善為新聲稱於時。」見〔清〕粟海庵居士：《燕臺鴻爪集》，收入張次溪編纂：《清代燕都梨園史料》，頁 272。

〔註12〕〔清〕葉調元：《漢口竹枝詞》，收入雷夢水等編：《中華竹枝詞》第四冊，「湖北條」，頁 2628～2629。

〔註13〕關於京劇形成階段京腔、徽班、漢調之融合流播，參見馬少波等主編，北京市藝術研究所、上海藝術研究所組織編著：《中國京劇史》，上卷，頁 56～100。曾永義：〈弋陽腔及其流派考述〉、〈梆子腔系新探〉、〈皮黃腔系考述〉，《戲曲本質與腔調新探》（臺北：國家出版社，2007 年），頁 166～319。曾永義：〈論說「戲曲雅俗之推移」〉，《戲曲之雅俗、折子、流派》（臺北：國家出版社，2009 年），頁 17～169。么書儀：〈徽班進京對晚清北京戲曲的影響〉，《晚清戲曲的變革》，頁 72～113。

〔註14〕東鄰：《菊部拾遺》，附錄於波多野乾一（1890～1963）撰、鹿原學人譯：《京劇二百年之歷史》（臺北：傳記文學出版社，1974 年），頁 17。

〔註15〕林芷瑩：〈「四喜的曲子」——論嘉道年間四喜班的崑劇演出〉，《戲曲學報》（2012 年 12 月），頁 203～219。

場之技，未可以檜下目之。此外尚有集芳一部，專唱崑曲，以笙璈
初集，未及排入各園。其他京腔、弋腔、西腔、秦腔，音節既異，
裝束迥殊，無足取焉。〔註16〕

由此更可清楚看出：徽班的演出已臻於極盛，除了四喜、三慶、春臺、
和春被列為京城四大名班，尚出現重慶、金鈺、嵩祝班社爭鳴，「四大徽班」
與「三小班」的備受歡迎、名噪當時，陣容目不暇給，即使是專唱崑曲的集芳
部亦好比強弩之末，其他諸如京腔、弋腔、西腔、秦腔等已然居於末位，甚至
邊緣化的趨勢愈加明顯，而就在徽班紮根北京的同時，漢調生行演員搭入徽
班表演，一方面錦上添花加強豐富徽班演出，另一方面老生戲的日益流行，
使得劇壇逐漸轉向老生為主的趨勢發展，《中國京劇史》認為此局面的轉折出
現，「從根本上說，是由於社會生活的改變所致」，〔註17〕而王萍《京劇老生
流派崛起的社會心理研究》博士論文，則進一步觀瀾索源指出：因道咸年間
國勢衰微歷史背景，中國傳統社會沈浸於「華夷大防」理念，「英雄救世、忠
君報國」等觀念成為此時期的普遍心理，而以程長庚為代表的「前三鼎甲」
和以譚鑫培為代表的「後三鼎甲」老生行當及其流派，適時回應和滿足了時
代社會訴求與審美需求。〔註18〕綜觀老生流派的次第崛起與枝脈繁衍，除了
受上述社會生活轉變與社會心理流變影響所及，最重要的是：京劇從形成演
進的過程，老生表演藝術之逐步發展，至此腳色的比重也產生了變化，「前三
鼎甲」余三勝、程長庚、張二奎分別「以地立派」，〔註19〕各自汲取地方聲腔
而開拓京劇新聲：來自湖北出身漢戲戲班的余三勝，於漢調皮黃與徽戲二黃
之基礎，吸收崑曲與秦腔特點創造「漢派」；來自安徽的「大老板」程長庚，
匠心獨運「熔崑弋聲容於皮黃中」形成「徽派」；原籍直隸生長北京的張二奎，
則奠基於弋陽腔與北京語音曲調結合的京腔，加以揉合諸腔「京化」後成為

〔註16〕〔清〕梁紹壬（1792～？）：《兩般秋雨盦隨筆》，收入張次溪編纂：《清代燕
都梨園史料》，頁 886～887。

〔註17〕馬少波等主編，北京市藝術研究所、上海藝術研究所組織編著：《中國京劇
史》，上卷，頁 66。

〔註18〕老生崛起的現象，參見王萍：《京劇老生流派崛起的社會心理研究》（北京：
中國戲劇出版社，2010 年）。

〔註19〕「以地域立派」之研究，參見林幸慧：《京劇發展 V.S.流派藝術》（臺北：里
仁書局，2004 年），頁 81～137；王安祈：〈京劇梅派藝術中梅蘭芳主體意識
之體現〉，收入王安祈：《為京劇表演體系發聲》（臺北：國家出版社，2006 年），
頁 86～89。

「奎派」，三人各自體現「原屬劇種演化為京劇的一部分之歷程」。〔註20〕直至「後三鼎甲」之孫菊仙、譚鑫培、汪桂芬，尤其譚鑫培之繼承傳統與開創發展，不啻成為京劇藝術從形成臻於成熟的最具代表性演員，光緒二十一年（1895 年）創建同春班成為「名角挑班制」的第一人，〔註21〕更是京劇「以人立派」——創立以個人風格特色為標誌的「譚派」之重要定位，而至民國初年「四大名旦」之首梅蘭芳的崛起，成為京劇邁向鼎盛的關鍵人物，筆者將上述重要分期與演員列表如下以清眉目：

表 2-1：京劇分期與重要代表演員

京劇分期	孕育形成 1790～1840 年 乾隆 55 年至道光 20 年	成熟期 1840～1917 年 道光 20 年至民國 6 年	鼎盛期 1917～1937 年 民國 6 年至 26 年
代表演員	「前三鼎甲」之程長庚 （1811～1880）	「後三鼎甲」之譚鑫培 （1847～1917）	「四大名旦」之梅蘭芳 （1894～1961）
行當	老生	老生	旦行
旦行演員	陳德霖（1862～1930）、王瑤卿（1881～1954）		

然從京劇形成至成熟將近一百三十年的時間，京劇劇壇始終由「老生」行當獨掛頭牌，而就在老生唱唸做打表演體系已然完備建立，人才濟濟獨領風騷的同時，「旦行」相對居於衰微弱勢，本論文以「京劇旦行之崛起至鼎盛」為探討主軸，過程絕非一蹴可幾，因此本章首先將重點集中於清末旦行的發展——在京劇鼎盛期之前，京劇旦行所奠定的基礎與開啟的成就，將分為四節加以論述，第一節回顧老生與旦行演出劇目現象，第二與第三節則分以光緒年間最為走紅的青衣演員陳德霖，以及突破旦行不得兼演界線的王瑤卿，作為本時期的旦行代表人物，並釐清分析各自的表演藝術及其對於旦行的深刻影響，第四節則針對女觀眾進入劇場所帶來的劇場審美趣味轉變為論述主軸。

第一節　由戲單與戲考觀察清末老生與旦角演出比重的轉移

京劇的醞釀形成、逐步成熟乃至創造繁榮鼎盛的過程，本節筆者欲藉由

〔註20〕林幸慧：《京劇發展 V.S.流派藝術》，頁 85。
〔註21〕馬少波等主編，北京市藝術研究所、上海藝術研究所組織編著：《中國京劇史》，上卷，頁 149～152。

戲單與戲考所載戲班劇目，勾勒這段時期北京劇壇的演出進程與輪廓，尤其是「老生」與「旦行」的搬演脈絡，三階段相關資料擬用下面表格呈現而分別討論：

表 2-2：京劇發展的劇目代表文獻

京劇分期	代表文獻	文獻年代
形成期 1790～1840	慶昇平班劇目	道光 4 年（1824）
成熟期 1840～1917	《都門紀略》初刻	道光 25 年（1845）
	余治《庶幾堂今樂》	咸豐 10 年（1860）
	《都門紀略》翻刻	同治 3 年（1864）
	《都門紀略》春刊	同治 12 年（1873）
	《都門紀略》重鐫	同治 13 年（1874）
	李世忠編《梨園集成》	光緒 6 年（1880）
	《都門紀略》增補重鐫	光緒 33 年（1907）
	《都門紀略》	宣統 2 年（1910）
鼎盛期 1917～1937	《戲考》	1915 至 1925
	四大名旦私房戲	中日戰爭前：劇本鼎盛期

一、道光四年「慶昇平班」：老生遠多於旦行

京劇初創醞釀時期，演出劇目和聲腔曲調多移植繼承自「母體劇種」——以徽戲和漢劇為主，隨著演員融會整合諸腔，建立以皮黃為主的聲腔體系，於道光二十年（1840 年）左右大抵形成。〔註 22〕關於京劇劇本與漢劇的關係，王安祈〈關於京劇劇本來源的幾點考察——以車王府曲本為實證〉一文，藉由《車王府曲本》與楚曲漢劇劇本進行比對，考察突顯「京劇初期劇本」與「前身劇種」之間的密切關係，丘慧瑩《清代楚曲劇本及其與京劇關係之研究》博士論文具有進一步的研究，〔註 23〕而本論文擬藉由現存最早可資參考的京劇劇目——道光四年（1824 年）北京民間「慶昇平班」劇目，亦是「京

〔註 22〕馬少波等主編，北京市藝術研究所、上海藝術研究所組織編著：《中國京劇史》，上卷，頁 71～76。

〔註 23〕追本溯源京劇劇本之研究，參見王安祈：〈關於京劇劇本來源的幾點考察——以車王府曲本為實證〉，收入王安祈：《為京劇表演體系發聲》，頁 177～250；丘慧瑩：《清代楚曲劇本及其與京劇關係之研究》，收入於《古典文學研究輯刊六編》第 12、13 冊（臺北：花木蘭出版社，2012 年）。

劇初創期的重要研究資料」做一觀察。〔註 24〕根據周明泰《道咸以來梨園繫年小錄》所抄錄：

> 退庵居士舊藏戲目一冊，系道光四年慶昇平班領班人沈翠香所有之物，戲目共二百七十齣。封面寫「道光十二載閏二月，嵇永林（永年）」。按翠香名金蘭，江蘇常州府江陰縣人，演崑旦兼花衫。永林系安徽安府太湖縣人，演崑旦，為程長庚同科之師兄。〔註 25〕

此一冊舊戲目原為慶昇平班的領班人沈翠香（金蘭）所持有，其中註明道光四年與道光十二年，可據此推論最遲於道光十二年間的北京舞臺，已可見這二百七十齣劇目（確切數目實為二百七十二齣）之搬演，文中所提的領班人沈翠香擅演「崑旦兼花衫」，以及嵇永林擅演崑旦，曾同和程長庚在崑曲和盛科班學習，而彼時京師劇壇主流已是徽班，以西皮、二黃兩腔並存，演出的劇目自然源自於徽、漢、崑、梆等聲腔劇種，因此儘管此著錄引起許多學者討論釐清，〔註 26〕但此文獻所遺存的劇目，仍可視為京劇早期演出的參考資料，具有詮解其意義之必要。此處必須予以說明的是：將此二百七十二齣劇目依照表演著重點來進行「行當」的分類，若單從「個別劇目」進行劃分，隨著故事情節的推展與安排，每一齣劇目絕對不僅止一個主要腳色人物，但筆者仍舊盡可能根據劇情重心來判斷斟酌，劇中哪一個腳色司職最繁重的唱做表演而予以區分。因此，本論文之統計，藉由具體羅列劇目的觀察方式，或因某些劇目演出絕跡於舞臺，導致無法嚴格檢視的情況，如《三教寺》、《飛波島》、《黑沙洞》等，而未必能夠呈現極為精準的數量，但重點主要在於呈現老生與旦行劇目的比例。〔註 27〕茲將「慶昇平班」劇目分類結果製成表格如下：

〔註 24〕王安祈認為是「京劇初創期的重要研究資料」，《為京劇表演體系發聲》，頁233。金耀章主編：《中國京劇史圖錄》（石家莊：河北教育出版社，1994 年），頁 12～13。

〔註 25〕周明泰：《京戲近百年瑣記》，原名《道咸以來梨園繫年小錄》，收入《平劇史料叢刊》第一輯（臺北：傳記文學，1974 年），頁 10～13。

〔註 26〕顏全毅：《清代京劇文學史》（北京：北京出版社，2005 年），頁 109～110。例如沈小慶（1808～1855）於道光中葉後才編寫施公戲，而道光四年即出現如此完整的施公案系列劇目，值得商榷。不過苗懷明提出反駁，認為道光年間《施公案》已出現多種刊本，舞臺上自然出現施公戲的演出，參見苗懷明：〈《施公案》新考〉，《中正大學中文學術年刊》第 10 期（2007 年 12 月），頁 61～78。

〔註 27〕參考《京劇劇目辭典》、《京劇劇目初探》，根據《燕塵菊影錄》、《菊部群英》、《富連成三十年史》、《梨園原》等所載何名演員工此戲，再依照演員的行當

表 2-3：「慶昇平班」劇目之行當分類

行當	劇 目				
老生	《滿床笏》	《陳宮計》	《盤河戰》	《戰濮陽》	《聞雷失箸》
	《馬跳潭溪》	《三顧茅廬》	《博望坡》	《舌戰群儒》	《祭東風》
	《華容道》	《取南郡》	《取長沙》	《柴桑口》	《定軍山》
	《陽平關》	《取成都》	《取合肥》	《甘露寺》	《伐東吳》
	《白帝城》	《安五路》	《渡瀘江》	《天水關》	《戰街亭》
	《葫蘆峪》	《七星燈》	《除三害》	《審刺客》	《桑園寄子》
	《雙盡忠》	《焚煙墩》	《絕纓會》	《洗浮山》	《黃金台》
	《五雷陣》	《完璧歸趙》	《澠池會》	《樊城昭關》	《魚腸劍》
	《莊周扇墳》	《馬蹄金》	《燒棉山》	《搜孤救孤》	《度柏簡》
	《盜宗卷》	《戰蒲關》	《未央斬信》	《雲台觀》	《飛叉陣》
	《鬧昆陽》	《綁子上殿》	《上天臺》	《探五陽》	《太行山》
	《臨潼山》	《賈家樓》	《探登州》	《當鐧賣馬》	《白璧關》
	《斷密澗》	《宮門帶》	《讓帥印》	《二龍山》	《舉鼎觀畫》
	《九焰山》	《擒五虎》	《沙陀國》	《困曹府》	《高平關》
	《風雲會》	《打寶瑤》	《斬黃袍》	《氾水關》	《下河東》
	《龍虎鬥》	《拿楊么》	《御狀》	《清官冊》	《九龍峪》
	《二天門》	《瓊林宴》	《烏盆記》	《鎮譚州》	《金蘭會》
	《五方陣》	《雄州關》	《潞安州》	《請宋靈》	《胡迪罵閻》
	《玉麒麟》	《祝家莊》	《慶頂珠》	《四郎探母》	《雁門關》
	《陳林抱盆》	《拷寇承禦》	《登雲山》	《金橋》	《華山》
	《鬧江》	《鬧江州》	《鬧院》	《烏龍院》〔註28〕	
武生	《借趙雲》	《長坂坡》	《取桂陽》	《攔江救主》	《取雒城》
	《葭萌關》	《戰冀城》	《戰渭南》	《反西涼》	《鳳鳴關》
	《鐵籠山》	《清河橋》	《青龍關》	《陳塘關》	《龍門陣》
	《鳳凰山》	《對袍訪袍》	《獨木關》	《越虎城》	《摩天嶺》
	《太平橋》	《挑滑車》	《曾頭市》	《神州擂》	《昊天關》
	《豔陽樓》	《白水灘》	《通天犀》	《趙家樓》	《三岔口》

予以歸納，本論文著重處在於劇目之統計以量化呈現。另參考常立勝：〈花臉劇目與花臉角色〉，《淨之韻：京劇花臉》（北京：學苑出版社，2007 年），頁 10～24。

〔註28〕《鬧江》與《鬧江州》，《鬧院》與《烏龍院》為同一劇情角色戲份接近，然因慶昇平班劇目原件如此故分列兩格。

	《三教寺》	《飛波島》	《黑沙洞》	《四美圖》	《綠牡丹》
	《四傑村》	《龍潭鎮》	《武文華》	《連環套》	《霸王莊》
	《盜金牌》	《淮安府》	《落馬湖》	《惡虎村》	《拿謝虎》
	《殷家堡》	《雙盜鏢》	《八蠟廟》	《左青龍》	《江都縣》
	《河間府》	《五裡碑》	《小東營》	《金錢豹》	《禹門關》
	《花蝴蝶》				
淨行	《許田射鹿》	《瓦口關》	《喜崇台》	《攻潼關》	《取滎陽》
	《取洛陽》	《草橋關》	《惡虎莊》	《鎖五龍》	《御果園》
	《白良關》	《神虎報》	《雙包案》	《鍘判官》	《鍘美案》
	《三俠五義》	《打鑾駕》	《五人義》	《鍘包勉》	《借聖威》
	《收關勝》	《青風寨》	《丁甲山》	《寶爾墩》	《打龍袍》
	《金沙灘》	《楊七吃面》	《普球山》		
小生	《群英會》	《借箭打蓋》	《奪小沛》	《白門樓》	《監酒會》
	《臨江會》	《叫關小顯》	《淤泥河》	《飛虎山》	《京遇緣》
	《昆侖關》	《八大錘》	《岳家莊》	《蔡家莊》	《九世圖》
武丑	《打瓜園》	《翠雲樓》	《巧連環》	《九龍杯》	
青衣	《血手印》				
花旦	《查關》	《海潮珠》			
刀馬武旦	《虹霓關》	《闖山》	《馬上緣》	《三休》	《喂藥》
	《玉玲瓏》	《娘子軍》	《烈火旗》	《延安關》	《湘江會》
	《竹林記》	《穆柯寨》	《青龍棍》	《打火棍》	《演火棍》
	《孤鸞陣》	《破洪州》	《扈家莊》	《紅桃山》	《女三戰》
	《泗州城》	《青風嶺》	《武當山》	《青石山》	《朝金頂》
	《百草山》	《蟠桃會》	《畫春園》	《搖錢樹》	《無底洞》
	《盤絲洞》	《黃河陣》	《混元盒》	《慶安瀾》	《蓮花塘》
	《下南唐》	《鳳凰台》	《代父征》		
老旦	《望兒樓》	《驚夢背樓》	《太君辭朝》	《雙釘記》	《遇后》
	《蕭后打圍》	《孝感天》			
劇情不詳	《大財神》	《戰東興》	《定華夷》	《河陽》	《清烈圖》
	《小天宮》	《赦子》	《金蓮會》	《祥雲會》	《燕子山》
	《龍虎峪》	《迷魂嶺》	《臥虎坡》	《金沙洞》	
生旦	《汾河灣》	《蘆花河》	《罵殿》	《翠屏山》	

藉由筆者的分類統計，道光 4 年（1824 年）北京慶昇平班劇目：

行當	老生	武生	淨行	小生	丑　行	旦　　行	生旦	不詳
劇目數量	104	56	28	15	武丑：4	青衣：1 花旦：2 刀馬武旦：38 老旦：7	4	14
	104	56	28	15	4	48	4	14

由上所列，歸納為如下的要點：

（一）老生絕對是第一主角、武戲次多

慶昇平班達二百七十二齣劇目而言，以老生戲佔了將近一半的數量，專以繁重唱工為主，包含《取成都》、《七星燈》、《搜孤救孤》、《盜宗卷》、《當鐧賣馬》、《清官冊》等，此類「唱工展現」的劇目相較之下仍屬多數，除此之外，特重身段做派，如《鬧院》、《瓊林宴》、《慶頂珠》等，唱做並重例如「靠把老生戲」《定軍山》、《陽平關》等，既講究唱工鏗鏘激昂、又需紮實武功扎靠舞刀。又京劇有「紅生」行當，常由老生或武生兼扮，[註29] 如關公戲《華容道》、《取長沙》，以及趙匡胤相傳為霹靂大仙轉世而勾上紅臉，演出如《下河東》、《龍虎鬥》等，可見老生行當內涵鮮明、表演型態豐富，而在這批「唱做繁重、文武兼備」的鬚生戲中，雖以老生戲份為重，但其它腳色亦具有一定的份量，如備受歡迎常演不衰之文武帶打「群戲」《群英會·借東風·華容道》，含括老生諸葛孔明、老生魯肅、小生周瑜、丑角蔣幹、淨角曹操、紅生關公等，腳色行當齊全，現今大陸劇團來臺的首場演出多排演此齣骨子老戲；又如《四郎探母》坐宮盜令、過關探母，老生的戲份更勝旦角，向來需由一位著名老生掛頭牌，因此，儘管劇中腳色行當眾多，但「老生為第一主角」絕對是無庸置疑的。而劇目次多的武生戲，演員扮飾英雄豪傑，表現的是勇猛敏捷、乾淨俐落的武技，例如長靠武生戲《長坂坡》之趙雲、《反西涼》之馬超、《挑滑車》之高寵，工架穩重中展現叱吒威武大將風度；短打武生戲《四杰村》之余千、《曾頭市》之「箭衣武生」史文恭、《三岔口》之任堂惠、《惡虎

［註29］ 王安祈分析《菊部群英》（同治 12 年，1873 年）鬚生兼演花面、老旦是極為普遍。王安祈：〈從「兼扮、雙演、代角、反串」的演出現象看「當代戲曲」與「古典戲曲」劇場意義的不同〉，《當代戲曲》附錄一（臺北：三民書局，2002 年），頁 533～536。

村》之黃天霸等，翻騰跌打中表現矯捷靈活盛氣如虹，綜觀劇目亦可知此時《三國演義》、《水滸傳》、《楊家將》題材已廣為流行。

（二）青衣劇目少、刀馬武旦戲居旦角之冠

旦角劇目中除了青衣戲《血手印》〔註 30〕以唱工為主之外，數量最多為刀馬武旦戲，刀馬旦多扎靠演出，重頭戲如《穆柯寨》、《破洪州》的穆桂英，《扈家莊》的扈三娘，《馬上緣》的樊梨花扎大靠，講究在放翎抖袖時身段英氣煥發，俐落清楚對槍中靠旗紋絲不亂，唸白從容自若又得展現娥娜姿態，唱唸做三者並重；而武旦則更著重於高難度的跌撲翻打武功技藝，如《虹霓關》東方氏的槍架子，《泗州城》與《百草山》精鍊「打出手」的臨陣不慌、展現拋接踢扔的萬無一失，刀馬與武旦並不需具備像青衣一樣的好嗓子和演唱技巧，足見當時的旦行尚未發展唱工。而生旦分庭抗禮的「對兒戲」〔註 31〕——「由兩個演員在一齣戲裡扮演份量不相上下的兩個腳色」之劇目算是少數，如《汾河灣》薛仁貴與柳迎春、《蘆花河》薛丁山與樊梨花、《罵殿》趙光義與賀后、《翠屏山》石秀與潘巧雲，可見此時青衣多居於陪襯映照老生的地位。

二、《都門紀略》六版的變化：旦行劇目成形

京劇由成形逐漸趨於成熟期間，以下三項資料可供觀察老生與旦行的發展：《都門紀略》、余治（1809～1874）《庶幾堂今樂》〔註 32〕、李世忠編纂

〔註 30〕　《血手印》又名《蒼蠅救夫》、《法場祭夫》，劇情描述：奸相王春華之女桂英，自幼許婚林佑安之子孝童。後林家中落，王春華欲賴婚，誆林佑安到家，逼其寫下休書。王桂英聞訊矢志不另嫁。一日，王桂英於花園與孝童相遇，遂言明己志，約定夜間令婢女花園贈銀相助孝童赴試。屆時婢女行至園中，不意被歹人所殺。孝童久等不見婢女前來而入內探訊，為婢屍絆倒沾染血污，慌忙返回之際留下血手印。後王春華以謀財姦殺之罪誣告孝童，且以血手印為證。縣官不辨，定期問斬。王桂英法場生祭孝童。監斬官下令行刑，忽有無數蒼蠅為孝童護頭，縣官知其有冤，遂帶回重審。參見王森然：《中國劇目辭典》（石家莊：河北教育出版社，1997 年），頁 255。

〔註 31〕　「對兒戲」，京劇戲班術語，由兩個演員在一齣戲裡扮演份量不相上下的兩個角色。參見吳同賓、周亞勛編：《京劇知識詞典》增訂版（天津：天津人民出版社，2007 年），頁 135。

〔註 32〕　參閱李元皓：〈十九世紀的善戲運動與影響：待鶴齋刻本《庶幾堂今樂》的成書、刊行與搬演〉，「物我相契——明清文學學術研討會」論文，2014 年 11 月 7 日。

《梨園集成》〔註33〕，分別代表著：京城戲班擅演劇目、文人創作移風易俗勸善作品集、戲班老闆之「蒐羅妙曲，匯集大成」，其中咸豐十年（1860年）余治即世新創的二十八齣新編戲劇本集，僅有老生戲《硃砂痣》流傳演出，例如汪桂芬、孫菊仙二人均以此劇目見長，而唱法各有不同，然因影響有限故不予細論；〔註34〕而作為現存較早的京劇劇本選集《梨園集成》，由李世忠歷經四年時間編定成書於光緒六年（1880年），大抵按照劇本故事時代排序，〔註35〕筆者詳讀劇本後，依照腳色輕重分類結果製成表格如下：

表2-4：《梨園集成》劇目之行當分類

行當	劇　目				
老生	《摘星樓》	《火牛陣》	《燒綿山》	《魚藏劍》	《刴王蟒》
	《祭風臺》	《取南郡》	《濮陽城》	《罵曹》	《魯肅求計》
	《臨江關》	《戰山》	《南陽關》	《藥王傳》	《觀畫》
	《風雲會》	《斬黃袍》	《雙龍會》	《求壽》	《探母》
	《鬧江洲》	《五國城》	《紅書劍》	《戰皖城》	《走雪》
	《沙陀頒兵》				
武生	《鬧天宮》	《長板坡》	《反西涼》	《摩天嶺》	
淨角	《百子圖》	《天開榜》	《碧塵珠》	《觀燈》	《紅陽塔》
小生	《雙義節》	《雙合印》			

〔註33〕收入於《續修四庫全書》編纂委員會編：《續修四庫全書·集部·戲劇類》第1782冊（上海：上海古籍出版社，2002年）。以及日本東京大學東洋文化研究所漢籍善本全文影像資料庫所載版本，為「新著選刊曲本　光緒六年慶邑王賀成校刊本、安徽竹友齋重刊本」。另參閱黃菊盛：〈從太平軍降將到戲班老闆：《梨園集成》編者李世忠考〉，《戲曲研究》，1989年第29輯，頁132～144。李東東：〈竹友齋刊本《梨園集成》文獻述評〉，《戲曲藝術》，2014年第3期，頁103～107。

〔註34〕李元皓：〈從北京到臺北——京劇《硃砂痣》演出變遷考略〉，收入於鮑紹霖、黃兆強、區志堅主編：《北學南移——港臺文史哲溯源（文化卷）》（臺北：秀威資訊科技股份有限公司，2015年），頁267。孫書磊：〈試論余治的京劇活動與思想及其現代啟示〉，《江南大學學報》第9卷第1期（2010年1月），頁114～118。胡瑜：〈余治及其戲曲活動之歷史意義的再探討〉，《中國戲曲學院學報》第34卷第4期（2013年11月），頁82～86。

〔註35〕如《求壽》趙嚴求助南北斗星君借壽，劇情與《三國演義》中《趙顏借壽》情節相似，但李世忠將此劇本劃分為宋朝時代。

青衣	《大香山》	《因果報》	《蝴蝶媒》	《桃花洞》	《撿柴》
武旦	《湘江會》				
花旦	《麟骨床》				
生旦	《蘆花河》	《回窯》			

《梨園集成》統計如下：

行當	老生	武生	淨行	小生	丑行	旦行	生旦
劇目數量	26	4	5	2	0	青衣：5 武旦：1 花旦：1	2
	26	4	5	2	0	7	2

　　《梨園集成》基本上仍保持著以老生戲為主要搬演劇目，可視為李世忠身為戲班主持者，依照個人的品鑑標準所挑擇的「戲曲選本」，但也因為如此構成侷限性，因此相對於《庶幾堂今樂》與《梨園集成》而言，《都門紀略》收錄自道光二十五年以至宣統二年的搬演劇目與演員陣容，當為最具代表性的輔助參考資料，本論文使用《都門紀略》的六個版本，以收入於傅謹主編《京劇歷史文獻匯編（清代卷）‧貳‧專書（下）》為主要參考依據，「清代卷」由谷曙光編輯。〔註 36〕《都門紀略》為楊靜亭書寫於道光二十五年（1845年），分有十大門類：風俗、對聯、翰墨、古蹟、技藝、時尚、服用、食品、市纏、詞場，學者么書儀指出此書堪為最早的「京師旅行指南」。〔註 37〕其中「詞場」一門則詳細羅列完整的戲班演員以及擅演劇目：三慶、春臺、四喜、和春、嵩祝、新興金鈺、雙和班、大景和班，作者楊靜亭特別標誌「以上各班腳色，或藝或貌或聲韻，數年來，皆余目睹心賞，實為一時之盛。」筆者一方面羅列道光二十五年初刻《都門紀略》老生與旦行的擅演戲碼，另一方面，將所有劇目加以分類，演出次數（若未標註數字者為 1 次），例如《祭塔》分

〔註 36〕本論文使用《都門紀略》的六個版本，以收入於傅謹主編：《京劇歷史文獻匯編（清代卷）‧貳‧專書（下）》為主要參考依據，頁 905～973。周明泰：《都門紀略中之戲曲史料》（出版地不詳：光明，1932 年）所收錄的是「同治 3年、光緒 2 年、光緒 6 年、光緒 13 年以及光緒 33 年」的版本，相較之下《京劇歷史文獻匯編》提供的第一手資料具體而完整，故援引採用。辛德勇：〈關於《都門紀略》早期版本的一些問題〉，《中國典籍與文化》，2004 年第 4 期，頁 107～111。

〔註 37〕么書儀指出《都門紀略》堪為最早的京師旅行指南，參見么書儀：〈晚清的觀劇指南與戲曲廣告〉，《晚清戲曲的變革》，頁 317。

別有三慶班雙胖秀與春臺班玉蘭飾演白蛇，則標註為《祭塔》2。如以下兩個表格。

表 2-5：道光二十五年初刻《都門紀略》老生與旦行的擅演戲碼

戲　　班	行當	演員	擅演劇目與腳色
三慶班	老生	程長庚	《法門寺》趙廉、《草船借箭》魯子敬、《文昭關》伍員、《讓成都》劉璋
	旦角	胖雙秀 馬老旦 大金齡	《祭塔》白蛇 《佘太君辭朝》、《釣金龜》老旦 《小宴驚變》楊太真〔註38〕
春臺班	老生	余三勝	《定軍山》黃忠、《探母》楊四郎、《當鐧賣馬》秦瓊、《雙盡忠》李廣、《捉放曹》陳宮、《碰碑》楊令公、《瓊林宴》范仲禹、《戰樊城》伍員
	旦角	蟾桂 鳳林 玉蘭	《探母》孟金榜 《探母》公主 《祭塔》白蛇
四喜班	老生	張二奎	《探母》楊四郎、《捉放曹》陳宮
	旦角	黑貴喜 鳳林	《探母》公主 《回龍閣》王寶釧
和春班	老生	王洪貴	《讓成都》劉璋、《擊鼓罵曹》彌衡
	旦角	閻老旦 汪法林	《藥茶記》老旦 《因果報》娘娘、《探母》蕭太后
嵩祝班	老生	張如林	《清河橋》楚莊王
	旦角	蘭兒 紅喜	《羅章跪樓》紅月娥 《賣餅子》花旦
新興金鈺班	老生	薛印軒	《讓成都》劉璋、《斷密澗》李密、《捉放曹》陳宮、《南天門》曹福、《雙請靈》岳飛、《探母》楊四郎、《蘆花河》薛丁山、《絕纓會》楚莊王、《乾坤帶》唐太宗、《法門寺》趙廉、《五雷陣》孫臏、《煙鬼嘆》正鬼
	旦角	清香 曹松林 官兒 庫兒	《探母》蕭太后 《蘆花河》樊梨花、《探母》公主 《出塞》王昭君 《水淹泗州》龍母
雙和班	老生	馬官	《南陽關》伍雲、《九龍山》岳飛
	旦角	三喜兒 二達子	《薛禮回家》柳迎春 《泉灘》武旦

〔註38〕應為崑曲。

| 大景和班 | 淨角 | 任花臉 | 《搜杯》嚴世藩、《刺秦廷》荊軻、《借趙雲》公孫攢、《慶頂珠》蕭恩 |
| | 旦角 | 楊五
田福兒
王安仔
小耗子 | 《大保國》李彥妃、《探母》孟金榜
《翠花宮》花旦、《探母》蕭太后、《綺蘭閣》丑旦
《探母》佘太君
《探母》公主 |

表 2-6：道光二十五年初刻《都門紀略》劇目之行當分類〔註39〕

行當	劇 目				
老生	《法門寺》2	《草船借箭》2	《文昭關》	《讓成都》3	《三擋》
	《捧琴》	《白蟒臺》	《定軍山》	《探母》16	《當鐧賣馬》
	《雙盡忠》	《捉放曹》3	《碰碑》	《瓊林宴》2	《戰樊城》
	《掃雪》	《困曹》	《踩石矶》	《寫本》	《打金磚》
	《擊鼓罵曹》2	《打魚殺家》2	《太平橋》	《宮門掛帶》	《清河橋》
	《胭脂摺》	《斷密澗》3	《南天門》	《雙請靈》	《絕纓會》
	《乾坤帶》	《五雷陣》	《煙鬼嘆》	《清官冊》	《罵王朗》
	《彈詞》	《南陽關》	《九龍山》	《李陵碑》	《打金枝》
	《神書劍》	《太平城》	《臨潼山》	《回龍閣》	《因果報》
	《薛禮回家》	《大保國》	《陽平關》	《搜杯》	《二進宮》
	《醉寫嚇蠻書》				
武生	《快活林》	《獅駝嶺》	《鐵籠山》3	《殺嫂》	《白水灘》
淨角	《冥判》	《刺秦廷》	《惡虎莊》	《五臺會兄》	《逼宮》
	《斬蛟》	《馬踏五營》			
小生	《叫關》	《轅門射戟》	《黃鶴樓》	《殺宮》	《勸妻》
	《借雲》	《小宴驚變》			
丑	《趕考》	《雙沙河》	《漆匠嫁女》	《拐磨子》	
青衣	《祭塔》2	《羅章跪樓》	《出塞》		
花旦	《賣餅子》	《翠花宮》	《綺蘭閣》		
武旦	《水淹泗州》2				
老旦	《辭朝》	《釣金龜》	《藥茶計》		
生旦	《蘆花河》	《翠屏山》			

〔註39〕《寫本》（《鳴鳳記》）、《彈詞》（《長生殿》）、《冥判》（《牡丹亭》）應為崑曲。

道光 25 年（1845 年）《都門紀略》劇目統計如下：

行　當	老　生	武　生	淨　行	小　生	丑　行	旦　行	生　旦
劇目 數量	51	5	7	7	4	青衣：3 花旦：3 武旦：1 老旦：3	2
	51	5	7	7	4	10	2

由上所列，歸納如下的要點：

《都門紀略》所列八大著名戲班，除了「大景和班」以任花臉這位淨角擔任領班之外，其餘各班社排在首位者，俱是老生演員，而尤以這三人獨霸劇壇、聲勢威赫，正如徐珂（1869～1928）《清稗類鈔》指出：

> 伶人初無所謂派別也，自程長庚出，人皆奉為圭臬，以之相競。張二
> 奎名在長庚下，余三勝英挺華發，獨據方面。是為前三派。〔註40〕

三慶班的程長庚、四喜班的張二奎、春臺班的余三勝分別「以地立派」出身於漢劇、徽戲、京腔之戲曲劇種，此時的京劇正處於語言和腔調融合交匯之形成過渡期，也代表著道光末年至咸豐年間（1840～1860），至此開啟「前三鼎甲」以老生掛頭牌的局面。且藉由對照擅演劇目及腳色，所得出上列的演出劇目分類結果，可知老生行當為最多、且最為流行走紅，如程長庚擅演《草船借箭》之魯肅，余三勝擅演《瓊林宴》之范仲禹，張二奎擅演《捉放曹》之陳宮；又例如《蘆花河》雖然具有生旦對唱，分飾劇中主角薛丁山與樊梨花，可列為生旦對兒戲，但《都門紀略》仔細列為新興金鈺班領班人，亦是頭牌首席老生薛印軒的拿手戲，有所謂的「不見印軒不上座，果然子弟勝江湖」竹枝詞句，〔註41〕薛印軒雖然出身票友、後轉職業，仍以其表演技藝深受觀眾歡迎，飾演旦角樊梨花為曹松林則是沒有留下任何資料，由此可以得到印證：彼時以「老生」掛頭牌，旦角的露演只是傍著老生演出。而當時以唱工為主的青衣戲碼仍屬少數：《祭塔》、《薛禮回家》（《汾河灣》），而又僅以《祭塔》為純粹發揮青衣唱段，可見此時「青衣」行當雖已初步成形，劇目少、多攀附依傍老生演唱為主，但已知當時善唱者為三慶班的旦角胖雙秀，對照《清代燕都梨園史料》記載：「胖雙秀不習崑腔，而發聲道亮，直可遏

〔註40〕〔清〕徐珂編纂：《清稗類鈔》（上海：商務印書館，1917 年），「優伶類」，頁 11。
〔註41〕嘉慶十八年《都門竹枝詞》，收入張次溪編纂：《清代燕都梨園史料》，頁 1174。

雲。《祭塔》一齣，尤擅勝場。每當酒綠燈紅時聽之，覺韓娥庸門之歌，今猶在耳。」〔註42〕胖雙秀之名應由其姿容體態而來，唱起《祭塔》之響遏行雲、歌聲嘹亮，不過僅止於此齣劇目。《都門紀略》陸續於同治三年、同治十二年、同治十三年、光緒三十三年以及宣統二年增補刊行，筆者先將統計數量製表羅列如下，詳細之劇目分類則放置於後。

由統計表可見：道光二十五年老生劇目遠多於旦行，同治三年旦行劇目一度與老生不相上下，同治十二年雖旦行劇目少於老生，但此後旦行劇目穩定成長。藉由旦行劇目逐步增加，正可代表著表演藝術不再為老生所全盤掩蓋。

表2-7：《都門紀略》六版本之老生與旦行劇目變化

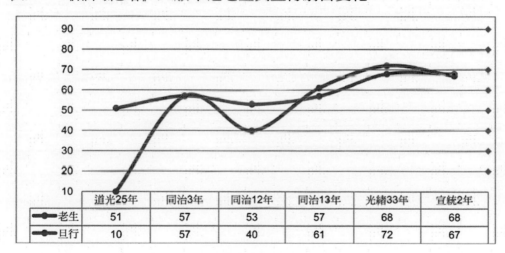

	道光25年	同治3年	同治12年	同治13年	光緒33年	宣統2年
老生	51	57	53	57	68	68
旦行	10	57	40	61	72	67

以下為《都門紀略》同治三年、同治十二年、同治十三年、光緒三十三年以及宣統二年增補刊行的分類統計：

表2-8：同治3年《都門紀略》劇目之行當分類

行當	劇　目				
老生	《法門寺》	《草船借箭》	《洪洋洞》	《審釵釧》	《汜水關》
	《華容道》	《戰長沙》2	《罵閻》	《打登州》	《寧武關》
	《斬黃袍》	《三擋》	《五雷陣》	《罵曹》2	《探母》4

〔註42〕〔清〕楊懋建（蕊珠舊史）：《丁年玉筍志》，收入張次溪編纂：《清代燕都梨園史料》，頁341。

《瓊林宴》	《坐樓殺惜》	《盜宗卷》	《打嵩》2	《趕三關》
《黃金臺》	《慶頂珠》2	《轅門斬子》4	《斷密澗》2	《煙墩》
《戰蒲關》	《烏盆記》	《罵王朗》	《火燒綿山》2	《太平橋》
《跑坡》	《戲妻》2	《江東橋》	《讓成都》2	《柴桑口》
《金馬門》	《捉放》3	《一捧雪》2	《藥王卷》	《打金枝》
《賈家樓》	《晉陽宮》	《二進宮》2	《宮門掛帶》	《南天門走雪》5
《假金牌》	《戰太平》	《臨潼山》	《碰碑》	《大保國》
《擋諒》	《黃金臺》2	《除三害》	《出祁山》	《下河東》
《因果報》	《回龍閣》			

武生	《冀州城》	《蜈蚣嶺》	《昊天關》	《連環套》4	《伐子都》
	《五人義》3	《惡虎村》	《三岔口》	《鬧地府》	《四杰村》5
	《淤泥河》	《截江》	《落馬湖》3	《白水灘》	《擒方臘》
	《神洲擂》2	《趙家樓》	《鬧海》	《打店》	

淨	《鎖五龍》	《打鑾駕》	《會兄》	《黑風帕》	《定中原》
	《獨虎營》3	《鍘美案》2	《斷雙釘》	《御果園》	《牟虎關》
	《龍鳳劍》	《帶劍入宮》	《血詔帶》	《殷家堡》	《惡虎莊》
	《八蜡廟》	《獨虎營》	《蘆花蕩》	《普球山》	

小生	《監酒令》	《臨江會》2	《岳家莊》2	《八大錘》	《放糧》
	《黃鶴樓》	《醉寫》2	《白門樓》	《雙合印》	

丑	《入府》2	《思志誠》	《絨花記》2	《探親》	《賣餑餑》
	《蕩湖船》	《打花鼓》	《活捉》	《投文》	《僧尼會》
	《打灶》	《變羊》	《判斷》	《龍鳳配》	《東昌府》
	《叫街》	《雙打店》2	《十二紅》	《下江南》	《丑表工》
	《拾金》	《頭牌打架》	《雙沙河》	《背凳》2	

武丑	《佛手橘》	《盜甲》	《九龍杯》2		

青衣	《起解》2	《落園》	《斬竇娥》2	《彩樓配》2	《三堂會審》3
	《血手印》	《梅玉配》4	《閨房樂》	《宇宙鋒》2	《十美圖》2
	《探窯》	《雙官誥》	《夜宿花亭》	《二度梅》2	《雙巧配》
	《三上轎》	《斷橋》	《牧羊圈》3	《裙邊掃雪》	《送女》
	《祭江》	《擊掌》3	《罵殿》2		

花旦	《拾玉鐲》3	《搖會》3	《貪歡報》3	《下江南》	《宜鸞閣》
	《八扯》	《胭脂虎》	《瑞雲庵》	《河珠配》	《五福堂》
	《殺狗》	《浣花溪》	《闔家歡樂》	《紅鸞喜》	

刀馬武旦	《泗州城》3	《青龍棍》2	《百花點將》	《朝金頂》	《賣藝》
	《演火棍》	《玉玲瓏》	《虹霓關》	《天門陣》	《佘塘關》2
	《反延安》	《汴梁圖》2			
老旦	《斷后》2	《六殿》	《辭朝》	《望兒樓》	《船艙訓子》
	《七聖廟》	《雙釘記》	《藥茶記》		
生旦	《翠屏山》	《教子》	《正德戲鳳》		

統計如下：

行當	老生	武生	淨行	小生	丑行	旦行	生旦
劇目數量	57	19	19	9	丑：24 武丑：3	青衣：23 花旦：14 刀馬武旦：12 老旦：8	3
	57	19	19	9	27	57	3

表2-9：同治12年《都門紀略》劇目之行當分類

行當	劇　目				
老生	《法門寺》2	《草船借箭》2	《洪洋洞》	《審釵釧》	《汜水關》
	《華容道》	《戰長沙》	《寧武關》	《斬黃袍》2	《三擋》
	《空城計》	《打嚴嵩》	《安五路》	《趕三關》	《黃金臺》2
	《慶頂珠》	《回龍閣》	《五雷陣》	《龍虎鬥》	《善寶庄》
	《慶陽圖》	《解寶收威》	《節義廉明》	《戰蒲關》	《烏盆記》
	《罵王朗》	《除三害》2	《探母》4	《江東橋》	《斷密澗》
	《火燒綿山》	《太平橋》	《清河橋》	《戰北原》	《蘆花記》
	《雁門關》	《一捧雪》	《捉曹放曹》2	《假金牌》	《戰太平》
	《臨潼山》	《碰碑》	《城都》	《罵曹》	《出祁山》
	《擋諒》	《天雷報》	《金水橋》	《馬蹄金》	《走雪》
	《戲妻》	《斬子》	《南天門》		
武生	《大神州》2	《金錢豹》	《昊天關》	《連環套》	《蜈蚣嶺》
	《惡虎村》	《三岔口》	《鐵籠山》	《截江》	《白水灘》
	《神洲擂》	《四杰村》	《探莊》	《打店》	
淨	《雙包案》	《黃一刀》	《黑風帕》2	《五人義》	《攻潼關》
	《烏玉帶》				

小生	《臨江會》	《岳家莊》2	《八大錘》	《監酒令》	《醉寫》
	《黃鶴樓》	《雙合印》			
丑	《入府》2	《思志誠》	《絨花記》2	《探親》	《蕩湖船》
	《打花鼓》	《活捉》	《投文》	《僧尼會》	《打灶》
	《變羊》	《丑表工》	《拾金》	《頭牌打架》	
青衣	《三堂會審》2	《血手印》	《彩樓配》	《梅玉配》	《浣花溪》2
	《閨房樂》	《斬竇娥》	《宇宙鋒》	《琵琶行》	《賣腳魚》
	《三上轎》	《斷橋》	《牧羊圈》2	《裙邊掃雪》	《送女》
	《二度梅》	《祭江》	《擊掌》2	《十美圖》	《紡棉花》
花旦	《拾玉鐲》3	《搖會》	《八扯》	《瑞雲庵》	《河珠配》
	《五福堂》	《胭脂虎》	《闔家歡樂》		
刀馬武旦	《泗州城》	《青龍棍》	《破洪州》	《玉玲瓏》	《反延安》
老旦	《斷后》2	《六殿》	《辭朝》	《望兒樓》	《船艙訓子》
	《七聖廟》	《藥茶記》			
生旦	《跑坡》	《蘆花河》	《教子》3	《翠屏山》	

統計如下：

行當	老 生	武 生	淨 行	小 生	丑 行	旦 行	生 旦
劇目數量	53	14	6	7	丑：14	青衣：20 花旦：8 刀馬武旦：5 老旦：7	4
	53	14	6	7	14	40	4

表2-10：同治13年《都門紀略》劇目之行當分類

行當	劇　　目				
老生	《法門寺》	《草船借箭》	《洪洋洞》	《審釵釧》	《汜水關》
	《華容道》	《戰長沙》2	《罵閻》	《打登州》	《寧武關》
	《斬黃袍》	《三擋》	《五雷陣》	《罵曹》3	《探母》7
	《瓊林宴》	《坐樓殺惜》	《盜宗卷》	《打嵩》2	《趕三關》
	《黃金臺》3	《慶頂珠》2	《轅門斬子》3	《斷密澗》2	《煙墩》
	《戰蒲關》	《烏盆記》	《罵王朗》	《火燒綿山》2	《太平橋》
	《戲妻》2	《江東橋》	《回龍閣》	《捉放》3	《一捧雪》2

《定軍山》	《柴桑口》	《藥王卷》	《打金枝》	《晉陽宮》
《宮門掛帶》	《南天門走雪》5	《假金牌》	《戰太平》	《臨潼山》
《碰碑》	《城都》	《大保國》	《擋諒》	《除三害》
《出祁山》	《下河東》	《二進宮》2	《賈家樓》	《因果報》
《回龍閣》	《打金枝》			

武生	《冀州城》	《趙家樓》2	《蜈蚣嶺》	《昊天關》	《連環套》4
	《五人義》3	《惡虎村》	《三岔口》	《鬧地府》	《四杰村》4
	《伐子都》	《擒方臘》2	《八蜡廟》	《淤泥河》	《截江》
	《落馬湖》2	《白水灘》	《神洲擂》2	《趙家樓》	《探莊》2
	《打店》				

淨	《鎖五龍》	《打鑾駕》	《會兄》	《黑風帕》	《定中原》
	《獨虎營》2	《鍘美案》2	《斷雙釘》	《御果園》	《牟虎關》
	《龍鳳劍》	《帶劍入宮》	《血詔帶》	《殷家堡》	《惡虎莊》
	《獨虎營》	《蘆花蕩》2	《普球山》		

小生	《臨江會》2	《岳家莊》2	《八大錘》	《放糧》	《鬧海》
	《監酒令》	《黃鶴樓》	《白門樓》	《醉寫》	《雙合印》

丑	《入府》2	《思志誠》	《絨花記》2	《探親》	《賣餑餑》
	《蕩湖船》	《打花鼓》	《活捉》	《投文》	《僧尼會》
	《打灶》	《變羊》	《判斷》	《龍鳳配》	《東昌府》
	《叫街》	《背凳》2	《雙打店》2	《下江南》	《丑表工》
	《拾金》	《頭牌打架》	《雙沙河》		

武丑	《佛手橘》	《落馬湖》	《盜甲》	《九龍杯》3	

青衣	《起解》	《落園》	《斬竇娥》2	《彩樓配》2	《三堂會審》3
	《血手印》	《梅玉配》4	《閨房樂》	《宇宙鋒》2	《探窯》
	《女起解》2	《雙官誥》	《夜宿花亭》	《二度梅》2	《雙巧配》
	《三上轎》	《斷橋》	《牧羊圈》4	《裙邊掃雪》	《送女》
	《祭江》	《擊掌》3	《罵殿》2	《十美圖》2	《紡棉花》

花旦	《拾玉鐲》3	《搖會》3	《雙釘記》	《貪歡報》3	《下江南》
	《宜鸞閣》	《八扯》	《瑞雲庵》	《河珠配》	《五福堂》
	《珍珠衫》	《闔家歡樂》	《胭脂虎》	《紅鸞喜》	《十二紅》
	《殺狗》	《浣花溪》2			

刀馬武旦	《玉玲瓏》	《虹霓關》	《泗州城》3	《青龍棍》2	《百花點將》
	《朝金頂》	《賣藝》	《演火棍》	《反延安》	《天門陣》

	《佘塘關》2	《汴梁圖》2		
老旦	《斷后》2	《六殿》	《辭朝》	《望兒樓》	《船艙訓子》
	《七聖廟》	《藥茶記》		
生旦	《翠屏山》4	《跑坡》	《教子》5	《蘆花河》	《正德戲鳳》

統計如下：

行當	老 生	武 生	淨 行	小 生	丑 行	旦 行	生 旦
劇目數量	57	21	18	10	丑：23 武丑：4	青衣：25 花旦：17 刀馬武旦：12 老旦：7	5
	57	21	18	10	27	61	5

表 2-11：光緒 33 年《都門紀略》劇目之行當分類

行當	劇 目				
老生	《魚藏劍》	《洪洋洞》4	《當鐧賣馬》	《空城計》2	《讓城都》2
	《烏龍院》2	《鳳鳴關》4	《定軍山》3	《鎮潭州》4	《失街亭》2
	《寄子》	《取帥印》3	《殺廟》	《五雷陣》2	《海潮珠》2
	《回龍閣》	《取榮陽》	《四進士》	《一捧雪》	《喜封侯》
	《七星燈》	《斬子》2	《坐樓》	《戰虎亭》	《葵花峪》
	《戰北原》	《竹影計》2	《馬鞍山》	《忠報國》	《罵閻》
	《打金枝》3	《斬黃袍》2	《串龍珠》	《法門寺》	《上天台》
	《十王府》	《鐵冠圖》	《鳳鳴關》2	《黃金臺》3	《草船借箭》
	《捉放曹》4	《文昭關》2	《滾釘板》	《狀元譜》	《倒聽門》
	《寧武關》	《白蟒山》	《進蠻詩》	《蘆花記》	《桑園會》2
	《南天門》2	《清官冊》	《硃砂痣》2	《戰蒲關》	《奇冤報》
	《戰長沙》	《戰太平》	《二進宮》3	《金水橋》2	《打金枝》
	《回荊州》	《戰皖城》	《柳林池》	《硃砂痣》	《下河東》
	《斷密澗》3	《除三害》	《御碑亭》		
武生	《美人計》	《四杰村》4	《獨木關》	《惡虎村》5	《劍鋒山》2
	《挑滑車》2	《金錢豹》2	《四平山》	《連環套》2	《鄧家堡》
	《回荊州》	《快活林》	《伐子都》	《殷家堡》	《落馬湖》
	《趙家樓》	《鐵公雞》	《鐵籠山》	《借勝威》	《長坂坡》2

淨	《草橋關》3	《打龍袍》6	《翠鳳樓》	《八蠟廟》3	《丁甲山》
	《鍘美案》3	《探陰山》	《青風寨》	《取洛陽》2	《李七》
	《羅四虎》	《莫虎關》	《天水關》3	《四平山》	《龍鳳劍》
	《明公斷》	《八義圖》	《遊龜山》	《戰虎亭》	《白良關》
	《普球山》	《金沙灘》2	《霸州》	《御果園》	《烏玉帶》2
小生	《胭脂虎》	《馬上緣》2	《群英會》4	《普球山》	《盜魂鈴》
	《奇雙會》	《得意緣》	《借雲》	《鳳儀亭》	《富貴圖》
	《少華山》	《成塘關》	《黃鶴樓》	岳家莊	《舉鼎觀畫》
	《射戟》	《馳水馴》	《討荊州》	《八大錘》	《雙合印》
丑	《借靴》	《大小騙》	《榮歸》2	《巧連環》	《雙沙河》
	《殺皮》	《雙鈴記》	《遊龜山》	《鬧山》	《梅降雪》
	《打灶》	《下河南》			
武丑	《盜甲》	《巴家寨》	《塡王莊》	《溪皇莊》4	《九龍杯》4
	《劍鋒山》				
青衣	《春秋配》	《彩樓配》3	《祭江》3	《落園》	《會審》2
	《十萬金》3	《三疑計》3	《紅梅閣》2	《宇宙鋒》2	《孝感天》
	《琵琶記》	《蘆花計》2	《擊掌》5	《烏龍院》	《斷橋》2
	《二度梅》	《女寫狀》	《義俠記》	《關王廟》	《殺狗》2
	《牧羊圈》5	《三上轎》	《忠義俠》	《鐵弓緣》	《玉虎墜》2
	《風箏誤》	《百花亭》			
花旦	《拾玉鐲》3	《珍珠衫》4	《雙搖會》	《榮歸》	《打櫻桃》2
	《醉酒》	《小上墳》3	《殺皮》	《狐狸緣》	《跪樓》
	《戲鳳》	《遺翠花》	《絨花計》4	《雙搖會》孟小如2	《胭脂虎》3
	《過新年》	《一疋布》	《鴻鸞喜》	《十二紅》	《雙合印》2
	《賣胭脂》	《貪歡報》			
刀馬武旦	《玉玲瓏》3	《泗州城》3	《清風嶺》	《娘子軍》	《搖錢樹》
	《金山寺》	《反延安》	《炎火棍》	《汴梁圖》4	《破洪州》2
	《烈火旗》	《佘塘關》	《馬上緣》	《青石山》	《女三戰》
	《穆家寨》2	《鬧山》	《雙鎖山》2		
老旦	《滑油山》	《釣金龜》	《藥茶記》	《辭朝》	《六殿》
生旦	《汾河灣》3	《翠屏山》5	《教子》4	《忠孝義》	

統計如下：

行當	老 生	武 生	淨 行	小 生	丑 行	旦 行	生 旦
劇目數量	68	20	25	20	丑：12 武丑：6	青衣：27 花旦：22 刀馬武旦：18 老旦：5	4
	68	20	25	20	18	72	4

表 2-12：宣統 2 年《都門紀略》劇目之行當分類

行當	劇 目				
老生	《魚藏劍》	《洪洋洞》3	《當鐗賣馬》	《空城計》2	《讓城都》2
	《烏龍院》3	《鳳鳴關》3	《定軍山》3	《鎮潭州》4	《失街亭》2
	《寄子》2	《取帥印》3	《殺廟》	《五雷陣》2	《海潮珠》2
	《回龍閣》	《取榮陽》	《四進士》2	《一捧雪》	《喜封侯》
	《七星燈》2	《斬子》2	《坐樓》	《戰虎亭》	《葵花峪》
	《戰北原》	《竹影計》2	《馬鞍山》	《忠報國》	《罵閻》
	《打金枝》3	《斬黃袍》2	《串龍珠》	《法門寺》4	《上天台》
	《十王府》	《鐵冠圖》	《黃金臺》3	《草船借箭》	《捉放曹》4
	《滾釘板》	《狀元譜》	《倒聽門》	《寧武關》	《白蟒山》
	《進蠻詩》	《蘆花記》	《桑園會》2	《南天門》2	《清官冊》
	《硃砂痣》2	《戰蒲關》	《奇冤報》	《文昭關》	《戰長沙》
	《除三害》	《二進宮》8	《金水橋》2	《打金枝》2	《回荊州》
	《戰皖城》	《硃砂痣》	《慶頂珠》	《柳林池》	《斷密澗》3
	《下河東》	《戰太平》	《御碑亭》		
武生	《美人計》	《四杰村》4	《獨木關》	《惡虎村》5	《劍鋒山》3
	《挑滑車》2	《金錢豹》2	《連環套》2	《鄧家堡》	《回荊州》
	《快活林》	《伐子都》	《雙合印》	《殷家堡》	《落馬湖》2
	《趙家樓》	《鐵公雞》	《鐵籠山》	《借勝威》	《長坂坡》3
	《義俠記》				
淨	《草橋關》2	《金沙灘》3	《打龍袍》6	《翠鳳樓》	《八蠟廟》2
	《丁甲山》	《鍘美案》3	《探陰山》	《青風寨》	《取洛陽》2
	《李七》	《羅四虎》	《莫虎關》	《四平山》2	《天水關》3

	《龍鳳劍》	《明公斷》	《八義圖》	《遊龜山》	《戰虎亭》
	《普球山》	《霸州》	《御果園》	《烏玉帶》2	
小生	《群英會》3	《盜魂鈴》	《奇雙會》	《得意緣》	《借雲》
	《鳳儀亭》	《富貴圖》	《少華山》	《黃鶴樓》	《八大錘》
	《舉鼎觀畫》	《射戟》	《馳水駟》	《岳家莊》	《討荊州》
丑	《借靴》	《大小騙》	《榮歸》2	《巧連環》	《雙沙河》
	《殺皮》	《雙鈴記》	《遊龜山》	《闖山》	《百花亭》
	《梅降雪》	《打灶》	《下河南》		
武丑	《九龍杯》4	《盜甲》	《巴家寨》	《垻王莊》	《溪皇莊》5
	《劍鋒山》				
青衣	《彩樓配》3	《祭江》3	《落園》	《會審》2	《十萬金》3
	《三疑計》3	《紅梅閣》2	《宇宙鋒》2	《孝感天》	《琵琶記》
	《蘆花計》2	《擊掌》5	《斷橋》2	《二度梅》	《女寫狀》
	《雙合印》	《殺狗》2	《牧羊圈》4	《三上轎》	《忠義俠》
	《鐵弓緣》	《春秋配》	《玉虎墜》2	《風箏誤》	
花旦	《鴻鸞喜》3	《雙沙河》2	《拾玉鐲》3	《珍珠衫》3	《榮歸》
	《打櫻桃》2	《過新年》	《一疋布》	《醉酒》	《小上墳》3
	《殺皮》	《雙搖會》2	《胭脂虎》3	《遺翠花》	《跪樓》
	《絨花計》4	《胭脂虎》	《賣胭脂》	《十二紅》	《貪歡報》
刀馬武旦	《玉玲瓏》3	《泗州城》3	《清風嶺》	《娘子軍》	《搖錢樹》
	《金山寺》	《反延安》	《炎火棍》	《汴梁圖》2	《馬上緣》2
	《狐狸緣》	《破洪州》2	《青石山》	《烈火旗》	《女三戰》
	《穆家寨》	《闖山》2	《雙鎖山》2		
老旦	《滑油山》	《釣金龜》	《藥茶記》	《辭朝》	《六殿》
生旦	《汾河灣》5	《教子》5	《忠孝義》	《翠屏山》5	《戲鳳》

統計如下：

行當	老　生	武　生	淨　行	小　生	丑　行	旦　行	生　旦
劇目數量	68	21	24	15	丑：13 武丑：6	青衣：24 花旦：20 刀馬武旦：18 老旦：5	5
	68	21	24	15	19	67	5

三、民初《戲考》：旦行的強勢崛起

《戲考》一名《顧曲指南》，由鈍根編輯、王大錯（又署名健兒或吳下健兒，字號櫪老）述考、燧初校訂，除第六冊校訂者為振支，〔註43〕之所以選擇《戲考》作為京劇鼎盛時期劇本依據，主要有兩方面的重要性與代表性：〔註44〕

其一為《戲考》之時間明確與劇本全面。首冊印製於 1915 年 10 月 10 日，歷經十年時間至 1925 年為止共計出版四十冊，收錄多達五百二十三齣劇本，主要為京劇亦兼收少量地方戲（包括梆子戲、崑劇等），以單折散齣比例最多，包含傳統戲與新編戲之外，亦收錄篇幅較長且劇情完整的「連臺本戲」，例如膾炙人口的四本《狸貓換太子》、七本《宏碧緣》等鉅製，正如鄭振鐸先生所言：「《戲考》所收錄的京劇劇本，實為同類著作中之最完備、最巨大者。」〔註45〕堪稱收集了自清末以降最為流行的演出劇目，不僅可見京劇演出市場的興盛繁榮，戲曲消費活動的熱絡蓬勃，一般觀眾將《戲考》曲文唱詞作為看戲參照的顧曲指南，劇本刊物才得以在這十年之內不斷地出版印行；其二為《戲考》與舞臺的密切結合。每齣劇本之前皆為王大錯之「述考」：劇情說明、本事考證、簡短劇評，《戲考》不僅只作為案頭京劇戲曲選本，更可謂是場上演出版的紀錄，直接反映了當時舞臺氍毹悅人視聽、發人興趣的實況風貌，更可得知印證當紅的是哪些戲碼，因此《戲考》既有劇本文學的歷史價值，亦含舞臺實踐的演出實況，足以代表京劇由成熟過渡至鼎盛期的研究材料。

現將四十冊《戲考》劇目分類結果製成表格如下：〔註46〕

表 2-13：《戲考》劇目之行當分類

行當	劇　目				
老生	《空城計》	《洪洋洞》	《烏盆計》	《打鼓罵曹》	《捉放曹》
	《桑園寄子》	《取成都》	《硃砂痣》	《黃金臺》	《文昭關》

〔註43〕1980 年臺灣里仁書局根據俞博生珍藏本重印出版，分為十冊，仍以《戲考》為書名；大陸上海書店於 1990 年根據中華圖書館原本影印，分為五冊，書名改為《戲考大全》，當屬相同來源而編輯不同。本論文使用上海書店出版的《戲考大全》五冊版本（上海：上海書店，1990 年 12 月第一版，1995 年 4 月第二次印刷），原書名為《戲考》。

〔註44〕筆者碩論已針對《戲考》介紹說明，本論文再次修正改寫，詳見《兩岸禁戲研究》（新竹：國立清華大學中文所碩士論文，2008 年），頁 80～81。

〔註45〕鄭振鐸：《鄭振鐸文集》（北京：人民文學出版社，1988 年），卷七，頁 245。

〔註46〕連臺本戲只算一本。例如《狸貓換太子》有四本。

《御碑亭》	《天水關》	《七星燈》	《戰北原》	《柳林池》
《清官冊》	《雙獅圖》	《柴桑口》	《李陵碑》	《四郎探母》
《打金枝》	《八義圖》	《魚腸劍》	《華容道》	《取帥印》
《慶頂珠》	《瓊林宴》	《桑園會》	《打嚴嵩》	《白虎堂》
《翠屏山》	《戰蒲關》	《斬黃袍》	《逍遙津》	《南天門》
《徐策跑城》	《盜宗卷》	《四進士》	《取榮陽》	《雙投唐》
《浣紗記》	《天雷報》	《法門寺》	《沙陀國》	《珠簾寨》
《回荊州》	《海潮珠》	《審李七》	《大劈棺》	《連營寨》
《戰長沙》	《草橋關》	《九更天》	《狀元譜》	《定軍山》
《金水橋》	《上天臺》	《賣馬》	《八大鎚》	《五臺山》
《刺王僚》	《五雷陣》	《鐵蓮花》	《大名府》	《寧武關》
《陽平關》	《胭脂褶》	《失街亭》	《斬馬謖》	《長亭會》
《濮陽城》	《戰樊城》	《進蠻詩》	《胭脂褶》	《馬鞍山》
《宮門帶》	《渭水河》	《法場換子》	《薦諸葛》	《風雲會》
《澠池會》	《請宋靈》	《燒棉山》	《白馬坡》	《泥馬渡康王》
《鬧江州》	《南陽關》	《甘鳳池》	《一捧雪》	《審刺客》
《贈別挑袍》	《御林郡》	《奇冤報》	《伐東吳》	《戰太平》
《賈家樓》	《魯肅求計》	《潯陽樓》	《雪杯圓》	《除三害》
《錯殺姦》	《摘纓會》	《度白儉》	《雲台觀》	《馬嵬坡》
《古城相會》	《潞安州》	《掃松下書》	《南屏山》	《盜魂鈴》
《慶陽圖》	《獻西川》	《三氣周瑜》	《八郎探母》	《臨潼山》
《罵楊廣》	《蒯徹裝瘋》	《單刀赴會》	《水淹七軍》	《未央宮》
《取南郡》	《三讓徐州》	《罵王朗》	《風波亭》	《三上殿》
《假金牌》	《襄陽宴》	《張良辭朝》	《下河東》	《朝歌恨》
《孝婦羹》	《罵閻羅》	《排王讚》	《煤山恨》	《甘露寺》
《過五關》	《三顧茅廬》	《舌戰羣儒》	《馬前潑水》	《討荊州》
《九龍山》	《磐河戰》	《頭本麥城昇天》	《戲迷傳》	《別母亂箭》
《鐵公雞》	《許田射鹿》	《贈袍賜馬》	《雪夜訪普》	《以德報怨》
《將相和》	《山海關》	《明末遺恨》	《端午門》	《舉鼎觀畫》
《金馬門》	《遊武廟》	《雪盃圓》	《擋幽王》	《木門道》
《六出岐山》	《打登州》	《受禪臺》	《興趙滅屠》	《三結義》
《三門街》	《怒斬于神仙》	《山海關》	《九陽鐘》	《困曹府》
《沙橋餞別》	《吳漢殺妻	《智取北湖》州	《關公顯聖》	《三雅園》

《太平橋》	《哭祖廟》	《賈政訓子》	《博浪錐》	《雍涼關》
《藍關雪》	《黨人碑》	《白傅遣姬》	《安五路》	《雙龍會》
《刀劈三關》	《七擒孟獲》	《三字經》	《葭萌關》	《盤關》
《販馬記（前本）》				

武生	《獨木關》	《連環套》	《落馬湖》	《鳳鳴關》	《羅成叫關》
	《長坂坡》	《伐子都》	《拿高登》	《摩天嶺》	《蓮花湖》
	《獅子樓》	《借趙雲》	《惡虎村》	《皮匠殺妻》	《八蠟廟》
	《刺八杰》	《金錢豹》	《花蝴蝶》	《白水灘》	《鐵籠山》
	《淮安府》	《趙家樓》	《殷家堡》	《銅網陣》	《金雁橋》
	《景陽岡》	《茂州廟》	《挑華車》	《冀州城》	《曾頭市》
	《鳳凰山》	《燕青打擂》	《洗浮山》	《白涼樓》	《酣戰太史慈》
	《戰潼台》	《蜈蚣嶺》	《飛叉陣》	《詐歷城》	《河間府》
	《桂陽城》	《北霸天》	《鳳凰山》	《碧遊宮》	《界牌關》
	《芭蕉扇》	《鬧天宮》	《前本玉門關》	《四杰村》	

淨行	《探陰山》	《黑風帕》	《打龍袍》	《雙包案》	《鍘美案》
	《白良關》	《鍘包勉》	《昊天關》	《高平關》	《打鑾駕》
	《司馬逼宮》	《羅四虎》	《丁甲山》	《鎖五龍》	《擋亮》
	《惡虎村》	《盤山》	《五人義》	《義旗令》	《霸王別姬》
	《清風寨》	《蘆花蕩》	《取洛陽》	《黑驢告狀》	《滾鼓山》
	《普球山》	《狸貓換太子（四本）》	《鍾馗嫁妹》		

小生	《白門樓》	《目蓮救母》	《轅門射戟》	《忠孝全》	《飛虎山》
	《羅成託夢》	《岳家莊》	《雁門關》	《監酒令》	《少華山》
	《趙顏借壽》	《雙觀星》	《玉門關》	《長生樂》	《艾孝子》
	《寶玉出家》	《戲目蓮》	《取南郡》	《黃鶴樓》	《群英會》
	《臨江會》				

丑行	《拾黃金》	《打麵缸》	《洛陽橋》	《老黃請醫》	《羅鍋子搶親》
	《打槓子》	《瘋僧掃秦》	《背娃入府》	《張古董借妻》	《頂花磚》
	《九龍杯》	《打沙鍋》	《背櫈》	《打刀》	《選元戎》
	《瑤池會》	《紅門寺》	《新四十八扯》		

青衣	《祭長江》	《探寒窯》	《落花園》	《宇宙鋒》	《白狀元祭塔》
	《彩樓配》	《富春樓》	《大保國》	《女起解》	《辛安驛
	《六月雪》	《二進宮》	《玉堂春》	《孝感天》	《孝義節》

《三疑計》	《獨占花魁》	《別宮》	《蝴蝶盃》	《算糧登殿》
《杜十娘》	《鳳儀亭》	《烈女傳》	《忠孝牌》	《雙斷橋》
《大登殿》	《貴妃醉酒》	《春秋配》	《血手印》	《黛玉葬花》
《五花洞》	《紅梅閣》	《英傑烈》	《萬里尋夫》	《三上轎》
《郿鄔縣》	《苗善出家》	《別妻》	《斬貂蟬》	《連環計》
《龍鳳呈祥》	《進妲己》	《雙鈴記》	《青樓夢》	《送花樓會》
《天寶圖》	《堂樓詳夢》	《三擊掌》	《延安關》	《白蛇傳》
《思凡》	《佛門點元》	《老西嫖院》	《東宮掃雪》	《胭脂判》
《晉陽宮》	《童女斬蛇》	《磨房產子》	《關王廟》	《木蘭從軍》
《妻黨同惡報》	《黛玉焚稿》	《香妃恨》	《晴雯補裘》	《牢獄鴛鴦》
《閨房戲》	《晴雯撕扇》	《借茶活捉》	《芙蓉誄》	《荊釵記》
《浣紗溪》	《斗牛宮》	《趙五娘》	《煙花鏡》	《池水驛》
《賓鐵劍》	《新三娘教子》	《慈孝圖》	《麻姑獻壽》	《大香山》
《翠花宮》	《天女散花》	《嫦娥奔月》	《牧羊卷》	《三世修》
《五雷報》	《戲姻緣》	《失金釵》	《頭本閻瑞生》	《奇雙會》
《饅頭菴》	《倒廳門》	《萬花船》	《鄭恩做親》	
花旦 《陰陽河》	《打花鼓》	《小放牛》	《遺翠花》	《小上墳》
《雙搖會》	《胭脂虎》	《花田錯》	《梵王宮》	《探親相罵》
《賣身投靠》	《紡棉花》	《浣花溪》	《二姐逛廟》	《雙釘記》
《十八扯》	《賣絨花》	《割髮代首》	《得意緣》	《雙沙河》
《賣餑餑》	《明月珠》	《送銀燈》	《日月圖》	《秦淮河》
《打櫻桃》	《紫霞宮》	《紫荊樹》	《拾玉鐲》	《大鋸缸》
《戲叔》	《採花趕府》	《拷紅》	《雙合印》	《喂藥》
《串珠記》	《十二紅》	《梅降雪》	《合鳳裙》	《賣胭脂》
《殺子報》	《醋中醋》	《珍珠衫》	《寶蟬送酒》	《斬妲己》
《紅鸞喜》	《查頭關》	《春香鬧學》		
刀馬武旦 《青石山》	《鎖雲囊》	《取金陵》	《迷人館》	《泗州城》
《雙鎖山》	《焰火棍》	《蓮花塘》	《道州城》	《湘江會》
《虹霓關》	《馬上緣》	《董家山》	《破洪州》	《玉玲瓏》
《佘塘關》	《水漫金山寺》	《穆柯寨》	《汴梁圖》	《打桃園》
老旦 《釣金龜》	《斷太后》	《滑油山》	《丑表功》	《藥茶記》
《望兒樓》	《劉秀走國》	《看香頭》	《行路哭靈》	《別母刺背》
《徐母罵曹》	《太君辭朝》			

生旦	《烏龍院》	《梅龍鎮》	《武家坡》	《寶蓮燈》	《汾河灣》
	《蘆花河》	《趕三關》	《西皮汾河灣》	《宏碧緣》	《喬醋》
	《戲牡丹》	《賀后罵殿》	《遊園驚夢》	《平貴別窰》	《金光陣》
	《三娘教子》				

《戲考》劇目行當統計如下：

行當	老 生	武 生	淨 行	小 生	丑 行	旦 行	生 旦
劇目數量	191	49	28	21	18	青衣：94 花旦：48 刀馬武旦：20 老旦：12	16
	191	49	28	21	18	174	16

　　根據《戲考》所列劇目，筆者以本論文重點：「老生與旦行」行當來分析，就老生而言，劇目繁多且分類細膩，包含唱工、做派、靠把、紅生。「唱工老生」又稱安工老生，以唱工為主要發揮，如《空城計》、《七星燈》、《戰北原》的諸葛亮，《文昭關》、《魚藏劍》的伍子胥，《洪洋洞》的楊延昭、《打鼓罵曹》的禰衡、《捉放曹》的陳宮、《桑園寄子》的鄧伯道、《逍遙津》的漢獻帝、《法門寺》的趙廉等，扮演帝王者又稱王帽老生，如《上天臺》的劉秀、《金水橋》的唐太宗、《取成都》的劉璋等。「做派老生」又稱衰派老生，唱唸做表並重，如《四進士》的宋士杰、《南天門》的曹福、《徐策跑城》的徐策、《九更天》的馬義等。「靠把老生」則以扎靠得名，凡是身披鎧甲、手持兵器之擅長武功者，如《定軍山》與《陽平關》的黃忠、《失街亭》的王平、《戰太平》的花雲等。而「紅生」則因勾紅臉故有此稱，主要扮飾三國戲中的關羽，或是宋皇帝趙匡胤這兩個腳色。在這些分類之中，又有老生武生兼跨兩門抱，例如《戰宛城》的張繡、《洗浮山》的賀天保、《翠屏山》的石秀，重視唱工亦著重工架。

　　就旦行而言，旦行劇目越來越多，分類由最初的慶昇平班劇目所列以扎靠戲為主，到《都門紀略》逐漸增加且豐富，除了為數不少的刀馬武旦扎靠和花旦小戲（如《打麵缸》）之外，旦行唱工戲漸增，出現《祭塔》、《斬竇娥》等著重唱工繁重劇目，更出現所謂的「旗裝旦」〔註47〕——穿旗裝梳旗頭的人物，如《梅玉配》之韓翠珠。而後至此《戲考》來看，唱工戲更逐漸穩定擴

〔註47〕「旗裝旦」歸類於「花衫」行當，亦稱「旗婆旦」，《京劇知識詞典》，頁4。

展，例如《祭江》江邊哭祭的孫尚香，《春秋配》的姜秋蓮，已成為典型端莊的青衣戲，唱唸做表並重如《宇宙鋒》的趙豔容、《三擊掌》的王寶釧，刀馬旦行當劇目如《穆柯寨》與《破洪州》的穆桂英、《佘塘關》的佘賽花等。由此可清楚看出旦行劇目的明顯增多與題材深厚，幾乎與老生演出數量平分秋色、勢均力敵，尤其旦行之青衣劇目類別日趨多元，在「題材選擇」方面，不再只是純粹民間戲曲骨子老戲，大批新戲的出現，劇情內容取材於時事之「時裝新戲」興起，如根據清末實事「通州奇案」的《殺子報》，梅蘭芳演出的《牢獄鴛鴦》、《童女斬蛇》展現「新思潮」等；在「表現形式」方面，有別於傳統造型的「古裝新戲」，例如《天女散花》、《嫦娥奔月》等，更透出「京劇文士化」的痕跡——演員邀請文人為其量身打造的新戲，〔註48〕形成一股由旦行帶起的簇簇生新劇壇趨勢，推動京劇藝術自由發展的嶄新里程碑。

　　通過以上針對京劇孕育、成熟、鼎盛三階段的劇目資料歸納，所勾勒時運交移之下，京劇老生與旦行比重的改變狀況，以及旦行崛起發展的軸線脈絡，大致可以呈現：清末劇壇在老生掛頭牌之際，京劇旦行的劇目正逐步慢慢增加，青衣行當已然初步形成、漸見發展；民初以降通過《戲考》劇目資料，「旦行強勢崛起」的大幅度發展趨勢日益明顯，旦行自然而然地由配搭附屬轉為開創新局，而在此之前的過渡轉折分界時期，能在青衣中脫穎而出、發展旦行則非「老夫子」陳德霖莫屬，下一節由此展開論述。

第二節　青衣典範：陳德霖

　　京劇從發軔形成至醞釀成熟的階段，老生由「前三鼎甲」到「後三鼎甲」的伶界大王譚鑫培奠基地位，此時期梨園的旦角，雖然還不能稱得上是老生的競爭對手，但也是不容忽視，青衣表演藝術由咸豐同治年間最著名的胡喜祿（1827～1890）所開啟，其演出有如此描述：「演《瓊林宴》的盧氏，還魂時倒臥在地下唱一大段反二黃，氣充力沛，而且好腔層出。」〔註49〕以及《清代燕都梨園史料》所記載「喜祿以態度作派勝，其所飾之人，必體其心思，肖其身份，而行腔又婉轉抑揚，恰到好處。」〔註50〕可推測胡喜祿的嗓子條件優異，高亢挺拔氣勢飽滿，而表演能視其人物身份而調整刻畫；繼之而起的

〔註48〕王安祈：〈京劇文士化的幾個階段〉，《傳統戲曲的現代表現》，頁59～84。
〔註49〕劉守鶴：〈胡喜祿專記〉，《劇學月刊》，1932年第1卷第6期。
〔註50〕〔清〕許九埜：《梨園舊話》，收入張次溪編纂：《清代燕都梨園史料》，頁824。

則必須談及「同光十三絕」〔註51〕之重要旦角演員：梅巧玲（1842～1882）、時小福（1846～1900）、余紫雲（1855～1910）〔註52〕，梅巧玲崑亂不擋，青衣花旦更無一不工，所演出《雁門關》的蕭太后更是一絕，而有「旦角廟首」稱譽之時小福，演唱「氣充韻沛」：「引吭一鳴，如風送洞簫，韻來天外，遙空鶴唳，聲徹絳霄。一字一腔，皆細針密線，極意熨貼，各臻神妙。」〔註53〕王瑤卿更指出：「老腔惟時小福的尚合於今。小福的腔雖與余紫雲同樣不能脫胡喜祿的影響，余紫雲雖亦有他的好腔，但胡余衣鉢，及今已不如小福之盛。」〔註54〕從胡喜祿至時小福確定了旦行青衣嗓音以剛勁激昂為純正，演唱以氣充力沛為典型，而余紫雲從梅巧玲學戲，青衣花旦兼擅，能演《貪歡報》與《打麵缸》跨行當劇目，〔註55〕代表已開正工青衣亦可唱花旦劇目之例。但上述青衣即使身為領銜一時之旦行翹楚，可惜舞臺實踐生涯皆極為短暫，如胡喜祿三十多歲便撤步氍毹，余紫雲亦是中年後鮮少露演，〔註56〕因此《中國京劇史》界定「京劇從形成到成熟的演進」過程，旦角主要代表人物為陳德霖與王瑤卿；建構京劇理論之齊如山認為「陳德霖是劃時代的腳色」；〔註57〕戲曲學者劉曾復則提出「陳王系統」，指的是陳德霖與王瑤卿的旦行傳承體系，〔註58〕如此的觀點一再被提及，但以筆者所考察，目前關於陳德霖表演藝術的具體資料並不多見，如緒論所述，僅陳德霖孫子陳志明編纂《陳德霖評傳》、《陳門三代梨園世家》，整理時人評論與文獻資料，學術研究以學者么書儀〈陳德霖‧余玉琴‧王瑤卿〉談陳德霖突破「張不開嘴」改革行腔使

〔註51〕「同光十三絕」包含生旦末丑演員：郝蘭田、張勝奎、梅巧玲、劉趕三、余紫雲、程長庚、徐小香、時小福、楊鳴玉、盧勝奎、朱蓮芬、譚鑫培、楊月樓，本論文著重於論述旦行青衣進程，而郝蘭田屬老旦、朱蓮芬為崑旦，故以梅巧玲、余紫雲、時小福為主。

〔註52〕守鶴：〈時小福專記〉，《劇學月刊》，1932年第1卷第10期。張永和：《皮黃初興菊芳譜：同光十三絕合傳》（上海：上海古籍出版社，2014年），頁199～214。

〔註53〕蘇移：《京劇二百年概觀》（北京：北京燕山出版社，1989年），頁106。

〔註54〕守鶴：〈時小福專記〉，《劇學月刊》，1932年第1卷第10期。

〔註55〕〔清〕羅癭公：《鞠部叢譚》，收入張次溪編纂：《清代燕都梨園史料》，頁796。

〔註56〕中國京劇百科全書編輯委員會編：《中國京劇百科全書》（北京：中國大百科全書出版社，2011年），上卷頁227與下卷頁979。

〔註57〕齊如山：〈談四腳〉，《齊如山全集》（臺北：聯經事業股份有限公司，2016年），頁2202～2203。

〔註58〕劉曾復：《京劇新序（修訂版）》（北京：學苑出版社，2008年），頁391。

字，以及黃兆欣所著《京劇旦行表演傳承與對話——以陳德霖、王瑤卿與梅蘭芳、程硯秋為例》博士論文，該博論分以「正聲：青衣典範之成形」與「鎔鑄：王派花衫之開創」專章，深度探析陳德霖與王瑤卿恰成對應的表演風格與藝術發展，陳德霖以「高亢剛直」唱腔和「靜穆嚴肅」氣韻，建立「正宗青衣」形象典範，唱法著重於「剛勁甩音」與「游絲行腔」，實為旦行發展的重要關鍵。〔註59〕

綜觀陳德霖研究之缺乏，主要因為「京劇旦行的美學」多認定由四大名旦之首梅蘭芳所奠基，但筆者從另一角度切入，利用「唱片之灌製」與「戲單之劇目」證明陳德霖、王瑤卿所代表的時代，是旦行發展必然重要的過渡時期，根據羅亮生研究與著名京劇評論家吳小如（1922～2014）考據補正，〔註60〕清光緒末年百代（Pathe）唱片公司在北京錄製發行第一批「京劇唱片」，（關於此批唱片研究於第六章有詳細論析），其中青衣唱片包含：陳德霖（1862～1930）、孫喜雲（生卒年不詳）、姜妙香（1890～1972）。二十世紀初隨著錄製生產新興科技的傳入，「唱片上的戲曲」成為「舞臺」與「文本」之外的「第三類戲曲」，唱片的「重複播放」和「固定性」，〔註61〕使得京劇表演藝術的主體——「唱腔藝術」邁向傳唱流行與典範建立，對於菊壇產生重要影響，藉由陳德霖、孫喜雲、姜妙香唱片的問世，恰正可證明青衣地位高度提升，具有單獨錄製唱片的號召能力，而孫喜雲演出不多、姜妙香後成著名小生，兩人對於旦行的影響力並不明顯，陳德霖正是其中最具代表性者，且其唱片資料保存完整較為齊全，因此本節將論析陳德霖在京劇史上的開創性與特殊性，主要藉由其擅演劇目、錄製唱片佐以《絕版賞析》影音資料，重新全面檢視陳德霖所存相關文獻劇評與唱片錄音，進一步或證成、或補充前人研究成果，論其如何能造就「青衫特立獨行、守正不阿，劇界之中流砥柱也」，〔註62〕而成為齊如山所言具有「劃時代」的含意。

〔註59〕黃兆欣：《京劇旦行表演傳承與對話——以陳德霖、王瑤卿與梅蘭芳、程硯秋為例》（中壢：國立中央大學中國文學系博士論文，2014年），頁49～76。

〔註60〕參見吳小如：〈羅亮生先生遺作《戲曲唱片史話》訂補〉，《京劇談往錄三編》（北京：北京出版社，1990年），頁365～369。羅亮生著、李名正整理：〈戲曲唱片史話〉，《京劇談往錄三編》，頁397～416。

〔註61〕容世誠：《粵韻留聲——唱片工業與廣東曲藝（1903～1953）》（香港：天地圖書有限公司，2006年），頁23～26。

〔註62〕柳遺：〈東蘺軒雜綴〉，《申報》，1919年7月23日第14版。

一、青衣行當的確立

陳德霖字「漱雲、瘦雲」，小字「石頭」，早先於恭王府之全福崑腔科班學習崑旦，後入程長庚之三慶班「四箴堂科班」學習刀馬旦，十九歲出科，拜田寶琳正式學習青衣，此時「藝術漸進，稍稍見稱於人口」。〔註63〕光緒十五年（1889年）楊月樓去世而三慶班解散，因而改搭四喜班清唱，受領班老生王九齡（1817～1885）與崑丑楊三（即楊鳴玉，1815～1894）之器重，分別配演《武家坡》、《活捉》始嶄露頭角，而光緒十六年（1890年）進入昇平署成為內廷供奉之後，自此聲名大噪。由此經歷，筆者通過陳志明談〈陳德霖與陳少霖〉文章所羅列的陳德霖上演劇目，〔註64〕以及對照作於光緒十二年（1886年）的《鞠臺集秀錄》所紀錄的「穎川主人陳石頭」資料，〔註65〕進行兩相比對考察，現將其各階段擅演劇目羅列如下：

表 2-14：陳德霖擅演劇目分期

分期	劇　種	擅演劇目
	崑曲	《思凡下山》、《斷橋》、《活捉》、《遊園驚夢》、《昭君出塞》、《琴挑》、《奇雙會》、《贈劍》、《四面觀音》、《小宴》、《絮閣》、《風箏誤》、《刺虎》、《喬醋》、《折柳陽關》
早期	京劇花旦、刀馬旦	《探親家》、《打花鼓》、《挑簾裁衣》、《百草山》〔註66〕、《金山寺》、《殺四門》、《湘江會》、《活捉》
早期	京劇青衣	《岳家莊》、《四進士》、《打金枝》、《回營打圍》（《浣紗記》）、《五花洞、《武家坡》、《桑園寄子》、《打漁殺家》、《寶蓮燈》、《硃砂痣》、《審頭刺湯》、《女斬子》、《南天門》、《京遇緣》（《狄青》）、《長坂坡》、《戲妻》、《三娘教子》、《珠簾寨》、《天雷報》、《摘纓會》、《御碑亭》
中期	京劇青衣	《祭塔》、《孝感天》、《孝義節》、《宇宙鋒》、《大登殿》、《三擊掌》、《銀空山》、《混元盒》、《雁門關》、《探母》
晚期	京劇青衣	《雁門關》、《探母》

〔註63〕張江裁：〈陳德霖傳〉，《戲劇月刊》第2卷第7期。

〔註64〕陳志明：〈陳德霖與陳少霖〉，《京劇談往錄》（北京：北京出版社，1985年），頁152～153。

〔註65〕佚名：《鞠臺集秀錄》，收入張次溪編纂：《清代燕都梨園史料》，頁631。所記錄劇目為：《思凡下山》趙尼、《斷橋》白蛇、《活捉》閻惜姣、《遊園驚夢》杜麗娘、《彩樓配》王寶釧、《祭江》孫夫人、《蘆花河》樊梨花、《五花洞》潘金蓮、《雁門關》碧蓮公主、《孝感天》共叔段夫人、《金水橋》西宮、《寶蓮燈》王桂英、《御碑亭》王有道妻、《戲妻》羅敷。

〔註66〕原為「京劇早期擅演劇目」之列，因《百草山》屬於小戲之一，故列入此行。

　　根據上表可以清楚看出：陳德霖「文武崑亂不擋」的特質，而早期與中期的表演分期具有轉捩點，自四十歲之後多專演京劇青衣，引陳德霖對齊如山所言：

> 人家說我是正宗青衣，意思是恭維我，我能夠不接受嗎？可是我聽這句話比罵我還難受，他們以為我不唱閨門旦的戲，不唱花俏的戲，說我規矩，其實我青年扮相美時候，我一樣唱《鬧學》、《琴挑》、《驚夢》、《喬醋》、《穆柯寨》、《活捉》等等。〔註67〕

　　陳德霖被譽為「正宗青衣」、「青衣泰斗」，以唱工戲最負盛名，收徒甚眾、桃李盈門，王瑤卿、梅蘭芳、王蕙芳、姜妙香、王琴儂、姚玉芙號稱其「六大弟子」，但其崑曲造詣與花旦刀馬表演藝術，更進一步的體現陳德霖個人表演藝術獨特歷程風格，以下由此角度切入探討陳德霖之京崑兼擅。

（一）崑曲對青衣唱法的影響

　　陳德霖崑曲擅演劇目中，不僅能扮飾嚮往愛情的《遊園驚夢》杜麗娘，嬌俏多姿的《思凡下山》尼姑，更能演出身段繁複的《活捉》閻惜姣，除了演來自饒精彩，更提攜後輩共同演出，如《順天時報》刊載陳德霖與梅蘭芳二人演出《風箏誤》之劇評：

> 大軸風箏誤，梅蘭芳飾俊小姐，陳德霖飾三夫人，姜妙香飾俊小生，李壽山飾醜小姐，曹二庚飾女僕，羅福山飾二夫人。俊小姐，扮相清麗、舉止穩重，種種做派，頗有可觀，幾段崑曲，聲調並佳，趣致匪淺；三夫人做工規矩，說白清楚，而歌曲一段，聲音清脆，腔調婉轉，有響遏行雲之妙。〔註68〕

　　陳德霖精湛技藝影響所及，如梅蘭芳即直言接受老夫子在《遊園驚夢》、《思凡》、《斷橋》的崑曲身段指點。〔註69〕回顧當時劇壇有此風氣：「內行中謂必先學崑曲，後習二黃，自然字正腔圓，板槽結實，無荒腔走板之弊。」〔註70〕京劇作為多腔調劇種兼容並蓄、博採眾長，演員學戲並非直線單一僅學皮黃，反而是必須先行借鑑學習崑曲作為基礎，奠定咬字發音的基本原

〔註67〕齊如山：〈談四腳〉，《齊如山全集》，頁2227。

〔註68〕辻聽花：〈開明戲院梅蘭芳陳德霖之風箏誤〉，《順天時報》，1925年4月29日。

〔註69〕梅紹武等編：《梅蘭芳全集》第一卷（石家莊：河北教育出版社，2000年），頁105。

〔註70〕〔清〕許九埜：《梨園軼聞》，收入張次溪編纂：《清代燕都梨園史料》，頁841。

則，節拍旋律與唱腔琴音方能自然吻合絲絲入扣，因此如《梨園舊話》形容「大老闆」程長庚：「程伶崑劇最多，故其字眼清楚，極抑揚吞吐之妙。」〔註71〕《梨園佳話》指出：「本工度崑曲，故於唱法、字法講求絕精，後人視為指南，是非皆取決於此」，〔註72〕程長庚吸收崑劇表演、融合徽調特色，開展皮黃徽派高度的演唱技巧，初步形成京劇老生表演體系，而後老生崑亂兼長者止於譚鑫培，至於旦行演員自梅巧玲以降，崑劇演出佔有相當的比重份量，〔註73〕而陳德霖崑曲藝術造詣精深，和程長庚邀請朱洪福教導、以及受過崑旦朱蓮芬指點的經歷具有緊密關係，羅癭公（1872～1924）《鞠部叢談》是這樣讚賞：「北方伶人中，崑曲字正腔圓，可稱穩練者，惟德霖一人而已」，〔註74〕但也正因為學習崑曲奠定基礎的前提之下，京崑旋律唱法不同，尤其是京劇異於崑曲具有大過門、慢板，最後則有大拖腔，因此陳德霖在由崑轉京的適應過渡期，容易因為崑曲「口緊」唱法規限，而減損京劇字音的清晰度，〔註75〕此點在下文藉由唱片更進一步分析。

（二）兼長京劇青衣花旦行當

陳德霖京劇擅演劇目包含花旦重頭戲，如清末常演的「小戲」《打花鼓》、《探親家》，〔註76〕光緒十二年的《鞠臺集秀錄》便紀錄許多演員擅演《打花鼓》，此源出傳奇《紅梅記》，而後被梆子徽班吸收成為常演劇目，《戲考》稱之為「打扯戲」，一對夫妻以打花鼓賣藝為生，遇見醜公子百般調戲，鳳陽女為了生計，只得耐住性子奏技，尾聲所唱「受盡風霜苦奔波，只為飢寒沒奈何」，道出小人物貧寒困苦的無奈辛酸。而《探親家》又名《探親相罵》，演鄉

〔註71〕〔清〕倦遊逸叟：《梨園舊話》，收入張次溪編纂：《清代燕都梨園史料》，頁815。

〔註72〕王夢生：《梨園佳話》，收入於《民國京崑史料叢書》第一輯（北京：學苑出版社，2008年），頁56。

〔註73〕胡忌、劉致中：《崑劇發展史》（北京：中國戲劇出版社，1989年），頁584～590。

〔註74〕〔清〕羅癭公：《鞠部叢談》，收入張次溪編纂：《清代燕都梨園史料》，頁781。

〔註75〕黃兆欣：《京劇旦行表演傳承與對話——以陳德霖、王瑤卿與梅蘭芳、程硯秋為例》，頁63～65。

〔註76〕王安祈：〈論平劇中的幾齣小戲〉，《漢學研究》第8卷第1期（1990年6月），頁563～586。林鶴宜：〈清中葉暢銷書《綴白裘》地方戲的刊行、流傳和腔調衍變〉，《明清戲曲學辨疑》，《規律與變異：明清戲曲學辨疑》（臺北：里仁書局，2003年），頁193～237。

下媽媽進城探親，知曉自己女兒在婆家受虐，與親家吵罵交謫一番。此兩齣主角為花旦應工，劇中穿插歌舞，皆不唱西皮二黃，《打花鼓》所唱的【鳳陽歌】是小曲小調，《探親家》通場唱雜腔小調【銀紐絲】，〔註77〕展現民間小戲的風格。羅癭公所著《鞠部叢談》即有記載：

> 喬蕙蘭、陳德霖皆善演《打花鼓》。德霖嘗告蘭芳，謂：「爾欲學花鼓，京師惟我能教，此外無第二人。」蘭芳既從德霖學會此戲，終未嘗演。〔註78〕

陳德霖與喬蕙蘭（1859～?）皆以崑旦登臺，但又同擅演靈巧的花旦小戲《打花鼓》，可見此時京崑兼演的現象，梅蘭芳也都跟這兩位學習過崑曲。〔註79〕陳德霖更自言花鼓一戲、捨我其誰，「京師惟我能教」，可惜梅蘭芳習而未演，今日的京劇舞臺亦鮮少演出。〔註80〕除了花旦戲之外，陳德霖更演刀馬旦、武旦戲碼如《金山寺》、《殺四門》、《湘江會》、《活捉》，可以得知陳德霖唱功武功俱佳，由著名京崑小生俞振飛（1902～1993）所回憶：「陳德霖演銀空山藐視同行」，扮演銀空山的代戰公主，臺底下嘖嘖稱奇的說道『青衣還能紮靠開打，真是太了不得了。』」〔註81〕更可想見刀劍架把穩熟、武功深厚紮實。由上述崑曲、花旦、刀馬旦戲碼的擅演，加上京劇青衣的訓練，誠如程硯秋所言：「當年的陳德霖老先生，是規矩派的領袖，他會青衣，亦會花旦（如《打花鼓》等戲），但只是兼長，不是混合。他認為青衣雖重唱功，亦自有做功，最要緊的是一種『靜穆嚴肅』的風格。」〔註82〕陳德霖以崑曲為基本功，並能在花旦與刀馬劇目的身段做表全面發揮，但只是多元兼跨、各自兼擅，而非將劇中人物以「花旦刀馬」有機融合，仍舊恪守京劇嚴謹規範體制。

〔註77〕京劇曲調之一【銀紐絲】，屬於雜腔小調，是從地方小戲或曲藝中移用過來的。《探親家》劇中所唱的曲調就是銀紐絲，用笛子伴奏，腔調流暢、歡快，輕鬆悅耳。參見吳同賓、周亞勛編：《京劇知識詞典》增訂版，頁14。

〔註78〕〔清〕羅癭公：《鞠部叢談》，收入張次溪編纂：《清代燕都梨園史料》，頁797。

〔註79〕梅紹武等編：《梅蘭芳全集》第一卷，頁105～106。

〔註80〕臺灣國光劇團曾推出「群丑亮相」，包含《打花鼓》。筆者查閱早期報紙所見：〈大鵬劇校明起公演〉，改制後的第一次正式對外公演，五日的演出戲碼有「探親家」等戲，《聯合報》，1964年10月2日第8版。

〔註81〕俞振飛：〈一鱗半爪的戲談〉，《戲迷傳》，1939年第2卷第2期。

〔註82〕程硯秋：〈演員的「四功」與「五法」——藝術雜記之二〉，程硯秋著、程永江編、鈕葆校勘：《程硯秋戲劇文集》（北京：華藝出版社，2009年），頁455。

二、正工青衣表演藝術進程

（一）初期：由對兒戲到唱工戲

就陳德霖早期演出京劇的劇目而論，屬於青衣的唱工重頭戲，則是《武家坡》、《女斬子》、《三娘教子》三齣為主。《武家坡》是全部王寶釧與薛平貴傳奇的一則，兩人分離十八載，薛平貴「一馬離了西涼界」回到寒窰，乍見王寶釧的當下，試探確認其堅貞方才相認，於是有試妻大段西皮對唱；《女斬子》即是《蘆花河》，樊梨花與薛丁山為了義子薛應龍陣前招親脣槍舌戰，一個是「要斬要斬偏要斬」，一個是「不能不能萬不能」；《三娘教子》以三娘王春娥和老生薛保兩人的「二黃三眼」輪唱，這三齣「對兒戲」的觀賞重點，皆在於老生與青衣的對口唱段與演唱功力是否勢均力敵、旗鼓相當。而《寶蓮燈》同樣是老生青衣並重，但這齣戲非以唱工為主，而是著重於做表的銜接配搭得宜。

其次是老生唱工戲的配搭，旦角仍是附庸於主流老生之下，諸如配演主角老生之妻：《御碑亭》的王有道妻〔註83〕、《戲妻》的羅敷、《打金枝》的皇后〔註84〕；《桑園寄子》鄧伯道弟妹（金氏）、《打漁殺家》蕭恩之女桂英、《審頭刺湯》之雪豔、《南天門》曹福的主人曹玉蓮等，以上所述的老生戲份與唱段皆遠大於旦角，並沒有展現個人的特色戲碼。而更多是邊配的腳色，沒有明顯個性、亦無起伏情緒，屬於「掃邊青衣」之二路腳色，如《岳家莊》為小生岳雲重頭戲，《四進士》實為老生宋士杰戲碼，《珠簾寨》、《天雷報》、《摘纓會》、《硃砂痣》亦是老生為主的劇目，其中較為特別的劇目則屬以長靠武生趙雲為主角之《長坂坡》，陳德霖配演糜夫人，清末光緒二十六年間，由俞菊笙（1838～1914）與余玉琴（1868～1939）合組之福壽班，其「聲勢赫卓，每以長坂坡一劇為得意傑作，然不輕易演，惟逢暑伏嚴冬之際，輒露演之，以菊笙飾趙雲，工架氣魄武技，洵有特殊優點，且糜夫人一角，由陳德霖扮飾，尤足錦上添花。」〔註85〕筆者翻閱眾多報刊資料，在《北洋畫報》1928年第5卷第239期發現俞菊笙與陳德霖《長坂坡》劇照，亦見於《國劇畫報》第11

〔註83〕「孟氏舉止穩重，善合身份，亭中一段，歌曲精妙，大擅耳福。」辻聽花：〈開明戲院梅蘭芳陳德霖之御碑亭〉，《順天時報》，1923年8月4日。
〔註84〕陳德霖也曾為提攜王瑤卿，演出《金水橋》時配演西宮，《打金枝》配演娘娘。參見郭永江：〈王瑤卿的舞臺生涯〉，北京市政協文史資料研究會編：《京劇談往錄》續編（北京：北京出版社，1988年），頁123。
〔註85〕佚名：〈俞菊笙　陳德霖　長坂坡〉，《立言畫刊》，1940年第81期。

期（1932 年 4 月 1 日）、《立言畫刊》1940 年第 81 期，此處引用《立言畫刊》
版本，如下：

圖 2-1：俞菊笙與陳德霖《長坂坡》

　　《長坂坡》表演重點在於「抓帔與掩井」，在舞臺上的演出傳統向來是
「以椅當井」，擺放一張椅子代表井，而此張照片的右下方擺置一口井，可見
是拍攝劇照時所特製，因此可從靜態的圖像中將表演重點突顯標示出來：陳
德霖所扮飾的糜夫人不僅得端莊雅正、臉上帶戲，正如梅蘭芳的回憶體會：
「陳老夫子的糜夫人手抱阿斗，眼看著趙雲，體表莊重，臉上有戲，是青衣
標準藍本。」〔註 86〕更重要的是糜夫人託孤後的跳身投井與趙雲抓帔，難度
在於青衣與武生之功力悉敵、不分軒輊，表演需嚴絲合縫、配合得宜，糜夫
人放阿斗於地後，回身躍井的卸帔瞬間既得漂亮迅捷、乾淨俐落，搭配趙雲

〔註 86〕梅蘭芳：〈漫談運用戲曲資料與培養下一代〉，收入於《梅蘭芳全集》第三卷，
　　　　頁 172。

猛力一抓、只抓其帔的動作。

就以上這些早期擅演劇目而言，陳德霖所飾演的旦角，唱段並沒有太多著力點予以發揮，一方面是緣於傳統戲曲的表演倫理，「配角不可搶主角的戲」，戲份少的二路演員做好本分即可；另一方面，雖繼承前輩所教大致掌握了旦行的表演技巧，但彼時功候未深，青衣唱腔尚未成熟定型，直到下一階段才真正展現「正宗青衣」的本色。

（二）中晚期：「反二黃」的發展

陳德霖發音高亢而兼清越、歌喉剛勁而得平直，筆者根據《京劇大典》老唱片精華、《京劇絕版賞析》、《京劇古董唱片大考》與「京劇老唱片」網站整理如下：

表2-15：陳德霖唱片錄製一覽表

年　代	發　行	劇　　目	扮　飾	京　胡
1908	百代公司	《祭江》	孫尚香	孫佐臣
		《銀空山》（實為《大登殿》）	王寶釧	孫佐臣
		《趕三關》	代戰公主	孫佐臣
1925	高亭公司	《孝義節》	孫尚香	孫佐臣
		《孝感天》	共叔段夫人	孫佐臣
		《彩樓配》	王寶釧	孫佐臣
		《二本虹霓關》	東方氏	孫佐臣
1929	蓓開公司	《四郎探母》	太后與公主	李佩卿
		《孝義節》	孫尚香	李佩卿

藉由擅演劇目搭配錄製唱片資料，可見：陳德霖在此時期能逐漸擺脫被老生壓制的局面，致力於唱工戲的發揮，灌錄唱片的選擇，多是高調門少走低腔、標準正宮調之劇目，自1908年第一張正工青衣戲《祭江》：主角孫尚香因劉備逝世乃進宮別母江岸設祭，唱大段反二黃，最終投江以死殉節，該劇一人臺上獨唱、毫無身段幫襯、亦無配角穿插，根據徒弟黃桂秋（1906～1978）的描述，陳德霖享有「祭江旦」的封號盛譽，〔註87〕筆者聆聽唱片來

〔註87〕黃桂秋改編、程志馨記譜：〈前記〉，《別宮祭江》（上海：上海文化出版社，1958年），頁1。

自於《京劇大典》旦角篇，收錄四句【二黃慢板】乃乘輦坐轎往江岸途中所唱：「曾記得當年來此境，棒打鴛鴦兩離分。從今後永不照菱花鏡，清風一現未亡人。」清楚可聆聽與生俱來的天賦好嗓，高亢激越處中氣充沛，峭勁高拔中一塵不染，尤其在「反二黃」唱腔的發展具有很大的貢獻，例如《孝義節》、《祭塔》、《孝感天》、《宇宙鋒》等劇目，而「反二黃」是將正二黃的曲調降低四度來唱，唱腔活動的音區因此加寬，所以「反二黃」的唱腔較正二黃相對而言，起伏跌宕更大，適合表現悲壯慷慨、蒼涼淒楚的情緒。〔註88〕以《別宮祭江》之延續情節《孝義節》為例，孫尚香別母投江，被敕封為梟姬娘娘，乘夜返回吳宮、托兆母親。此戲重點在於尚香與母親生死陰陽兩隔所唱大段的反二黃：「盡節死陰靈魂水府路上，未報答哺乳恩難捨親娘」，筆者找出下列《申報》文章，正是當年於北京開明戲院觀看陳德霖《孝義節》之評論：

> 壓軸之「孝義節」，陳德霖飾孫尚香，珠冠服而出，體態莊嚴，點將念滄江連江數句，便已動聽。登臺念詩，吐字精圓、聲音清脆，而節義須周全、慧眼望四川兩句，聲韻最佳，一大段說白，句斟字酌，凝鍊準確，極盡抑揚頓挫之能事。唱西皮慢板，珠圓玉潤，神味綿邈。長江波浪之波浪，孝姬娘娘之娘娘等字，行腔極其委婉，而皇宮生長一句，尤覺悠揚盡致，有遏雲裂帛之概。二場對門神所唱之搖板，亦清朗可聽。見吳后時以袖遮面，做來頗為嫻雅。人命大之迴龍，聲極幽咽，女陰魂盡節死之反二簧慢板，悲婉激楚、句句作哀響。而水路府上難捨親娘句，有悽愴之情，令人不忍卒睹。以下之原板，聲哀以悽、調幽以揚、餘音裊裊，猶復繞樑不絕，臨行之搖板，調忽翻高，聲極響亮，精神又為之一振。〔註89〕

唱段更勝一籌的《孝義節》在1940年間的《立言畫刊》劇評已是「年來罕睹演者」，〔註90〕今日二十一世紀的舞臺上更是冷門鮮見。筆者藉由陳德霖1925年錄製的四句【二黃慢板】以做對照：「駕祥雲衝開了風濤萬丈，叫一聲

〔註88〕《京劇知識詞典》，頁17。施病鳩：〈「碧梧軒劇話：反二黃與反西皮」〉，《戲劇週訊》，1942年第1卷第3期。

〔註89〕佚名：〈余叔岩陳德霖之二劇〉，《申報》，1924年1月1日第20版。

〔註90〕蓮水：〈談孝義節〉，《立言畫刊》，1940年第76期。

眾神童站立兩廂。為皇叔只落得隨波逐浪，長壽宮托夢兆好不淒涼。」聆聽唱片時對於《申報》這段觀後評論的「句句作哀響」頗有同感，陳德霖一出口非常的高亢清脆，真乃穿雲裂石之聲，首句的「風」字極高，彷彿驚濤駭浪展現眼前，強勁的聲音力度始終屹立不墜，而這股力度正是支撐陳德霖在早期旦行之中獨出的重要因子，即使陳德霖曾經一度因染鴉片嗜好導致嗓音塌中，但靠著每日肆力喊嗓，同時約請著名琴師陳彥衡為之吊嗓，一天一齣《祭塔》，所鍛鍊出來的嗓子竟比之前更為「高亢嬌脆」，如此成功舉措，使得其他演員如余叔岩、姜妙香等起而效尤，〔註91〕造就如《梨園軼聞》所指：「後年歲愈老，韻調愈高，竟稱絕唱。」〔註92〕而談到《祭塔》之「反二黃」已成青衣初學者的開蒙戲，〔註93〕被鎮壓在雷峰塔下的白蛇，初見狀元兒子，內心悲喜雜揉，以此【反二黃慢板】唱腔「未開言不由人珠淚雙流」追述回憶，陳德霖的成就便在行腔上善用好嗓，使調上力求高亢，又如《孝感天》出自鄭莊公與母親「不及黃泉無相見」的故事，主要演春秋時代鄭莊公與共叔段兄弟爭位，共叔段兵敗自刎，母親武姜終日啼哭，共叔段夫妻雙雙入母親夢中，好言安撫勸慰。劇情簡單，正如陳墨香指出此戲「舊日諸名伶多演之，今乃漸替，實則無甚精彩」，〔註94〕此齣唱工甚重，老旦武姜、小生共叔段以及旦角共叔段夫人，三人三行當都唱反二黃，各抒其懇切情感，而今舞臺現幾乎已鮮少搬演，〔註95〕從陳德霖1925年高亭唱片：「這也是天命定數有修短，望國母終日裡悲苦淚漣，為報恩來世裡！（按，原唱片收錄僅此，並非脫漏。）」彷彿可聞聽如《戲考》所指出的「一種幽怨愁慘之聲，頗令人酸鼻不忍聞」。

另外一齣傳統青衣的唱工戲《宇宙鋒》，演秦皇胡亥荒淫無道，欲納丞相趙高之女豔容為妃，豔容矢志不從，在啞奴的暗示協助之下，抓花容扯破衣衫，佯狂裝瘋以避禍。劇中〈裝瘋〉的「我這裡假意兒懶睜杏眼」一大段高難

〔註91〕陳志明：〈陳德霖與陳少霖〉，《京劇談往錄》，頁147。

〔註92〕〔清〕許九埜：《梨園軼聞》，收入張次溪編纂：《清代燕都梨園史料》，頁844。

〔註93〕程硯秋學習的第一齣戲便是《祭塔》，參見中國戲曲研究院編：《程硯秋文集》（北京：中國戲劇出版社，1959年），頁29。

〔註94〕陳墨香：〈京劇提要：孝感天〉，《劇學月刊》，1934年第3卷第4期。

〔註95〕目前可聽見的是由姜妙香錄製的唱片：1929年蓓開唱片、1932年勝利唱片，由二黃慢板「風飄飄冷颼颼黃昏慘淡」，轉反二黃慢板「悲切切尊國母魂傷魄斷」的發揮。筆者曾於2012年12月8日國光劇場觀賞此劇，小生孫麗虹飾演共叔段、青衣劉海苑飾演共叔段夫人、老旦羅慎貞主演武姜。

度【反二黃慢板】，以曲折迴旋的低腔，唱出心中悽惶無依的難言之隱，看過陳德霖演出的梅蘭芳，是這樣說明的：

> 從前把《宇宙鋒》當作一齣純粹的唱工戲，總是排在中軸演唱。除了聽幾句唱之外，沒有什麼做工，更說不到表情上去。我看過陳老夫子和其他許多位前輩的《宇宙鋒》，大都是謹守成法，按部就班地唱。在我們的內行叫做「大路活」。這也是時代關係，那時的演員和觀眾，還都不主張有什麼改革。尤其是青衣一行，專重唱工，彷彿做工表情都是花旦的玩藝兒，青衣不必十分講究的。〔註96〕

劇中主角趙豔容以青衣應工，早期陳德霖時代的表演，必然單純以「唱」為主，屬於「文戲」；而梅蘭芳自言「《宇宙鋒》是我功夫下得最深的一齣」，〔註97〕在唱唸、身段、表情各方面不斷焠煉藝術造詣、琢磨表演尺寸，使之成為「唱做兼重」的梅派名劇，此處著重點在於凸顯：《宇宙鋒》藝術發展的軌跡，基本上此齣正旦青衣唱工戲——尤其是「反二黃唱腔特質」，已在陳德霖的時候明顯確立；而由陳德霖之「謹守成法、按部就班」發揮唱工，後經梅蘭芳長年舞臺實踐加工改造，爐火純青唱唸併水袖翻舞，成為其耳熟能詳的代表作，由此清楚可見旦行的逐步發展過程，亦是本論文所再三強調的重點。

同樣的情況，《三擊掌》這齣戲日後被四大名旦之一的程硯秋琢磨成為程派經典，而《彩樓配》是全本《紅鬃烈馬》的一齣，主要演王寶釧鳳冠霞帔彩樓拋球、自擇才郎，前面的「花園贈金」已鮮少演出，正因為資料難得，筆者藉由《京劇絕版賞析》，得以聆聽陳德霖1925年所錄製的唱片原音重現，一開頭的【導板】「梳妝打扮出繡房」，幾乎每一字都往高處唱、滿宮滿調，整體而言，陳德霖音色宛若自平空拔地而起的峭壁，具有直衝天際的剛直，似乎毫不費力，但相對而言，當著重以音調為依歸的唱法時，便會出現「重調輕字」的現象：「陳德霖之字音裏入高調中，並不能十分清晰，而情緒較繁複之唱亦不能盡致，實因高下轉折一氣呵成之際，已把全力用上，更無察幽致曲之餘力也。」〔註98〕如著名報人蘇雪安所指出的：「老夫子是崑曲底子，嘴裡不可能不講究，問題是在老法青衣，過於重音調，而很少注意把字音吐到口

〔註96〕梅紹武等編：《梅蘭芳全集》第一卷，頁155。
〔註97〕梅紹武等編：《梅蘭芳全集》第一卷，頁150。
〔註98〕凌霄漢閣：〈記「程」下〉，《半月戲劇》第2卷第2期。

外來，所以聽起來就比較模糊了。」〔註99〕因此筆者聆聽唱片之時，必須十分仔細才能辨別唱詞，頗具「音要妙而流響，聲激曜而清厲」風格，聲線陡峭高不易攀。梅蘭芳特別指出這段唱片：

> 陳德霖先生所唱，孫老（佐臣）操琴的幾張唱片，也是雙絕，水乳交融，風格統一。《彩樓配》四面：【導板】、【慢板】、【二六】、【流水】、【散板】包括了青衣西皮的許多腔調。「回相府」一句是青衣的「嘎調」，不是一般的「邊音」，沒有充沛底氣是不敢這樣唱的。〔註100〕

梅蘭芳所指的「回相府」，應是最後一句散板：「回府去稟告二老爹娘」，句中「去」字的靈活唱腔，如旱地拔蔥般地陡然用立音翻揚八度，即所謂的大幅度翻高腔「嘎調」〔註101〕，而非一般「邊音」突然高揚的音調，若是缺乏充裕力量氣息，容易流於單薄無力、難以唱得突出響亮，因此能使觀眾注意聆聽旦角的唱工，絕對是陳德霖之成功發揮。

三、旗裝戲：京劇之獨有

陳德霖的舞臺生涯非常漫長，直至六十九歲逝世之前，始終活躍於舞臺演出，即使年逾耳順，但是觀者仍舊十分捧場，筆者翻閱 1923 年 11 月 21 日《申報》〈京劇訊中之陳德霖貫大元〉文章之評論：

> 陳德霖以六十老翁，獻技歌場，唱工清脆，圓潤宛如十七八好女郎，蓋天賦歌喉也，做派又極端莊嚴重，不染一毫清佻習氣，為今日惟一之純粹青衣，游其門者多成名角，此石頭之號，老夫子之稱，所以播越天下也。至其傑作若孝義節、別皇宮、雁門關、探母回令、宇宙瘋等劇，有目共賞，其南天門、審頭刺湯兩劇，妙奏天

〔註99〕蘇雪安：《京劇前輩藝人回憶錄》（上海：上海文化出版社，1958 年），頁 143。齊如山以陳德霖張嘴敞口的唱法，一掃學自崑曲的唱唸習慣，「自陳德霖以前之唱青衣者，大多數都張不開嘴。陳德霖以後之唱青衣者，大多數都是能張開嘴的。所謂不能張開嘴者，並非錯處，因為彼時的腳色，都是先學的崑曲，後來有所謂的崑曲的底子，唸字多不講張嘴。」齊如山：〈談四腳〉，《齊如山全集》，頁 2198。

〔註100〕梅蘭芳：〈漫談運用戲曲資料與培養下一代〉，收入於《梅蘭芳全集》第三卷，頁 179。

〔註101〕指京劇唱腔中，用突出拔高的音唱某一字。例如《四郎探母》楊延輝唱「站立宮門叫小番」，句中的「番」字，即是「嘎調」。《京劇知識詞典》，頁 15。

　　然，不同凡響，嘗謂石頭此兩齣，與龔雲甫之徐母罵曹、釣金龜，
孫菊仙之硃砂痣、雙獅圖，侯俊山之伐子都、花田錯，異曲同工並
世罕觀。〔註102〕

　　對照筆者翻閱報刊，在《立言畫刊》1938年第14期（亦刊於1940年第
96期）陳德霖、錢金福（扮飾架子花臉韓昌）與王楞仙（楊八郎）合演《雁
門關》的照片：

圖2-2：陳德霖、錢金福與王楞仙之《雁門關》

　　《申報》此篇評論與《立言畫刊》劇照足以看出：陳德霖始終謹守青衣
規範，一手下垂、一手置於腹部的「抱著肚子唱」，梅蘭芳針對《雁門關》照
片有如此說明：「陳老夫子還有個《雁門關》的照片也很好，雖然坐在桌子後
面，只露上半身，但從胸脯、脖子、肩膀三部分，給後學揭示了這類腳色端坐
的姿勢。」〔註103〕可見陳德霖做派極為端正莊重，正宗青衣之典型，其中《雁
門關》和《四郎探母》為陳德霖之擅演且中晚期常演劇目，此類著旗袍、梳旗

〔註102〕佚名：〈京劇訊中之陳德霖貫大元〉，《申報》，1923年11月21日第18版。
　　　　儘管文中還是不免提及觀眾的另一種聲音：「其有謂石頭去探母回令之太
　　　　后，雞皮面孔，厚塗脂粉，令人作嘔三日。」審美心態是可以想像的。
〔註103〕梅蘭芳：〈漫談運用戲曲資料與培養下一代〉，收入於《梅蘭芳全集》第三
　　　　卷，頁172。

頭、穿旗鞋的「旗裝戲」，〔註104〕但扮演的人物不限於清朝女性，京劇服裝原非寫實，基本上以明代服飾作為基礎，按照人物身份地位分類，至於外族則一律以「旗裝」作為扮相，根據清逸居士發表於 1932 年《國劇畫報》的〈旗裝戲考〉文章，指出：「旗裝戴鈿子戲，始自前清同治時代，名花衫梅慧仙獨創。因慧仙與各邸第竝內府顯宦交游，故創宮裝，與戲裝大不相同。如八本雁門關蕭太后，探母蕭太后，在彼時，四喜班每貼此二戲，即有人滿之患。」〔註105〕清末年間以四喜班班主梅巧玲扮飾「旗裝旦」最為著名，《同光朝名伶十三絕傳略》如此描述：「妝雁門關之蕭銀宗，所著冠服，皆為滿族福晉品級服色，首冠珠鈿，步搖雙插，瓔珞覆面，身著八團女褂，項綴朝珠，足踏花盆底女鞋，每值繡簾一揭，巧玲左捻佛頭右擷采帕，款步而出，金容滿月，玉樹臨風，莊嚴妙相，四肢百骸無不具貴婦風範」，〔註106〕由梅巧玲所創造的蕭太后形象，「雲鬢花顏金步搖」獨特造型裝扮，足踏「花盆底兒」旗鞋，端莊肅穆中見大方挺拔、穩健俐落中展腰腿功夫，觀賞的重點正是在於展現出氣勢派頭，而在梅巧玲所奠定的基礎之上，後繼者陳德霖則開啟「正工青衣去蕭太后」之新傳統，筆者聆聽陳德霖 1929 年《四郎探母》唱片：「兩國不和兩交戰，各為其主奪江山」，開頭還特別介紹「蓓開公司特請陳德霖先生唱探母太后」，屆時年事雖高但其音純潔高亮，首句【西皮導板】破空而來、聲如裂帛，轉慢板亦是一氣呵成。曾親眼得見陳德霖演出的著名劇評家張肖傖（1891～1978）〔註107〕，有此評語：

> 陳德霖探母回令之蕭太后一角，在舊都幾成為彼一人之專職，凡盛
> 大堂會中，大軸又往往排探母一劇，故久寓北京者，無不知德霖蕭
> 太后之獨步歌壇，其道白之佳，固不待言，而其舉止容儀之華貴端

〔註104〕 李德生：《梨花一枝春帶雨：說不盡的旗裝戲》（北京：人民日報出版社，2012
        年），齊如山：〈談劇：旗裝戲之研究〉，《戲劇半月刊》，1936 年第 1 卷第 10
        期，劉汭嶼：〈晚清京劇旗裝戲與旦行花衫的興起〉，《中國戲曲學院學報》
        第 36 卷第 4 期（2015 年 11 月），頁 64～71。王安祈：〈我們如何編寫《孝
        莊與多爾袞》〉，2016 年《孝莊與多爾袞》節目冊。
〔註105〕 清逸居士：〈旗裝戲考〉，《國劇畫報》第 36 期（1932 年 9 月 23 日）。
〔註106〕 朱書紳編輯：《同光朝名伶十三絕傳略》（北京：三六九書報社，1943 年），
        頁 23～24。
〔註107〕 張肖傖，本名張照，常用筆名為張肖傖、蒨蒨室主，在報刊著有「蒨蒨室劇
        話」專欄，編有《菊部叢譚》。參閱〈京劇評論家張肖傖〉，《上海戲劇》，1982
        年第 3 期。

肅，尤擅勝場，蓋其供奉內廷，於八旗貴族婦人之度態舉止，揣摩
極有心得，故能恰合身份斯豈等閒所能窺效耶。〔註108〕

　　豪門貴冑常於喜壽慶典舉辦「堂會」，邀集演員作專場演出以宴賓客，因
此與會演員莫不是一時之選，堂會戲碼更是再三講究，而最末的一齣大軸子，
往往排演行當齊全的群戲《四郎探母》，劇中蕭太后通曉軍略，言行舉止需表
現出端莊嚴肅的風範，以聲調圓滿、氣度堂皇為正宗，亦看過陳德霖演出的
朱家溍，便認為「有他實際生活的體驗」，〔註109〕正因為具有進宮演戲的機
會，看見京城貴婦以至慈禧太后走路模樣，將所見所聞揣摩提煉成為京劇程
式化的表演；還有戲迷如此評價：「老夫子陳德霖自屈首指，其端凝大方，真
是太后身份」，〔註110〕「梅氏（按，為梅巧玲）體豐，扮演絕佳，極擅身份；
次數德霖，廿以年來，演此推渠為第一，下場臺步妙極，做疾走狀，往往觀者
報之以好。」〔註111〕足以證明陳德霖的蕭太后堪稱獨步當時。

　　「老夫子」陳德霖作為清光緒以來最為重要的京劇旦行青衣泰斗，由崑
旦開蒙踏進梨園，文武崑亂不擋能戲甚多，藝承胡喜祿、時小福路數，兼容
余紫雲唱法，以唱工純正取勝不走巧腔、做工端莊謹嚴不尚花俏，整體而言，
唱唸做打一絲不苟、「繩守典型不趨時尚」，〔註112〕尤其演出生涯極長，1908
年（46歲）、1925年（63歲）、1929年（67歲）三度錄製唱片，直至晚年歌
喉如似反童，嗓音清越高亢運用自如，尤其青衣唱工戲反二黃的發展卓然自
成一家，「德霖則如魯殿，巋然獨存，亦覺可寶」，〔註113〕句句滿宮滿調、峭
拔剛勁，將青衣的唱工深化提煉往精深處邁進一大步，並且教傳給其他旦角
演員，地位為之確立，因此有「名青衫無不出其門，蓋梨園之河汾」說法，
〔註114〕成為京劇旦行表演藝術的分水嶺代表演員。

〔註108〕張肖傖：「舊舊室劇話」〈談蕭太后一角〉，《申報》，1939年2月22日第19
　　　　版。

〔註109〕《絕版賞析》朱家溍談陳德霖虹霓關唱片，《彩樓配》1925年高亭公司唱片，
　　　　陳朝紅配像，https://www.youtube.com/watch?v=Y_csuLLqCi4。2019年4月
　　　　14日下載。

〔註110〕吳輝南：〈談晚近演蕭太后者〉，《戲迷傳》，1940年第3卷第1期。

〔註111〕隱俠劇談專欄：〈雁門關五蕭太后〉，《順天時報》，1925年9月25日。

〔註112〕小田：〈青衣唱法概論〉，《戲劇月刊》，1928年第1卷第1期。

〔註113〕小田：〈說腔〉，《戲劇月刊》，1929年第1卷第8期。

〔註114〕四大名旦之中的尚小雲，聲音亦較為剛直，相對而言，比較偏向承襲自早期
　　　　青衣的唱法，展現剛勁直亢的唱腔藝術。羅癭公《鞠部叢譚》：「瑤卿、蕙芳、
　　　　妙香、蘭芳、玉芙，皆德霖弟子。名青衫無不出其門，蓋梨園之河汾也。尚小

第三節　花衫行當的新創：王瑤卿

　　晚生於陳德霖二十年的王瑤卿（1881～1954），〔註115〕作為近代京劇旦行表演藝術的承前啟後者，自言幼年階段：「唱戲的規矩極嚴，凡唱青衣的，不許唱花旦；就是刀馬旦與武旦，都不許兼唱。教戲的也是這樣。」〔註116〕晚一輩的演員程硯秋也有這樣說明：「京劇的旦角分有很多的門類，演員各抱一門，很少通融。相傳胡喜祿先生正旦之外還可以兼演花旦或武旦，余紫雲先生能夠演完《祭塔》再帶一齣《秦淮河》，陳德霖先生《進宮》、《教子》以外又會唱《打花鼓》，這些情形，在而今說起來，又算什麼稀奇呢？可是在當時的環境裡就非常突出驚人了。」〔註117〕傳統旦行規範極為嚴謹，「各抱一門、極少通融」，青衣、花旦、刀馬、武旦的界線藩籬不得任意逾越。關於王瑤卿的研究，黃兆欣博士論文細論其唱唸技巧、板式運用鎔鑄成為不拘一格的花衫表演風格，提出「王派」的形成：「一人特殊（王瑤卿）——普遍包容（廣泛繼承）——分支普遍（流派紛呈）」，〔註118〕而筆者欲在此基礎上進一步深究王瑤卿面對時代情境與正宗傳統，如何改變打破旦行的區隔？面對以譚鑫培老生為首的劇壇氛圍，與之配戲時受到了怎樣的啟發？更重要的是，如何突破陳德霖以來旦行的侷限？為日後的旦行發展留下哪些影響？因此本節共分為兩個部分，首先以王瑤卿學戲、配戲論其唱腔的繼承與創造；其次，以擅演劇目為例勾勒王瑤卿表演風格與特質，開創蔚為風潮之唱唸做表身段俱佳「花衫」行當。

雲初欲拜蘭芳門下，以他故中止。又欲拜陳德霖，已請客矣，及期而得霖以事不至遂罷，程豔秋以受業於蘭芳，即德霖之再傳弟子也。其嗓音清窄，極類德霖，本有「小石頭」之稱，待嗓音回復時，追步不難也。」參見〔清〕羅癭公：《鞠部叢譚》，收入張次溪編纂：《清代燕都梨園史料》，頁784。

〔註115〕 原名瑞臻，字稚庭，別號菊癡，晚號瑤青，齋名「古瑁軒」，故多以「古瑁軒主人」稱之。關於王瑤卿的參考資料，參見史若虛、苟令香主編：《王瑤卿藝術評論集》（北京：中國戲劇出版社，1985年），孫紅俠：《桃李不言　一代宗師：王瑤卿評傳》（上海：上海古籍出版社，2013年），黃兆欣：〈第三章鎔鑄：王派花衫之開創〉，《京劇旦行表演傳承與對話——以陳德霖、王瑤卿與梅蘭芳、程硯秋為例》，頁77～106。

〔註116〕 王瑤卿：〈我的幼年時代〉，《劇學月刊》第2卷第3期。

〔註117〕 程硯秋：〈悼瑤卿先生〉，程硯秋著、程永江編、鈕葆校勘：《程硯秋戲劇文集》，頁292。

〔註118〕 黃兆欣：《京劇旦行表演傳承與對話——以陳德霖、王瑤卿與梅蘭芳、程硯秋為例》，頁49～76。

一、王瑤卿由學戲配戲一躍創造新腔

王瑤卿出身梨園世家，為咸豐同治年間崑腔旦王彩琳之後，二弟鳳卿為著名汪派（汪桂芬）老生，根據其自述幼年時代備受薰陶，〔註119〕筆者將王瑤卿待出茅廬學戲經歷依序羅列如下：

表 2-16：王瑤卿學戲歷程與劇目一覽表

師　傅	教習行當腳色	劇　目
田寶琳	青衣	《彩樓配》（開蒙戲）
崇富貴	武旦	後因練功傷及腰部而中斷
謝雙壽	青衣	《祭江》、《彩樓配》、《教子》、《探窯》、《二進宮》、《大保國》、《戰蒲關》、《祭塔》、《打金枝》、《金水橋》、《武家坡》、《回龍閣》、《蘆花河》、《五花洞》、《三擊掌》、《落花園》、《罵殿》
張芷荃	青衣	《六月雪》、《孝義節》、《女起解》
杜蝶雲	刀馬旦	《娘子軍》、《扈家莊》、《祥麟現》、《竹林記》、《破洪州》、《穆柯寨》、《鳳凰台》、《馬上緣》、《殺四門》、《烈火旗》、《反延安》
錢金福	刀馬旦的身段	武把子身段

王瑤卿開蒙師傅為田寶琳，頭一齣開蒙戲為青衣戲《彩樓配》，之後歷經向崇富貴練功學習武旦，跟謝雙壽、張芷荃學習青衣，從杜蝶雲學習刀馬旦戲，又得名武淨錢金福指導把子身段，轉益多師影響最深的則屬謝雙壽（1849～1904），謝原為二路青衣後改文場琴師，雖操琴伴奏但未以琴藝著稱，王瑤卿既學得青衣戲如《祭江》、《彩樓配》、《教子》、《探窯》、《二進宮》、《大保國》、《戰蒲關》、《祭塔》、《打金枝》、《金水橋》、《武家坡》、《回龍閣》、《蘆花河》、《五花洞》、《三擊掌》、《落花園》、《罵殿》，亦受教如《鐵弓緣》、《小上墳》、《搧墳》幾齣花旦戲，由此可見：王瑤卿學戲歷程廣擷諸家，雖以青衣為本工，但武旦刀馬花旦兼習，既有唱工又能紮靠，既可詮釋端莊穩重、又能展現靈巧身段，所扮飾的人物類型自然較為廣泛，以此為養分基礎，十四歲時（1894 年）在三慶班初次亮相，唱的是青衣重頭戲《祭塔》，根

〔註119〕「我父親從咸豐年間來北京學戲，演崑腔旦。」參見王瑤卿：〈我的幼年時代〉，《劇學月刊》第 2 卷第 3 期。此文主要是 16 歲之前學戲與搭班演戲回顧。

據王芷章《清代伶官傳》之描述，此時的王瑤卿「年十四、五，名已大噪。」〔註120〕不過初試啼聲、獲得好評，尚不足以穩固表演機會，當時劇壇最重要的行當是老生，臺上仍有前輩青衣——張芷仙、陳德霖表演，連二路青衣都還稱不上，王瑤卿回憶文章便指出：「我在前邊唱，什麼戲也不能派；總是《祭江》、《祭塔》、《落園》，幾齣單頭戲來回換著唱。」〔註121〕亦可看出這幾齣旦角唱工戲在當時僅屬開鑼戲並非大軸，而直至1905年入「同慶班」與譚鑫培同臺演戲。其表演歷程才真正產生變化。

（一）「王偷生腔，用於旦唱」

根據《都門紀略》光緒三十三年（1907年）增補版本的記載，當時同慶班的當家老生是譚鑫培，頭名青衣則屬王瑤卿，擅演的劇目與腳色：《汾河灣》柳迎春、《二進宮》李彥妃、《教子》王春娥，以《汾河灣》為例，《申報》有篇〈紀譚鑫培〉的文章，雖以譚鑫培為篇名，卻紀錄了：「惟汾河灣一齣鑫培演薛仁貴，須王瑤卿以為之配，瑤卿扮柳迎春，淡粧布裙，儼然一鄉村窮婦，而其靚雅俊秀，殊令人可愛也。」〔註122〕對於忠實觀眾而言，譚王兩人的組合，才能展現這齣忽喜忽哀的情味。而1912年《申報》另外一篇〈紀王瑤卿〉文章更是有此詳盡描述：

> 鑫培與瑤卿扮夫婦之戲，汾河灣外尚有探母、御碑亭、牧羊卷、武家坡、桑園會等齣，當時在中和園二人配戲，觀者莫不擊節歎賞。僉云真一對夫妻也。瑤卿身材窈窕，舉止閑靜，眉目亦極清秀，惟鼻頭略高耳。瑤卿為陳德霖弟子，頗有青出於藍之譽，蓋其歌喉婉轉、出音柔潤，毫無粗硬之味，雖鶯聲嚦嚦，無其悅耳也。其扮貞節婦人，有幽閑貞靜之意，一時青衣皆莫之及。〔註123〕

此段文字彷彿將譚王兩人在北京中和園的演出情況一一生動描繪，王瑤卿與譚鑫培配戲，諸如《汾河灣》薛仁貴與柳迎春、《探母》楊四郎與公主、《御碑亭》王有道與孟月華、《牧羊卷》朱春登與趙錦棠、《武家坡》薛平貴與王寶釧、《桑園會》秋胡與羅敷等，〔註124〕俱是夫婦的「對兒戲」，在譚鑫

〔註120〕王芷章：《清代伶官傳》（北京：商務印書館，2014年），頁405。

〔註121〕王瑤卿：〈我的幼年時代〉，《劇學月刊》第2卷第3期。

〔註122〕曾言：〈紀譚鑫培〉，《申報》「劇談」，1912年12月7日第10版。

〔註123〕曾言：〈紀王瑤卿〉，《申報》「劇談」，1912年12月15日第10版。

〔註124〕兩人合演的劇目，亦見於〈俠公談劇：王瑤卿與老譚之合演戲〉，《立言畫刊》，1940年第83期。

培的鋒芒之下，身為陳德霖弟子的王瑤卿，〔註125〕通過脆亮圓潤、婉轉動聽的唱腔藝術，獲得觀眾戲迷的認同，而有「一時青衣皆莫之及」的稱讚。此時的譚鑫培堪稱劇壇盟主，在「前三鼎甲」以外另成一宗，對於唱腔板式能吸收不同行當與不同劇種，創發提煉成為一唱三嘆的韻味風格，王瑤卿能夠在旁配演二路青衣，毫無疑問對王瑤卿的表演產生影響力，因此有「王瑤卿盛時與叫天配戲，深得其助」說法，〔註126〕而這個說法，誠如梅蘭芳所指出的：

> 王大爺（瑤卿）眼看著老生一行有譚老板在那裡擷取各家的優點，
> 融會貫通了，自成一派，創造出一種新的途徑，他們同台合作多年，
> 不免受到了譚的影響，就想起來擔任這種改革青衣的工作。〔註127〕

譚、王陸續同臺演出，自 1905 年至 1917 年譚鑫培逝世為止，合作長達十年多時間，〔註128〕1908 年 9 月 10 日的《順天時報》稱讚「工力悉敵，真雙絕也」，對於譚鑫培來說，其聲勢已是如日中天，但對於原先是資淺望輕的王瑤卿，能與前輩同日而語、並稱雙絕，一方面能快速累積觀眾基礎，更重要的，近距離觀摩向老生譚派學習取法，有所謂的「王偷生腔，用於旦唱」，〔註129〕由王瑤卿的徒弟程玉菁（1906～1995）之口，詳細指出《玉堂春》的唱腔設計借鑑於老生腔可以得到明證，如劇中半句【回龍腔】：「大人哪」，借用《連營寨》劉備哭靈所唱的【反西皮】「二弟呀！三弟呀！孤的好兄弟」唱腔，但並非原樣照用。〔註130〕筆者引用梅蘭芳唱腔選集〔註131〕：

〔註125〕當時報刊多描述王瑤卿乃陳德霖之「出於藍勝於藍的弟子」（燕市游民：〈劇界閒談〉，《順天時報》，1908 年 9 月 10 日第 5 版。「瑤卿為陳德霖弟子，頗有青出於藍之譽」（曾言：〈紀王瑤卿〉，《申報》「劇談」，1912 年 12 月 15 日第 10 版），但王瑤卿自己表述的傳記文章，皆未曾提及拜師陳門。

〔註126〕謝醒石：〈梨花片片〉，《戲劇月刊》第 2 卷第 10 期。

〔註127〕梅紹武等編：《梅蘭芳全集》第一卷，頁 92。

〔註128〕孫紅俠：〈王瑤卿藝事年表〉，《桃李不言　一代宗師：王瑤卿評傳》，頁 184 ～202。

〔註129〕蘇曠觀：〈王門弟子述評〉，《王瑤卿藝術評論集》（北京：中國戲劇出版社，1985 年），頁 386。

〔註130〕王瑤卿借用老生唱腔放於《玉堂春》，參見程玉菁講述、鈕儁整理：〈談王（瑤卿）派《玉堂春》的表演特點〉，《戲曲藝術》，頁 48～49。關於「譚派跨越行當板式轉化的手法在旦行的開展」，參見李元皓：《京劇老生旦行流派之形成與分化轉型研究》（臺北：國家出版社，2008 年），頁 245～247。

〔註131〕盧文勤、吳迎整理記譜：《梅蘭芳唱腔集》（上海：上海文藝出版社，1983 年），頁 102。

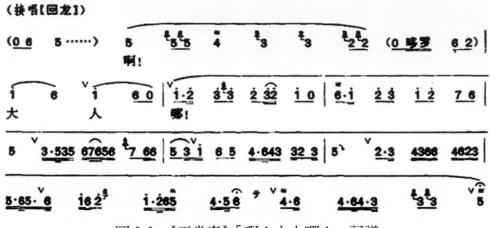

圖 2-3：《玉堂春》「啊！大人哪！」記譜

《連營寨》為譚派名劇之一，劇中劉備哭關張大段的【反西皮二六】：「點點珠淚往下拋，弟兄們桃園結義好，勝似一母共同胞⋯⋯」，係參考余紫雲《虹霓關》的「二六」唱段「見此情不由人」，被稱為「譚調借用青衣好腔」，〔註 132〕不露絲毫脂粉氣的將青衣腔揉入「反西皮」，低迴幽咽時卻能直撼人心、收放得力時盡顯淒愴悲壯，恰如其分的掌握呈現劉備哭二弟關羽靈牌的哀痛至切。而王瑤卿「玉堂春跪至在都察院」接續的「大人哪」【回龍腔】，加工錘鍊自譚鑫培「孤的好兄弟」之一唱三嘆、一波三折，字少腔多愈加迂迴曲折、節奏抒情更顯纏綿悱惻，而後娓娓道出「玉堂春本是公子他取的名」，由「王偷生腔，用於旦唱」：可說是譚鑫培從青衣腔轉化至老生腔、王瑤卿再拆改挪用回青衣腔，現在我們聆賞起來自然而然而習以為常，但其實在此之前並未出現如此腔調，看似不按牌理出牌，跳脫腔調之傳統侷限，恰正是王瑤卿學而變通之所在，對於既有旦行唱腔旋律的精準掌握，除此之外，《玉堂春》在其手上更成為「號召梨園，口碑載道」獨樹一幟的拿手戲。〔註 133〕

（二）《玉堂春》的新腔設計

《玉堂春》蘇三「辭獄起解」、「三堂會審」昭雪沉冤現已成為經典唱段，

〔註 132〕 張肖傖：〈譚劇演唱之精微〉，《譚鑫培藝術評論集》（北京：中國戲劇出版社，1990 年），頁 152。

〔註 133〕 「自老供奉王瑤卿聲明以此戲為其最得意之作，號召梨園，口碑載道，至晚年息影歌場，遂以此戲授徒。」九畹室主：〈玉堂春一劇之唱作〉，《立言畫刊》，1942 年第 210 期。

回顧王瑤卿自言：在他之前的青衣如「余紫雲、時小福、陳德霖、孫怡雲當時均不演《玉堂春》」，〔註 134〕且《女起解》原為《玉堂春》的其中一折，總是接著《會審》連唱並未單獨搬演，而這樣的情況在其手上有所改變，第一步「從劇情戲理出發」，以「戲不離技、技不壓戲」加工折子戲，〔註 135〕將辭別獄神從四句【原板】改添為一段【反二黃】：「時才間老伯一聲稟，到叫蘇三長笑容。我這裡進了獄神廟，獄神爺爺聽我言：保佑蘇三得活命，我與你重修廟宇換金身。叩罷頭我這裡出門去。」就情節的緊湊性來講，整段起解可說是沒有具體的著力點，但正因為王瑤卿順著劇情發揮抒情唱段，以【反二黃慢板】跌宕起伏旋律調式，呈現蘇三身陷囹圄忽被提審的情緒翻騰，增添詞句之後，蘇三在吉凶未卜的擔憂茫然之下，藉由向獄神祝禱祈福，保佑期望此一去離了洪桐縣，官司發展能撥雲見日、重見光明，一旦走出監獄來在大街，期望是否有往南京去的客商能代為傳信王公子，失落之時回首前塵眼含悲淚，解差崇公道加以好言勸慰，恰似流落汪洋大海獲得堅固浮木，帶來黑暗絕望中的一線光明生機，對於蘇三心理鋪敘一層一層細膩刻畫依次而下，貼合人物不覺矯揉造作，順暢合理不見斧鑿痕跡，自此之後《女起解》不必接連《會審》之架構便形成底定。〔註 136〕

　　而王瑤卿改造的第二步從「設計新腔」著手，使得《玉堂春》廣為流行，成為日後旦行傳唱不歇的重要唱段，正是梅蘭芳所說：「青衣一行是沒有不會唱《玉堂春》的。唱腔一方面各人或多或少總有點不同的地方，可是都是從王大爺一個系統上演變出來的。」〔註 137〕四大名旦的蘇三各具特色與表演風格，俱都是由王門系統演變而來，而王瑤卿究竟是如何跨出改良唱腔這一步呢？這裡筆者要特別先指出目前王瑤卿所留下的唱片錄音：1931 年長城公司錄製《悅來店》與《能仁寺》，以及 1961 年中國唱片公司翻錄《玉堂

〔註 134〕王瑤卿、陳墨香口述，邵茗生筆記：〈女起解沿革派別記〉，《劇學月刊》，1932 年第 1 卷第 2 期。史若虛：〈革新精進的先驅，繼往開來的宗師〉，《王瑤卿藝術評論集》，頁 22～23。

〔註 135〕徐沛：〈繼往開來　一代宗師——紀念王瑤卿先生〉，《王瑤卿藝術評論集》，頁 262。

〔註 136〕根據齊如山所指出：「《女起解》一戲，從前因總是接《會審》連唱，所以頭一場只有原板四句，後經王瑤卿將祭獄神添了一段反二黃，以後就永以為例。可是因《起解》唱功已多，於是大家就只唱一齣，不接連《會審》了。」齊如山：〈京劇之變遷〉，《齊如山全集》，頁 819。

〔註 137〕梅紹武等編：《梅蘭芳全集》第一卷，頁 98～99。

春》、《孔雀東南飛》、《刺湯》、《三娘教子》而成的「說戲留聲片」，〔註138〕
時王瑤卿已逝世，即使這些資料已有中氣不足、嗓子失音的塌中現象，但本
屬於戲曲教學資料的「說戲留聲片」卻彌足珍貴，如《玉堂春》收錄唱段為訴
說官司事件的前因後果：【西皮二六】「自從公子南京去，玉堂春在北樓裝病
形」，至【西皮散板】「眼前若有公子在，縱死黃泉也甘心」，因「說戲」而只
用本嗓清唱伴隨拍板，但可清楚聽出板眼勁頭十足、節奏變化清晰、行腔咬
字細膩，極具參考價值，故而由此切入進一步分析。除此之外，引用拜師問
藝王瑤卿的名票南鐵生（1902～1991），有「漢口梅蘭芳」之譽，特別明白指
出「王派」之唱法：

> 「王派」在唱上的特點是抒情與渲染氣氛相結合。所以，在細膩委
> 婉中韻味濃而又不失於纖巧。這是既注意控制音色要美，又強調用
> 丹田氣（利用橫隔膜的動作控制氣息），中氣不好的人是不能把王派
> 的唱腔處理好的。先生還創造了「收著放」（漸強的音量處理）和「放
> 著收」（漸弱的音量處理）的唱法。因此一句普通的【散板】或【導
> 板】都唱得非常有氣勢。〔註139〕

　　例如【西皮散板】「眼前若有公子在，縱死黃泉也甘心」，「心」字長音慢
唱，發聲與鼻腔共鳴相結合，頗有「一波方平、一波復起」的雋永風韻，迂
迴而從容不迫、沉厚而搖曳回味，如梅蘭芳所言「聲腔情韻合，變化波瀾
翻」，〔註140〕運用「放著收」與「收著放」強轉弱的音量控制、連貫而下，
氣息需要調和均勻，字音的輕重高低拿捏恰到好處，最後收腔勁頭十足，在
疾徐婉轉之間，表現蘇三的如怨如慕、如泣如訴，即是南鐵生所言「抒情與
渲染氣氛相結合」。因而「王派」《玉堂春》自成典範，梅蘭芳指出了一個關
鍵現象：

> 王大爺也吸收了多方面的精華，提倡改革，發明新腔。不到十年功
> 夫，由他的學生們把這層出不窮的青衣新腔，傳遍了整個戲曲界，

〔註138〕史若虛、荀令香主編：《王瑤卿藝術評論集》，頁235。王瑤卿說戲錄音大都
　　　　是低聲清唱，伴有拍板之聲，勁頭、板眼明晰，很適合初學者熟悉各種板
　　　　式。尤其是散板、搖板的節奏變化，是很多唱戲多年的內外行依然掌握不
　　　　好的。
〔註139〕南鐵生：〈春華秋實──紀念王瑤卿先生百年誕辰〉，《王瑤卿藝術評論集》，
　　　　頁104。
〔註140〕梅蘭芳：〈題王瑤卿先生說戲留聲片〉，《戲曲藝術》，1980年第1期，頁37。

成為一種「王腔」，跟老生的「譚腔」，有異曲同工之妙。〔註 141〕

老生行當的主流是譚鑫培所引發帶動，後輩老生以譚為宗、唯譚是尚，「青衣之有王，絕類老生之有譚，蓋皆以行腔流利，神韻生動為主，所謂活唱法；又曰有情之唱，以能唱出劇中人之境地為尚。」〔註 142〕而旦行直至王瑤卿的出現，「王腔」之創新才徹底扭轉改變青衣唱腔的風格，在王瑤卿之前的旦行：

陳德霖：以力度剛勁（份量）取勝

王瑤卿：以婉轉新腔（潤色）取勝

以陳德霖為代表的嗓音較為高尖，唱法亦趨剛直，但重要的是：已將青衣具有「份量」的唱功提煉出來，因此陳德霖的地位清晰可見，正是由於他把唱工傳給後輩旦角，也讓劇壇開始重視旦角的獨出，相對來說，王瑤卿天賦不如前輩余紫雲與陳德霖：「其喉音雖亦甚佳，高亮不及余，圓潤又不如陳，唱腔雜揉余陳二家，而作工則力追紫雲，在旦角中余、陳之後實未有能與抗衡者。」〔註 143〕難以高亢聲腔取勝，而後又因塌中退居教學，之所以成為旦行發展的重要推手，乃是因為直至王瑤卿將腔調予以柔和潤色、添加賦予情感，在直來直往的聲線之中，更進一步「創造新腔」，對於人物情感的詮釋更加細膩熨貼，塑造的女性腳色更形柔媚，故有《玉堂春》之經典，後有晚年替徒弟杜近芳設計《白蛇傳》壓軸之卷，「斷橋」一場融入河北梆子和京韻大鼓的聲腔，〔註 144〕將白蛇質問許仙「你忍心將我傷……」唱段增添濃烈厚重的情懷，成為歷久不衰的佳作。

二、「花衫」行當的新創

旦角的青衣、花旦、刀馬旦表演界線嚴格，依例按律是不許兼演跨行，因此專工青衣者終得依循「目不斜視、笑不露齒、手不離肚、行不動裙」，而王瑤卿卻能在此基礎上深化活絡傳統程式規範，強化人物性格、加深劇情轉折，以《審頭刺湯》為例，青衣主角雪豔洞房刺殺仇人湯勤，陳德霖與王瑤

〔註 141〕梅紹武等編：《梅蘭芳全集》第一卷，頁 92。

〔註 142〕蘇曠觀：〈王門弟子述評〉，《王瑤卿藝術評論集》，頁 385。

〔註 143〕燕山小隱：〈近世伶工事略〉，《菊部叢刊》（臺北：傳記文學出版社，1974 年），頁 5～6。

〔註 144〕劉秀榮：〈頻添沃壤培桃李　永銘嚴師誨諄諄——紀念瑤卿老師〉，《戲曲藝術》，1981 年第 4 期，頁 45。

卿兩人做表殊異：「德霖刀刺湯勤後立即回身抽劍再刺，若瑤卿則刀刺湯勤後，因一擊未中，報求心急狀甚恐慌，滿地摸索小刀，迨湯起，將至帳邊取劍，適為所見乃推倒奪劍殺之。」〔註 145〕王瑤卿「舊戲新表」，突破因循承襲而自找俏頭、力求合情合理而彌縫做工，運用細膩精準做表詮釋兩回刺湯動作，從雪豔轂觫戰慄到手忙腳亂遍地摸索，最終情勢危急之下毅然揮劍斫湯致死，因此後輩演此戲者如程硯秋、尚小雲、朱琴心等，莫不以王瑤卿熨貼入化版本為標準。〔註 146〕而王瑤卿正式突破表演限制模式，以下由其演出劇目加以分析，應邀自北京遠赴上海法租界共舞臺演出：1926 年 5 月 21 日至 6 月 27 日，一共連演三十八天。〔註 147〕海上繁榮，社會經濟的活絡蓬勃，提供了大眾娛樂進一步發展的有利因素，因此戲院舞臺

圖 2-4：
王瑤卿於共舞臺演出廣告

林立，笙歌鼎沸競爭激烈，其中當以京劇的演出獨佔重要位置，各戲園便常於《申報》刊登名伶演出陣容之消息，以吸引讀者戲迷招徠觀眾，足見匹敵叫勁意味。〔註 148〕對於王瑤卿此趟上海之行，共舞臺於四月份時便展開報紙宣傳，以「新角將來滬」介紹打響名號，〔註 149〕自開演前一週刊登預告、揭開序幕：「南北歡迎獨一無二古裝青衣花衫」王幼卿、「南北歡迎唯一無二譚派鬚生」言菊朋、「南北馳名大名鼎鼎唯一青衣」王瑤卿，見圖 2-4 廣告：《申

〔註 145〕舜九：〈劇藝談片：陳王刺湯之不同〉，《戲劇月刊》，1930 年第 2 卷第 7 期。

〔註 146〕「《刺湯》一節，係依王瑤卿所改，今日旦角演此戲者，如豔秋、小雲、琴心諸人，莫不以王瑤卿為標準。」九畹室主：〈荀慧生之舊劇〉，《戲劇月刊》第 3 卷第 8 期。

〔註 147〕參見《申報》，1926 年 5 月 21 日至 6 月 27 日廣告，而 1926 年 5 月 14 日即有宣傳廣告。

〔註 148〕林幸慧：《由申報戲曲廣告看上海京劇發展：一八七二至一八九九》，第一章《申報》戲曲廣告及其意義，頁 1～41。

〔註 149〕〈共舞臺新角將來滬〉，《申報》「劇場消息」，1926 年 4 月 4 日第 20 版。

報》1926 年 5 月 14 日，第 21 版。

　　正因為自此 1926 年之後，四十六歲的王瑤卿因嗓子塌中，鮮少現身於歌臺舞榭，舞臺生涯並不長，因此這趟異地演出的「最後一檔戲」，可說是凝聚展現了王瑤卿藝術精華，而且更重要的是，在王之前的旦角，多附庸於老生行當麾下，無法獨當一面，如此「違反舊例」的破格現象，正代表著旦角銳不可擋的崛起態勢。藉由逐日檢閱《申報》資料，將劇目羅列如下：

表 2-17：王瑤卿共舞臺演出劇目

日　期	劇　目	日　期	劇　目
5 月 21 日	《悅來店》	6 月 9 日	全本《珠簾寨》
5 月 22 日	《槍挑穆天王》	6 月 10 日	《反延安》
5 月 23 日	《探親相罵》（日場）、《珠簾寨》（夜戲）	6 月 11 日	頭本《萬里緣》
5 月 24 日	全部《紅鬃烈馬》：前《銀空山》、後《大登殿》	6 月 12 日	《悅來店》
5 月 25 日	《大破天門陣》（《破洪州》）	6 月 13 日	《探親相罵》（日場）、《棋盤山》（夜戲）
5 月 26 日	《全本能仁寺》：彈打、僧兒	6 月 14 日	端午日夜開演：全部《紅鬃烈馬》（日場）、頭至四本《雁門關》（夜戲）
5 月 27 日	《荀灌娘》	6 月 15 日	五至八本《雁門關》
5 月 28 日	《紅柳村》	6 月 16 日	全本《珠簾寨》
5 月 29 日	頭二本《梅玉配》	6 月 17 日	《槍挑穆天王》
5 月 30 日	全本《紅鬃烈馬》（日場）、三四本《梅玉配》（夜戲）	6 月 18 日	《大破天門陣》（《破洪州》）
5 月 31 日	《金猛關》	6 月 19 日	《紅柳村》
6 月 1 日	《探親相罵》、《新轅門斬子》	6 月 20 日	頭二本《梅玉配》（日場）、《萬里緣》（夜戲）
6 月 2 日	全本《珠簾寨》	6 月 21 日	全部《紅鬃烈馬》
6 月 3 日	頭二本《梅玉配》	6 月 22 日	《樊江關》
6 月 4 日	三四本《梅玉配》	6 月 23 日	全本《珠簾寨》
6 月 5 日	頭二本《雁門關》	6 月 24 日	《悅來店》
6 月 6 日	《悅來店》（日場）、三四本《雁門關》（夜戲）	6 月 25 日	頭至四本《雁門關》

6月7日	五六本《雁門關》	6月26日	《探親相罵》（日場）、 五至八本《雁門關》（夜戲）
6月8日	七八本《雁門關》	6月27日	全本《珠簾寨》（日場）、 《棋盤山》（夜戲）

　　根據上表所載，王瑤卿此趟劇目的擇選，定調於：「著重身段做表、沖淡唱腔功力」，也可推測約莫此時（1926年），王瑤卿嗓音已然出現問題，如齊如山認為王瑤卿表演與狀態最佳的時候，是光緒庚子前後至光緒末年間（1900～1908），彼時：「嗓音寬亮而又會唱，扮相頗美而亦能表情，身段亦美，迨塌中後，因嗓音自己已經不滿意，只好在腔調及話白中找俏頭，腔調無論怎樣想法子，但嗓音不夠高，一切高腔都不能唱，只好在矮腔中找俏頭。」〔註150〕由此得到印證，因此王瑤卿選擇退居其次，前所列的廣告排名順序亦不在第一順位，將劇團青衣地位交棒予王幼卿領銜搬演，如《玉堂春》、《六月雪》、《汾河灣》等，但王幼卿不僅無法立足上海，反而有「壓不住臺」之結果。〔註151〕細看王瑤卿選擇推出的戲碼，迎合上海觀眾「重看」的視覺審美趣味，發揮紮實武功矯健身段，如《全本能仁寺》、《槍挑穆天王》、《銀空山》、《棋盤山》、《破洪州》、《樊江關》、《金猛關》等，游刃有餘勝任演出允文允武、英姿颯爽的閨閣英雄，又有《荀灌娘》前半純正京白詮釋活潑機靈的淘氣姑娘，後改換戎裝反串小生，智勇雙全闖出重圍；更精研豐富「講究身份」之「旗裝戲」，如與言菊朋（1890～1942）合演的《珠簾寨》，以及《雁門關》、《梅玉配》、《探親相罵》、《萬里緣》、《紅鬃烈馬》等，展現身段做表之雍容華貴，站立行路之筆挺穩健，唸白勁頭之大方氣度，其中代表作即是首日打炮戲《悅來店》一劇。

（一）《悅來店》由踩蹺技藝到「千金念白四兩唱」之突破

　　《悅來店》劇本為主角十三妹何玉鳳見義勇為搭救書生安驥，出脫於史松泉所編寫之《兒女英雄傳》，共分八本：《紅柳村》、《悅來店》、《能仁寺》、《牤牛山》、《調逆臣》、《青雲山》、《弓硯緣》、《征逆子》，其中《悅來店》與《能仁寺》是最為流行的兩齣，本為福壽班（由光緒22年至26年）前輩余玉琴的踩蹺（或寫作蹻）絕活看家戲，王瑤卿配演第二女主角張金鳳。從觀

〔註150〕齊如山：〈清代皮簧名腳簡述〉，《齊如山全集》，頁2101。
〔註151〕江上行：〈王瑤卿的「古瑁軒」憶舊〉，《六十年京劇見聞》（北京：學林出版社，1986年），頁110～111。

眾的角度來看，以汪俠公的回憶為例：「是時玉琴何玉鳳通場登蹺，能仁寺與寺僧奪刀場，武功緊湊間不容髮，二十載前在江西館演唱，依例仍登蹺，較穿靴殊難。」[註152] 可想見余玉琴武功之勁恰如其分、踩蹺之功一時無兩，而到了王瑤卿 1909 年於北京安東市場的丹桂園，獨挑大樑扮飾何玉鳳時，則改「踩蹺」成「穿靴」：「瑤青（按，為王瑤卿）念白爽利，姿式（按，為姿勢）絕佳，繼起旦角靡不效法」。[註153] 藉由劇評家直觀式的欣賞評價，清楚看出余、王各自鮮明的表演特色與叫座能力：

余玉琴：「登蹺」與「武功」

王瑤卿：「念白」與「姿勢」

王瑤卿的作法明顯已和余玉琴路數有所區別，或因為自身條件（因練功受傷）不足以踩蹺絕活取勝，移此就彼轉以擷取劇情精華發揮「念、做」功夫，以念白做表為重，而且在服裝扮相上，因應人物形象有所調整改變，改戴鳳帽遮掩玉鳳真相，正如演員李洪春（1898～1990）所描述的「穿紅戰裙、繫腰巾、戴鳳帽、插面牌、挎彈囊、背弓刀、持青絲馬鞭、眉間點一硃砂紅痣」，[註154] 美而不妖不豔亭亭玉立、媚而不忸不怩落落大方，遂為定型的十三妹登蹺形象添增耳目一新的面向，使得後起的旦角皆奉為圭臬。王瑤卿扮飾十三妹的照片如圖 2-5，左右分別為：《申報》1926 年 5 月 21 日；《國劇畫報》1933 年第 2 卷第 18 期。

由這兩張照片清楚可見：王瑤卿扮飾的十三妹不再踩蹺，改穿彩薄底（快靴）。而根據王瑤卿於 1931 年錄製的《悅來店》唱片資料，全劇並無唱段，[註155] 亦刪去劇本開頭以公子安驥與白臉狼、黃傻狗過場情節，直接以十三妹出場登高一望，見書生滿面愁容必有異狀，於是跟隨在後發現騾夫詭

〔註 152〕〈俠公談劇：再談兒女英雄傳〉，《立言畫刊》，1942 年第 195 期。

〔註 153〕〈俠公談劇：再談兒女英雄傳〉，《立言畫刊》，1942 年第 195 期。

〔註 154〕李洪春：〈誨人不倦的師尊〉，《說王瑤卿》（北京：中國戲劇出版社，2011 年），頁 55～56。

〔註 155〕劇本參見《中國京劇流派劇目集成》編委會編：《中國京劇流派劇目集成》19（北京：學苑出版社，2009 年），並參考謝銳青：〈向王瑤卿老師學《十三妹》（上）〉，《戲劇報》，1986 年第 10 期，頁 46～49；〈向王瑤卿老師學《十三妹》（下）〉，《戲劇報》，1986 年第 11 期，頁 50～52。劇本中僅有亮相的四句西皮散板：「單人獨騎下了嶺，腹內輾轉暗思忖。催動寒驢趕路徑，常把父仇掛在心」，以及兩句西皮搖板「聽他言不由我心中惻隱，倒不如搭救他難中之人」。謝銳青：〈活用程式的典範──憶向王瑤卿老師學戲〉，《戲曲藝術》，1981 年第 3 期，頁 35～40。

計，巾幗英雄暗中相救書生。重點在於戲裡的大段念白，安驥發現十三妹亦
步亦趨跟進悅來店後，立刻請店家搬來石頭阻擋，無奈石沉力弱，就連多人
也無法移動半分毫，此時十三妹一個箭步便舉起重石，一連向書生說了三次
「擱在哪兒、擱在哪兒、擱在哪兒」，對比書生瞠目結舌的「放放放」字一拖
再拖，十三妹念白急速卻字字清脆、鏗鏘有勁，似乎還聽得出帶有一點嘲笑書
生的逗趣意味。接續安驥一見到對方身帶刀弓，便嚇得驚慌失措央請饒命，
而十三妹便回答：「哦，你問這個啊，這是為我走路哇，防身用的，什麼嗯兒
女大王！」兩人的對話就是如此直來直往，相對於「逢人只說三分話，未可全
拋一片心」的呆氣書生，十三妹一一拆穿安驥刻意編織的謊話，大段念白更
顯直爽坦率，正如同荀慧生長子荀令香（1921～1992）所指出的：

> 王老在處理十三妹進「悅來店」後與安公子的對白，更是別有風
> 采。他充分地運用了北京民間俗語，並加以提煉使之藝術化。他念
> 白中，還襯有「啊、呀、哦、嗯、喲……」虛字，這對塑造這個熱
> 心俠腸的少女形象亦起了畫龍點睛的作用。〔註 156〕

圖 2-5：王瑤卿扮飾十三妹劇照

〔註 156〕荀令香：〈姓名香馨滿梨園〉，《王瑤卿藝術評論集》，頁 67。

　　王瑤卿取巧藏拙、截長補短，定調以精彩的念白做表來詮釋女中豪傑，
〔註157〕儘管唱片聆聽起來已趨沙啞乾澀，但其嗓音雖低卻富含柔軟度與寬甜
感，其節奏精準而盡顯流暢直脆一氣呵成，表現十三妹對於安驥公子是既疼
惜、又可笑、既生氣、又想幫忙，如此多層複雜的情感都包含在王瑤卿京白
的生動韻味之中，即是王門弟子謝銳青（1932～）回憶師父有所謂的「猴皮
筋兒」說法，〔註158〕演員必須依據劇中人物的感情變化，對應念白而有鬆緊、
張馳、高低、快慢、抑揚、頓挫的適度調整，不能混為「一道湯」；加上適時
巧妙運用虛字嘆詞，如「啊、呀、哦、嗯、喲……」等，獨立使用成為裝飾
音，亦或是加在語句的前後，加強表達劇中人的喜怒哀樂，1926年現場親眼
觀看的梅花館主評論：「瑤卿演悅來店，扮相仍佳，嫵媚中隱現英武氣，嗓音
雖非昔比，而念白乾脆圓潤，自非後起諸子所能企及。」〔註159〕因此王瑤卿
即便嗓音遠不如全盛時期，而轉以「發揮念白特長」為主軸，「專以京白藝術」
而取勝，「意趣則流麗大方、了無俗韻，科白則簡潔清脆、渾無點塵」，〔註160〕
藉此突破前賢樹立的範本，成為程硯秋所說：「這一成功的念法是王瑤卿先生
畢生的創作。他為京劇旦行在念工上開闢了一條新的路徑，豐富了戲曲念白
的藝術。」〔註161〕而這樣精雕細琢念白發揮在《雁門關》更為明顯。

〔註157〕史若虛稱之為「京韻白」，參見史若虛：〈革新精進的先驅，繼往開來的宗
　　　　師〉，《說王瑤卿》，頁32～33。「《十三妹》何玉鳳的念白，既非韻白，亦非
　　　　純粹口語化的對白，與一般花旦的京白也不同。十三妹的念白在發聲咬字
　　　　和氣口上有輕、重、緩、急、抑、揚、頓、挫的豐富變化，故稱之為『京韻
　　　　白』。」參見李開屏：〈親傳教誨　畢生難忘——略談王派表演藝術〉，《中國
　　　　京劇》第4期（2000年），頁44。
〔註158〕謝銳青：〈向王瑤卿老師學《十三妹》（上）〉，《戲劇報》，1986年第10期，
　　　　頁47。此外王瑤卿在唱腔上也有「鬆緊帶」之說：「你扯一尺鬆緊帶，就是一
　　　　尺，這是個定數，但這一尺鬆緊帶，繫在你的腰間，或者是腿肚子上，它將隨
　　　　著你的體形胖瘦，可大可小，但仍然是一尺鬆緊帶。唱戲的板眼，也是一樣，
　　　　一板三眼，也是個定數。但演員根據角色當時的規定情景，根據感情的變化，
　　　　節奏時快時慢，可鬆可緊，快與慢，自然地合起來，不『硬山擱檁』，這就叫
　　　　做鬆緊帶。」參見黃蜚秋：〈王瑤卿先生談「鬆緊帶」的唱法〉，《戲曲藝術》第
　　　　4期（1982年），頁35～36。收入《王瑤卿藝術評論集》，頁282～285。
〔註159〕梅花館主：〈王言登臺雜記〉，《申報》，1926年5月24日第17版。
〔註160〕「以意趣科白勝，意趣則流麗大方，了無俗韻；科白則簡潔清脆，渾無點塵。
　　　　雖片語數言亦能如哀梨并剪，入耳醉心，偶作激昂亢爽之調，則又如銅琶鐵
　　　　板唱大江東去。」出自於《同光朝名伶十三絕略傳》，轉引自史若虛：〈革新
　　　　精進的先驅，繼往開來的宗師〉，《王瑤卿藝術評論集》，頁26。
〔註161〕程硯秋：〈戲曲表演藝術的四功五法〉，程硯秋著、程永江編、鈕葆校勘：《程

（二）「旗裝戲」的再造：以《雁門關》為例

此趟上海行反覆循環演出次數最多的，屬招牌旗裝戲《雁門關》，由《申報》之登載可得知受歡迎程度臻於極盛，一是開演前：

〈紹介雁門關名舊劇〉：今何幸瑤卿南來，竟由夢想而成事實。瑤卿前曾供奉內廷，以此劇見賞於慈禧，疊蒙賞賚，其於斯劇之不凡，非虛語也。〔註162〕

〈共舞臺今晚起開演新排「雁門關」〉：是劇為王瑤卿排演，劇中精彩極多，唱唸打做，無一不重，為舊戲中之有價值者也。瑤卿在京時，以善演是劇見稱，每一開演，定座者紛者沓來。〔註163〕

以及臨別紀念戲的公告：

〈共舞臺王瑤卿等再留三天〉：滬上顧曲界投函該舞臺，要求多留數天，並以再演一回連臺八本雁門關。該臺主以眾情難卻，爰特與王瑤卿等情商，王即慨允再留三天，並允排演八本雁門關。〔註164〕

《雁門關》原本已經廣泛流行，蕭太后一角自梅巧玲演紅、陳德霖繼承，既有陳德霖確立在前，王瑤卿如何在雍容華貴的扮飾下，塑造王派的蕭太后？劇評家鄭過宜有此評論：「瑤卿資秉卓絕，聰敏過人，嗓敗之後，獨致力於白口做工，演戲善揣摩神情，各肖其身分性格以出，每齣不同，而旗裝戲允夐絕一時。晚近旦角雖一一以瑤卿為楷模，迸氣力以求其似，迄無可以追及之者。」〔註165〕上節所提的陳德霖，以仿效西后展現雍容雅步作為演出噱頭，而同在內廷演劇的王瑤卿，除了也自行揣摩慈禧太后的神情，作為扮飾「蕭銀宗」的依據之外，〔註166〕更著重說白做念自成一格，然因陳德霖與王瑤卿之《雁門關》皆未留下唸白資料，在此引姚保瑄的回憶，姚保瑄為王瑤卿之外甥，其父親為姚玉芙（1896～1966）曾擔任梅蘭芳劇團團長之職，故其觀察頗具參考價值：

蕭太后站起身念京白：「楊八郎啊，你這個狼崽仔（音 zei）；南朝催

硯秋戲劇文集》（北京：華藝出版社，2009 年），頁 326。

〔註162〕拙庵：〈紹介雁門關名舊劇〉，《申報》，1926 年 6 月 5 日第 17 版。
〔註163〕〈共舞臺今晚起開演新排「雁門關」〉，《申報》，1926 年 6 月 5 日第 22 版。
〔註164〕〈共舞臺王瑤卿等再留三天〉，《申報》，1926 年 6 月 25 日第 21 版。
〔註165〕鄭過宜：〈梨園人物小誌〉，《申報》，1941 年 8 月 27 日第 14 版。
〔註166〕南鐵生：〈春華秋實——紀念王瑤卿先生百年誕辰〉，《王瑤卿藝術評論集》，頁 103。

斬時，王瑤老演蕭太后臉上先表現出驚恐，繼而沈靜，答道：「南朝催斬嗎？這時辰還沒到哪！」簡單的幾個字加上面部表情，充分呈現出蕭太后的內心情感和矛盾的心理。〔註167〕

姚保瑄的這段評論，顯示了王瑤卿的蕭太后藉面部表情以攫取觀眾目光，也是劇評家鄭過宜所指出的「演戲善揣摹神情」，正代表著王瑤卿不同於前期旦角抱著肚子死唱。〔註168〕因此除《悅來店》和《雁門關》之外，上海共舞臺演出的劇目具體反映了：王瑤卿嗓音不復以往的因應之道，自然而然的走出一條「花衫」的表演路徑，誠如《鞠部叢刊‧伶工小傳》之評價：

喉敗之後，專演花彩（按，應為花衫），《樊江關》、《探親》、《雁門關》、《梅玉配》、《琵琶記》、《兒女英雄傳》等戲，雖無多唱，而念白化妝，以及身段作工，猶非梅蘭芳所能望其項背。其化妝以飾旗婦最為酷肖，故《探親》、《雁門關》、為其近年最得意之作。〔註169〕

「花衫」實為腳色之孳乳，隨著劇目增多、劇中人物類型廣泛不再單一，不為閨秀名媛、貞女烈婦所拘，正如《兒女英雄傳》的十三妹絕對不適合正旦，但亦非花旦可概括之，而是橫跨於兩者中間的模糊地帶，王瑤卿便關注到這一點，此類的劇目既需要青衣唱工展現，又需兼備花旦的靈活做表，因此醞釀獨創「花衫」——介於正旦青衣和花旦之間的腳色行當，端莊優雅與俏麗嫵媚兼容互重，主要意圖不僅僅是對於演出劇目塑造人物的細膩體會，更是對於傳統行當的深刻反思與再造顛覆，如同徐凌霄指出「今瑤卿非青衣，非花旦，卓然自成一宗」，〔註170〕但行當孳乳的過程並非一蹴可幾，繼而梅蘭芳對於人物性格的體會更加細膩，將花衫行當予以發揚光大、日趨穩定。

譚鑫培與王瑤卿被譽稱「梨園湯武」、「京劇生旦革命家」，王瑤卿演出生涯雖不若陳德霖長久，旦唱大軸、挑大樑、掛頭牌，開啟促成旦角與老生並駕齊驅發展，演、導、教、編直接影響旦角表演藝術的日益精湛與流派確

〔註167〕姚保瑄：〈王瑤卿藝事錄〉，《中國戲劇》，1988年第6期，頁59。

〔註168〕梅蘭芳：「青衣這樣的表演形式保持得相當長久，一直到前清末年，才起了變化。首先破這一藩籬的是王瑤卿先生。他注意到表情與動作，演技方面才有了新的發展。」梅紹武等編：《梅蘭芳全集》第一卷，頁28。

〔註169〕燕山小隱：〈近世伶工事略〉，《菊部叢刊》，頁6。

〔註170〕馬少波等主編，北京市藝術研究所、上海藝術研究所組織編著：《中國京劇史》，上卷，頁497。

立：「一人特殊（王瑤卿）──普遍包容（廣泛繼承）──分支普遍（流派紛呈）」，〔註171〕「一代宗師」王瑤卿上承吸收傳統青衣表演模式卻不拘一格，博通並採譚鑫培老生表演藝術而借舊翻新，唱唸做表突破青衣花旦行當界線綜合而成「花衫」，「晚有弟子傳芬芳」，開啟自四大名旦以降的分支新局，扶引誘掖因人制宜替梅蘭芳、程硯秋、尚小雲、荀慧生指授新腔、擔任導演，如協助梅蘭芳編排多部新戲，從劇本唱腔以至場子穿插；〔註172〕根據程硯秋的嗓音條件，用「以腔就字」的新法制曲而生風靡一時的「程派新腔」，〔註173〕以及經典名劇《鎖麟囊》的唱腔，亦是經由師徒二人反覆鑽研而成等；此外更打破名乾旦不收女徒弟的規矩，如為關門弟子杜近芳主演《白蛇傳》創制新腔，在京劇旦行的藝術精鍊與傳承脈絡上扮演極為重要的地位。

第四節　女觀眾進入劇場

　　本章前三節討論京劇旦行崛起現象，並針對陳德霖與王瑤卿兩位旦行演員進行個別分析，屬於京劇藝術本身的發展，而在第四節則是論析「劇場與觀眾的變化」，牽涉觀劇文化、關係社會時代，說明旦行崛起另一關鍵主要原因：「女觀眾進入劇場」，當獨特的歷史舊例被時代更迭所打破，禁止女性踏入戲園的禁令瓦解之際，京劇市場的消費族群開始擴大，觀眾的性別結構產生變化，臺下看客不再是全以男性為主，如此一來，京劇舊有的審美標準與趣味是否為之撼動？演員又該採取什麼因應之道呢？本節分別由劇場史的角度切入，由戲單實證釐清看戲禁令的限制與解除，〔註174〕以探討女觀眾所帶來的劇壇翻轉意涵。

〔註171〕黃兆欣：《京劇旦行表演傳承與對話──以陳德霖、王瑤卿與梅蘭芳、程硯秋為例》，頁 49～76。

〔註172〕梅蘭芳：〈繼承著瑤卿先生的精神前進〉，《王瑤卿藝術評論集》，頁 305。

〔註173〕吳富琴：〈風雨同舟日──憶硯秋同志〉，《程硯秋藝術評論集》（北京：中國戲劇出版社，1997 年），頁 323。

〔註174〕關於女觀眾觀戲的禁令與解禁，廖奔《中國古代劇場史》一書已開研究端緒，王安祈〈坤伶登場〉，收入於《性別、政治與京劇表演文化》書中亦有提及。而關於清代禁令規章，參見王利器輯錄《元明清三代禁毀小說戲曲史料》（上海：上海古籍出版社，1981 年）、丁淑梅：《中國古代禁毀戲劇史論》（北京：中國社會科學，2008 年），張天星：《晚清報載小說戲曲禁毀史料匯編》（北京：北京大學出版社，2015 年），以及筆者碩士論文《兩岸禁戲研究》。

一、戲單實證：女性觀眾的解禁

京劇觀眾以男性為主，入迷者成為票友，甚至成為職業表演者，因此從舞臺上的演員到座位席的觀眾，清一色俱是男性，唯獨不允女性觀眾自由進出觀劇，此點亦與中國鮮明的性別意識傳統相干，各種典章制度無不規範男女有別之秩序倫理，深刻影響了戲曲發展的特點與走向。因此，上至清廷頒佈禁令，下至社會輿論亦多禁止婦女看戲，咸豐二年（1852 年）有如此禁令：

> 京師五城，向有戲園戲莊，歌舞升平，歲時宴集，原為例所不禁。
> 惟相沿日久，竟尚奢華，如該御使所奏，或添夜唱，或列女座，宴
> 會飯饌，日侈一日，殊非崇儉黜奢之道。〔註175〕

又如同治八年（1869 年）之中央法令規定：

> 御史錫光奏請嚴禁五城寺院演劇招搖婦女入廟，以端風化一摺。寺
> 院庵觀，不准婦女進內燒香，例禁綦嚴，近來奉行不力，以致京城
> 地面，竟有寺院開場演戲藉端斂錢，職官眷屬，亦多前往，城內福隆
> 寺、護國寺開廟之期，婦女亦復結隊遊玩，實屬有關風化。〔註176〕

以清代官方立場，主要針對繁盛的京師五城——東城、西城、南城、北城、中城進行格外嚴謹的管控，針對戲園內奢華誇富的宴樂夜唱，連帶增列女座的行為，予以明令嚴禁，主要出於鞏固維護滿人的統治政權，防止旗員怠惰聲色而閒散失職；五城區域的寺廟也禁止以演劇名義，行招攬婦女入廟之實，避免節外生枝引發敗化風俗之事。又如清代申涵光（1618～1677）《荊園小語》：「婦女臺前看戲，車轎雜於眾男子中，成何風俗！且優人科諢，無所不至，可令閨中女聞見耶？」〔註177〕以及清代錢德蒼指出：

> 伶優戲劇，止可供賓客之娛，婦女垂簾觀之，粉氣髮香，依依簾下，
> 羅襪弓鞋，隱隱屏下，甚至品評坐客，高談嘻笑，優人之目，直透
> 其中，坐客之心，回光其內，此猶其次者。戲之忠孝節義者少，偷
> 情調戲者多，婦女觀之，興動心移，所關匪細，不可不慎。〔註178〕

〔註175〕大清文宗顯皇帝實錄卷五十一，引自王利器輯錄：《元明清三代禁毀小說戲
　　　　曲史料》，頁 77。

〔註176〕大清穆宗毅皇帝聖訓卷十，聖治三，引自王利器輯錄：《元明清三代禁毀小
　　　　說戲曲史料》，頁 81～82。

〔註177〕〔清〕申涵光：《荊園小語》（北京：中華書局，1985 年），頁 17。

〔註178〕〔清〕錢德蒼：《新訂解人頤廣集》卷八《謔言集》，引自王利器輯錄：《元
　　　　明清三代禁毀小說戲曲史料》，頁 257。

　　劇場熙來攘往男女並雜，儘管婦女垂簾坐看，前有竹簾遮蔽掩飾，但隔
絕不了散發飄逸的脂粉芬芳，也阻擋不住醉翁之意不在戲的看客們，目不轉
睛且刻意投注的眼光，交織著「看戲」與「被看」的複雜情景。而最重要的
是，戲曲某些情節可能會影響婦女觸念動心，不得不仔細以閨門禮法慎重防
範，這是社會上普遍的輿情。但上有政策、下有對策，根據清代徐珂《清稗類
鈔》記載「京師婦女觀劇」：

> 道光時京師戲園演劇，婦女皆可往觀，惟須在樓上耳。某御史巡視
> 中城，謂有傷風化，疏請嚴禁，旋奉嚴旨禁止。而世族豪門仍不斂
> 跡，園門雖揭文告，仍熟視無睹也。〔註179〕

　　嘉慶、道光年間，雖然女性一度能踏進戲園、分層而坐，隨即因風俗而
嚴禁，但世族貴戚無視於再三再四的阻擋公告，宅眷婦女犯禁如故，最終官
吏只得使出殺手鐧，以觀戲者必是妓女加以嚴辦，才讓此風壓制遏止。因此
婦女只能趁著喜壽慶賀、節日慶典所舉行的「堂會」〔註180〕，或是「賣戲」
〔註181〕機會才得以看戲：「京師戲園向無女座，婦女欲聽戲者，必探得堂會
時，另搭女桌，始可一往，然在潔身自好者，尚裹足不前也。」〔註182〕即使
「堂會」屬於私人舉行的聚會性質，女性觀眾仍不可與男性比肩而坐，必須
「另搭女桌」涇渭分明。至光緒年間出現「禁內城演戲」的公告：

> 光緒辛巳閏七月初七日，丁鶴年請禁內城茶園演戲。李莼客云，十
> 剎海演劇，恭王之子貝勒載澂為之，以媚其外婦者，大喪甫過百日
> 即設之，男女雜坐，內城效之者五六處，皆設女座，采飾饗演，一
> 無顧忌，澂與所眷日微服往觀，惇邸欲掩執之，故恭邸諭指鶴年疏
> 上，即日毀之，外城甫開茶園，一日亦罷。〔註183〕

　　光緒七年（1881年）慈安太后喪禮百日過後，恭親王兒子載澂即在內城
十剎海處開設茶園演劇，男女觀者可以參差雜坐，內外城其他茶園紛紛仿

〔註179〕〔清〕徐珂編纂：《清稗類鈔》（上海：商務印書館，1917年），「戲劇類」，
　　　　頁72。
〔註180〕堂會屬於營業性的演出。廖奔：《中國古代劇場史》（鄭州：中州古籍出版社，
　　　　1997年），頁61～74。
〔註181〕「賣戲」：願看戲的人，自己出錢，由一人申請官府，規定日期，再去約戲
　　　　班，選地點演出。參見徐蘭沅口述、唐吉紀錄整理：《徐蘭沅操琴生活》（北
　　　　京：中國戲劇出版社，1998年），頁103。
〔註182〕〔清〕徐珂編纂：《清稗類鈔》，「戲劇類」，頁72。
〔註183〕〔清〕徐珂編纂：《清稗類鈔》，「戲劇類」，頁40。

效，也採取「設置女座」招徠客人，經官吏丁鶴年的上奏請飭嚴禁查辦才落幕。但以上所述，足見女性觀眾觀戲已經成為流行的娛樂活動且勢不可擋，與政府反覆制訂與公告的法令，形成相互存在、卻又彼此抗衡拉拒的弔詭情況。

　　隨著時代變遷與商業經濟之迅速發展，菊壇茶園也出現了坤伶與乾旦同臺演出匹敵，京劇觀眾群更是大幅度的增加拓展，看戲成為庶民百姓的消遣娛樂，因此清際以來的禁令已漸形同虛設，政治干預文化戲曲的舉措，最終面臨崩解，《清稗類鈔》清楚地提及：「然自光緒季年以至宣統，婦女之入園觀劇，已相習成風矣。」〔註184〕而北京出現女觀眾的確切分界則是——1900年列強交侵之庚子拳變，〔註185〕該事變不啻成為政治重要轉捩點，亦引發民間辦學振興教育、辦報啟迪民智，其中更包含「女學」的提倡推廣與爭取婦女自由，〔註186〕在此引用著名琴師徐蘭沅談「劇場裡容納女觀眾的開始」：

> 由於義務戲的興起，婦女才能走進劇場。當時人民還有所謂「國民捐」，那是清王朝附加在人民頭上的負擔。由於是這樣一個性質，義務戲就必須滿座，因此就不得不讓婦女走進了劇場。但是男女間還有著一定的封建界線，如男女分座，男的在樓下，女的在樓上。……後來殿郎先生建築了第一舞臺，當楊小樓、姚珮秋二位先生演唱時，又突破了男女分座的封建界限，賣開了男女合座的票，繼之真光舞臺也開始了賣男女合座的票，從此婦女可以自由買票看戲了。〔註187〕

齊如山也有此說：

> 光緒庚子，聯軍進京，各處演戲，都許婦女同看，本來在外國禁止

〔註184〕〔清〕徐珂編纂：《清稗類鈔》，「戲劇類」，頁73。

〔註185〕《中國京劇史》以庚子拳變（1900年）為女觀眾進入劇場的關鍵時間，馬少波等主編，北京市藝術研究所、上海藝術研究所組織編著：《中國京劇史》，上卷，頁186。此資料來自《徐蘭沅操琴生活》所揭示：「由於義務戲的興起，婦女才能走進劇場。」詳見徐蘭沅口述、唐吉紀錄整理：《徐蘭沅操琴生活》，頁103。

〔註186〕陳平原：〈流動的風景與凝視的歷史——晚清北京畫報中的女學〉，收入梅家玲主編：《文化啟蒙與知識生產：跨領域的視野》（臺北：麥田出版，2006年），頁15～80。

〔註187〕徐蘭沅口述、唐吉紀錄整理：《徐蘭沅操琴生活》，頁103。

　　　婦女觀劇，那是夢也夢不到，當然是不會禁女子聽戲的，所以彼時
　　　婦女，過了一年多的戲癮。〔註188〕

　　根據徐蘭沅與齊如山的說法，可知：1900年因「庚子賠款」上演「義務戲」要求滿座，不僅准許夜戲的演出，更開啟了婦女走入劇場看戲的契機，但此時的開放卻是有條件限制，男女觀眾必須分樓而坐，而 1909 年刊印的《京華百二竹枝詞》：「園自文明創始修，開通破例萃名優。各家援例齊開演，男女都分上下樓。」〔註189〕對於北京文明茶園的描述，正是最佳的佐證。至由商人殷閬仙、名武生楊小樓（1878～1938）與旦角姚佩秋（1885～1936）共同主導的第一舞臺，於 1914 年建造成立，〔註190〕仿照上海三馬路大舞臺的形製，採取新式劇場的硬體設施，可稱得上是北京「首屈一指最新式的戲館子」，此時才又開賣合座的票卷，打破性別界線，由 1918 年 1 月 31 日的戲單標明「客位各分地點、包廂男女同座」（如圖 2-6），〔註191〕更可清楚得知樓上「一級包廂」區域的座位，可供男女觀眾同座看戲，不過因為包廂要價昂貴，畢竟是少數人物才有機會使用，1922 年 10 月 18 日戲單已見放行「眷屬同座」（如圖 2-7）。〔註192〕

　　繼之 1921 年竣工落成的真光劇場，〔註193〕為北京首家自稱「劇場」的演出場所，採取持票進場、對號入座，也開始銷售男女合座的票卷。但是男女合座／分座始終是爭議不斷，此等規章禁令，有時可能獲得鬆綁，有時卻又雷厲風行，如梁實秋回憶自己常到文明茶園聽戲：「那時候戲園裏的客人全是男性，沒有女性。」1930 年的《順天時報》仍可見辻聽花極力呼籲盡快允許男女合座。〔註194〕

〔註188〕齊如山：〈近百年來的婦女觀眾〉，《齊如山全集》，頁 1646。

〔註189〕首先婦女進戲園為文明茶園，參見侯希三：《戲樓戲館》（北京：文物出版社，2003 年），頁 130。

〔註190〕關於「第一舞臺」的運作建造過程，參見侯希三：《戲樓戲館》，頁 150～159。朱聯群、周華斌主編：《中國劇場史論》（北京：北京廣播學院出版社，2003 年），頁 522。

〔註191〕韓樸主編：《首都圖書館藏舊京戲報・貳》（北京：學苑出版社，2004 年），頁 230。

〔註192〕韓樸主編：《首都圖書館藏舊京戲報・貳》，頁 230。

〔註193〕關於「真光劇場」的建造過程，參見侯希三：《戲樓戲館》，頁 162～170。李暢：《清代以來的北京劇場》（北京：北京燕山出版社，1998 年），頁 110。

〔註194〕辻聽花：〈男女合演之先鋒〉，《順天時報》，1930 年 1 月 28 日。

圖 2-6：第一舞臺 1918 年戲單

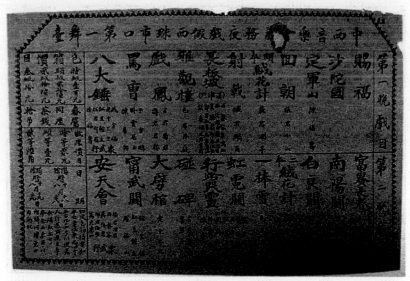

圖 2-7：第一舞臺 1922 年戲單

　　以上所述，追溯女性觀眾由向無女座、另搭女桌，到男女分樓而坐、同層合座，乃至於廣設女座的遞嬗，足見開放觀戲程度的逐步進展，1900 年庚子事變導致的「義務戲」上演，作為婦女正式被允許走入劇場的關鍵，但卻只是濫觴契機而已，開放初期時鬆時嚴的政策擺盪，社會保守氛圍尚未廣泛接受，例如 1920 年《申報》登載：「婦女觀劇不但消耗金錢而已，又最易因

之而墮落其道德焉」，〔註195〕對於女子觀劇行批評諷刺的評論仍無法避免，實際上是針對男女平權的攻擊壓抑，這是社會發展的必然進程，而另一條脈絡，是為維持營利之戲園劇院，便採取因時制宜、隨機應變的調整方式，一方面妥協配合官方文告的拘限，一方面熱烈歡迎絡繹不絕的女性觀眾，因而仍舊採取「男女分座」，直至1937年的戲單上已經不見分座的標註，說明此現象已得到社會的普遍認可。〔註196〕而最重要的是，這一批新加入的女性觀眾，為當時劇壇主流京劇帶來新的風貌。

二、觀眾審美趣味的轉變

當女觀眾得以走進戲園，觀眾的組成不再單一，直接面對面的演員是如何看待因應？梅蘭芳作為京劇當紅明星，正好跨越了晚清民初這道禁令／解禁的時間縱軸，圖2-8為1917年11月4日於吉祥園演出時裝新戲《一縷麻》之戲單，可見「男女分座」（第一欄左側處），〔註197〕圖2-9為1936年9月13日於第一舞臺演出《宇宙鋒》戲單，〔註198〕可見「男女合座」（第一欄右側處）：

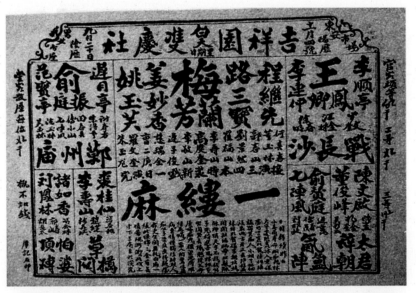

圖2-8：1917年於吉祥園演出時裝新戲《一縷麻》之戲單

〔註195〕蘊厂：〈婦女經濟〉，《申報》，1920年8月3日第16版。
〔註196〕韓樸：〈舊京菊壇實錄——首都圖書館藏北京舊戲報賞析〉，《首都圖書館藏舊京戲報》，頁13。
〔註197〕韓樸主編：《首都圖書館藏舊京戲報·貳》，頁171。
〔註198〕韓樸主編：《首都圖書館藏舊京戲報·貳》，頁232。

圖 2-9：1936 年於第一舞臺演出《宇宙鋒》戲單

梅蘭芳的看法可作為最為準確的參考依據：

> 民國以後，大批的女看客湧進了戲館，就引起了整個戲劇界急遽的
> 變化。過去是老生武生占著優勢，因為男看客聽戲的經驗，已經有
> 悠久的歷史，對於老生武生的藝術，很普遍地能夠加以批判和欣
> 賞。女看客是剛剛開始看戲，自然比較外行，無非來看個熱鬧，那
> 就一定先要揀漂亮的看。〔註199〕

民國以後戲園劇場的改革開放，男女觀眾欣賞的角度尤為一大轉變，
「內行看門道，外行看熱鬧」，男性觀眾習慣了舞臺上老生或武生所搬演的忠
良將相、綠林好漢，劇情故事亦了然於胸，但對於初踏入戲院的女性觀眾而
言，一來未必能嫻熟劇情梗要，二來對於這類英雄豪傑逐鹿中原的作品，不
見得能夠投入與產生興趣，更遑論能跟男性觀眾一樣評判唱腔藝術之高下，
對於演員唱腔進行一字一音一腔的細微鑑賞，反而是由直覺體驗的原初美
感，來獲得看戲的興味情致，筆者翻閱 1918 年報刊甚至出現這樣的詼諧漫
畫：〔註200〕

〔註199〕梅紹武等編：《梅蘭芳全集》第一卷，頁 114～115。
〔註200〕《上海潑克》第 1 卷第 1 期，該期刊由沈泊塵（1889～1920）創辦，又名
　　　　《泊塵滑稽畫報》，以詼諧滑稽手法、幽默諷刺文字為輿論界另闢新局，為
　　　　漫畫期刊之先河。參考吳浩然：《民國漫畫：上海潑克》（山東：齊魯書社，
　　　　2016 年）。

圖 2-10：1918 年《上海潑克》漫畫

　　報刊漫畫註明：「姨太太及小姐們喜看梅蘭芳」，就是梅蘭芳說的「一定先要揀漂亮的看」，又好比余派名宿薛觀瀾（1897～1964）本名學海、字匯東，乃袁世凱的女婿，在其著作《我親見的梅蘭芳》敘述自己親身聽聞，宣統年間首度於北京看見梅蘭芳登臺演出，足以還原當時觀眾的審美趣味：

> 是日粉紅色的小戲單上竟沒有梅蘭芳的名字。但是，他一出臺，好像電燈一亮，臺下寂靜無聲，全園觀眾的靈魂被他迷住了。此因春雲出岫的梅蘭芳，的確美而艷，又端麗大方，一顰一笑，宛然巾幗。膚色白嫩，齒如編貝，手如柔荑，他雖患高度近視，然其雙瞳爆出，反若增添它的嫵媚，梅蘭芳是以「色」瘋魔了全國！所以譚鑫培生前說過：「男的唱不過梅蘭芳，女的唱不過劉喜奎，叫我怎樣混！」〔註 201〕

　　薛觀瀾所描述的，當梅蘭芳粉墨登場、出臺亮相，觀眾無不被其美貌扮相所吸引著迷，莫怪乎素不以扮相形象為重的老生頭牌譚鑫培會有感而發：乾旦唱不過梅蘭芳，坤伶比不上劉喜奎。當演員在臺上所扮演的人物，既漂亮大方又能歌擅舞，觀眾在靜態畫面與唱腔藝術皆得到享受，視覺與聽覺兩造都獲得滿足，自然老生屈居於進退維谷之間，旦行日益崛起壯大。

〔註 201〕薛觀瀾原著、蔡登山主編：《我親見的梅蘭芳》（臺北：秀威資訊科技股份有限公司，2015 年），頁 80。

小結

　　京劇成形確立之際，老生的唱唸做打表演藝術俱全，此時也已出現以唱為主的青衣行當，只是戲碼較少、配戲為多，屬於老生的邊配腳色，回溯道光二十五年的《都門紀略》出現的《祭塔》，即是旦角典型唱工戲的代表劇目，表演形式純粹展現唱工，而後的陳德霖承襲胡喜祿、時小福之昂揚路線，以中氣十足的底蘊、高亢剛勁的嗓音，逐步從挑班老生的附庸、與老生「對兒戲」的配角地位，展露吸引觀眾的招牌唱腔造詣，並擇選劇目發揮青衣唱段，足以作為早期旦行正工青衣首屈一指的代表人物，然而未見融合唱唸做打於一身的劇目表演。從陳、王分別代表擅演戲碼來對照：

　　陳德霖：《祭塔》《祭江》《孝義節》／王瑤卿：《悅來店》《能仁寺》《玉堂春》

　　兩人同樣奠基於無所不通、無一不工的基礎而各具特色，從旦行崛起的藝術發展進程而言，一是傳統守格：陳德霖一脈相承傳統旦行的高亢唱腔，黃鐘大呂、氣足音完，終至老年更見峭拔，磅礡有力中鋒芒畢露，響遏行雲中頗帶險情，拿手傑作《祭塔》、《祭江》、《孝義節》，致力於【反二黃】發展，白素貞雷峰塔下的辛酸哀愁，孫尚香江邊遙祭的歷史悲情，尤其《祭江》、《孝義節》以高勁挺峭的聲調表達抑鬱憂傷，藉力重千均的唱腔構成詩性敘事，這是陳德霖唱片所展現出來的內在張力。

　　一為銳意革新：王瑤卿在陳德霖之後，場中因素改走低音，嗓音婉轉有餘而高亮不足，自擷所長擇優而從，並未亦步亦趨模仿前賢，提煉用寬舒之音以行極靈活之腔，〔註202〕如《玉堂春》主角蘇三絕對隸屬青衣行當，但卻非《祭塔》和《祭江》純粹唱工的青衣人物形象，而是帶有幾分「花衫」的詮釋韻味，王瑤卿能考量重視「劇情戲理」，嘗試從體會劇情入手，增添蘇三辭別獄神祝告上蒼的【反二黃】，諧適順耳且符合人物當下心情，會審部分以腔遣愁，可聽出低柔巧俏唱腔塑造人物之含情細膩、扣人心弦，蘇三回憶自從妓院相識王公子、落難監牢一身罪衣罪裙、面對最後一次公堂提審的複雜情

〔註202〕「在唱法上，王派主張不太用力掙扎，庶幾有吐字之餘地。然因捏喉不及德霖之緊，故發音不若陳之峻峭高拔，然能利用其較為寬舒之音，以行極靈活之腔，是故青衣唱工，欲求字正腔圓，捨王派實難圖之。」蘇曠觀：〈王門弟子評述〉，《王瑤卿藝術評論集》，頁385。陳友峰錄音整理：〈「王瑤卿對京劇藝術的貢獻及其戲曲教育思想研討會」會議記錄〉，《戲曲藝術》第31卷第2期（2010年5月），頁122～127。

緒緩緩道出，似平靜而饒有層次，似敘案情而實見情感波瀾；又憑清朗京白以表悠揚頓挫之調，藉爽利勁度以達脆而不拙之韻，字字著力、句句清晰，塑造《悅來店》《能仁寺》主角俠女形象，除此之外，十三妹必須具有刀馬旦的武功，又要兼容花旦的做表，跳脫傳統「正工青衣」的表演風格，從劇目發揮與人物塑造來看，有別於「正工青衣」陳德霖擷取全劇的一段情感，並將幾齣傳統老戲唱段發揮極致、冠絕一時，亦截然不同於陳德霖所塑造孤苦決絕的人物形象，王瑤卿戲路較寬且劇情豐富，劇本的整體架構與思想意涵已受到注意，表演重心除了傳統唱曲部分，人物扮相服裝造型皆有轉變，既著重「唱」亦重視「做」，將早期「唱做分化」重新予以整合融會而無扞格抵觸，舞臺空間更具有流動性，擴充並且改變了旦角的戲路。因此，陳王兩人一是音律中之魯殿靈光，樹立正工青衣的唱法典範，一是教學中之通天教主，突破開拓花衫的多元革新，各自在旦行崛起發展、繼往開來的過程中，取得不同的藝術效果。另一方面，當女性觀眾不再缺席，得以自由進出劇院觀戲，京劇市場出現大批不同於以往「全男性」的接受消費者，她們主觀欣賞的審美趣味，造成劇壇與演員改變與影響，直接導致旦行的崛起。

第三章　梆黃合演與性別對峙中
梅蘭芳的崛起：1911～1917

前言

　　清末民初京劇劇壇以「老生」行當掛頭牌，鬚生人才濟濟，尤以「後三鼎甲」之文武全才譚鑫培，經過長期舞臺演出實踐，繼承融匯「前三鼎甲」風格成就，「集眾家之特長，成一人之絕藝」，精鍊表演琢磨唱腔成為無人能及之「伶界大王」，成為京劇界最具影響力的人物。相對而言，旦行聲勢地位雖不如老生突出重要，但誠如上一章節所提及之青衣代表人物陳德霖與王瑤卿，一是傳統守格樹立正工青衣唱腔典範，一為銳意創新開拓旦行花衫表演藝術，陳王兩位乾旦的唱唸做打樹立典範開創新局，此處需先點出「乾旦」——以男性演員扮演旦角行當，就演員的性別而論，不需與劇中人物相同，京劇自清朝中葉形成初期，因清廷明令嚴禁女戲，各行腳色演員幾乎皆為男性，劇中女性亦由男性所扮演，衍生出男扮女裝「乾旦」藝術美學，表演自成一套規範程式，而當清末民初時代更迭、政令鬆解，隨之而來的是：「演員」與「觀眾」的組成遞變、新舊交鋒，「搬演」與「觀賞」的趨勢轉移、風景流動，「坤伶」——女性京劇演員的亮相登場，女性得以學戲登臺扮演生旦淨丑各個行當，乃至於戲園有條件的開放女性觀眾入場，漸形成「萬綠叢中幾許紅」場景。與此同時，「梆子」劇種的綻放流行——多依附主流京劇戲班同臺演出，形成「京劇梆子兩下鍋」的良性交流、深度互動，為劇壇帶來刺激衝擊與具體影響，致使京劇吸收融合梆子表演劇目與聲腔音樂等項，表演藝術達到一定的高度而更形壯大成熟；許多梆子演員亦兼演京劇，尤其梆子花旦跨

行改唱京劇之後，為京劇旦行添增多采多姿且圓熟精緻風貌，〔註1〕值得特別注意的是，當乾旦梅蘭芳嶄露鋒芒、尚小雲和荀慧生接踵而興時：

梅蘭芳 1894～1961、荀慧生 1900～1968、尚小雲 1900～1976

「坤伶」之「坤旦」——女性演員扮演女性劇中人，幾乎與乾旦分庭抗禮甚至聲勢更盛。而至 1917 年 5 月 10 日譚鑫培的逝世，作為京劇史上的關鍵轉捩點，亦是筆者之所以選擇的關鍵分界點，同年 10 月 2 日北京《順天時報》舉辦繼譚之後的伶界菊選，由辻聽花所發表〈本社菊選之趣旨〉：

> 慨自譚伶逝世，劇界大王承繼問題迄無定論，誠以鑫培之後無完伶，斯固海內評劇家所同首肯者也。然大王之席久懸，劇界不無群龍失首之嘆，況以現今菊國之盛，人才蔚起，降格以求，當有人在。敝社現將五千號紀念良辰，茲擬舉行菊選以助興趣，倘得同志讚許，則數月來劇界爭執之問題不難藉多數以為解決。至於童伶、坤伶兩界，均亦不乏名流，然若求一冠群之稱，尚無定論，今一併徵求眾議，藉以獎勵群伶，裨補風雅，海內同仁，尚望各抒偉見，無吝賜教，是幸。

譚鑫培博採眾長、自成一派，京劇老生藝術臻於難以超越的頂峰，被梨園界公認為「伶界大王」是無庸置疑，當這個頭銜地位因其逝世而空懸之際，《順天時報》的主筆辻聽花敏銳度極高，便搭上報刊五千號紀念名目，率先運用報紙媒體公告伶界菊選，舉辦「劇界大王」、「坤伶」、「童伶」三項票選。即使投票的進行過程盛傳夾雜作偽灌票的行為，《順天時報》1917 年 10 月 20 日便登載了〈偽票之發現〉訊息，但由此可知選情激烈緊繃之局面，這幾位候選演員氣焰甚盛，以及背後可能隱藏的捧角運作、炒作哄抬。而「誰占群芳第一叢」票選的結果：

劉喜奎 238606 票（年 24 歲）：坤伶第一

梅蘭芳 232865 票（年 24 歲）：劇界大王

尚小雲 152525 票（年 18 歲）：童伶第一

可以看出：其一，三名高票當選者均是旦角，「劇界大王」的稱號更由「老生」轉為「旦行」，鬚生的日漸式微與旦角的取而代之；其二，坤伶的聲勢強勁、行情看俏，「京梆兩下鍋」劉喜奎（1894～1964）甚至以將近六千票

〔註1〕馬少波等主編，北京市藝術研究所、上海藝術研究所組織編著：《中國京劇史》（北京：中國戲劇出版社，1999 年），上卷，頁 239～242。

的差距勝過梅蘭芳，在此之前，1916 年 12 月 1 日《順天時報》副刊公布「五伶魔力最終結果之發表」，慶賀劉喜奎成為梨園行的魁首，儼然成為京劇舞臺的耀眼新星。

　　因此本章第一節即以「乾旦坤旦競爭」與「京梆兩下鍋」作為討論主軸，從「男演員與女演員」和「劇壇與劇種」角度切入，回顧乾旦的脈絡與坤伶的解禁，連帶產生的男女優伶生存與票房競爭，在此基礎之上探討民初「京梆兩下鍋」之「坤旦」代表人物──劉喜奎所指涉的劇種意義；第二至第四節則藉由當時演出廣告與配戲過程，以時間為序，分別勾勒梅蘭芳、荀慧生、尚小雲三人的崛起輪廓，尤其針對其時鴉片、甲午戰爭乃至八國聯軍，民族意識與改革思潮的蓬勃蔚興，乃至晚清文學界引發「戲曲改良運動」，牽動影響了甫走紅的梅蘭芳，進一步深入探究其崛起之後的新戲編演嘗試。

第一節　乾旦坤旦之競逐與性別對抗

　　舞臺氍毹向由男伶獨霸一方，相對的坤伶之「坤旦」直至清末民初方有機會正式演出，從被摒除排斥到重新登場，自閉戶蟄伏到強勢回歸，一方面是外部時局變遷使然，另一方面也是內部劇壇改變更動之故。關於戲曲史上乾旦登臺演戲的發展脈絡，前輩學者之研究著作已有所開展，以曾永義〈男扮女妝與女扮男妝〉文章針對乾旦的歷史背景淵源，具有初步詳細的考察，〔註 2〕么書儀〈明清演劇史上乾旦的興衰〉專文，則集中於明清兩代乾旦之討論，〔註 3〕王安祈所著〈乾旦傳統〉與〈坤伶登場〉更關涉雙重議題，〔註 4〕而筆者擬以上述成果作為基礎材料，首先回顧「乾旦」發展的歷史脈絡，進一步分析「坤伶」逐步解禁、「坤旦」起而崢嶸引發男女演員的競爭，連帶影響老生、旦角行當的轉變。

〔註 2〕曾永義：〈男扮女妝與女扮男妝〉，《說戲曲》（臺北：聯經出版公司，1976 年），頁 31～47。

〔註 3〕么書儀：〈明清演劇史上乾旦的興衰〉，《晚清戲曲的變革》（北京：人民文學出版社，2006 年），頁 119～154。

〔註 4〕王安祈：〈乾旦梅蘭芳〉、〈坤伶登場〉，《性別、政治與京劇表演文化》（臺北：臺大出版中心，2011 年），頁 2～71。關於乾旦的歷史背景與脈絡研究，參見黃育馥：〈京劇──觀察中國婦女地位變化的窗口（1790～1937）〉，收入閔家胤主編：《陽剛與陰柔的變奏》（北京：中國社會科學出版社，1995 年），頁 323～340。陳家威：《清代京劇中之乾旦研究》（香港：嶺南大學中文研究所博士論文，2005 年）。

一、由乾旦到坤伶

　　回顧乾旦的歷史脈絡軌跡，男女優伶可溯源於上古宮廷女樂，漢代角觝戲之「東海黃公」已有演員合歌舞以代言搬演故事，〔註5〕魏晉南北朝之際，魏齊王芳「日延倡優，縱其醜謔」，使郭懷、袁信扮作「遼東妖婦」，〔註6〕成為演劇史上以男扮女的開端。至唐代崔令欽《教坊記・踏搖娘》：「丈夫著婦人衣，徐步入場行歌」，〔註7〕男性演員穿著女性服飾，顯然可視為「乾旦」之證明；金元之際則是「歌舞之妓」盛行，〔註8〕由夏庭芝所撰寫《青樓集》，描述百位色藝兩絕的坤角演員，而男演員多數為女演員之丈夫，如侯耍俏之於賽簾秀等，〔註9〕但較多是女扮男裝演劇。而乾旦的盛行，則屬明朝流行的傳奇崑劇職業戲班，萬曆曲論家潘之恆的《鸞嘯小品》，記載了「名炙都下」的郝可成小班，包含徐翽之父親、傅瑜等，俱是以聲技擅場的乾旦，〔註10〕金陵興化小班以周旦最勝，朱林、高瞻與之相提並論，〔註11〕明代女性演劇仍屬普遍自然，然而「娼優相兼」的景況現象始終存在。〔註12〕到了清代官方明令禁止女性演員搬演，且三令五申加以嚴懲，如康熙十年「禁唱秧歌婦女」：

〔註5〕參見曾永義：〈中國古典戲劇的形成〉，《詩歌與戲曲》（臺北：聯經出版社，1988年），頁79～83。

〔註6〕〔晉〕陳壽撰、〔宋〕裴松之注：《三國志・魏書》卷四，「皇帝即位，纂繼洪業，春秋已長，未親萬機，耽淫內寵，沈漫女色，廢捐講學，棄辱儒士，日延小優郭懷、袁信等於建始芙蓉殿前裸袒游戲，使與保林女尚等為亂，親將後宮瞻觀。又於廣望樓上，使懷、信等於觀下作遼東妖婦，嬉褻過度，道路行人掩目，帝於觀上以為讌笑矣。」（北京：中華書局，1959年），冊一，頁129。

〔註7〕〔唐〕崔令欽：《教坊記・踏搖娘》（北京：中華書局，1985年），頁5。

〔註8〕孫崇濤、徐宏圖：《戲曲優伶史》（北京：文化藝術出版社，1995年），頁95～108。林鶴宜：〈戲曲演員的專業化和身份認同〉，《規律與變異：明清戲曲學辨疑》（臺北：里仁書局，2003年），頁260。

〔註9〕〔元〕夏庭芝撰、孫崇濤、徐宏圖箋注：《青樓集箋注》（北京：中國戲劇出版社，1990年），頁141。孫崇濤、徐宏圖：《戲曲優伶史》，頁121～122。

〔註10〕〔明〕潘之恆原著、汪效倚輯注：《鸞嘯小品》卷之二〈樂技〉，《潘之恆曲話》（北京：中國戲劇出版社，1988年），頁51～52。

〔註11〕〔明〕潘之恆原著、汪效倚輯注：《鸞嘯小品》卷之二〈致節〉，《潘之恆曲話》，頁54。

〔註12〕胡忌、劉致中認為明代家庭戲班與職業戲班也都存在女性演員，《崑劇發展史》（北京：中國戲劇出版社，1989年），頁188～244。陸萼庭則指出明代「娼兼優」、「專業女伶」、「私家歌姬」三種類型的女性演劇。參見陸萼庭：《崑劇演出史稿》修訂本（臺北：國家出版社，2002年），頁229～251。

> 凡唱秧歌婦女及墮民婆，令五城司坊等官，盡行驅逐回籍，毋令潛
> 住京城。若有無籍之徒，容隱在家，因與飲酒者，職官照挾妓飲酒
> 例治罪；其失察地方官，照例議處。〔註13〕

康熙四十五年再次頒佈「驅逐秧歌婦女」，並詳列犯法者之嚴屬罰責：

> 刑部議，管順天府府尹事施條奏，應行令宛、大兩縣並五城司坊官
> 員，將秧歌腳墮民婆，速行盡驅回籍，毋令潛住京城；嗣後若有無
> 籍之徒，將此等婦女容隱在家，並同與飲酒者，有職人員，照挾妓
> 飲酒例議罪，系旗下人鞭一百，民責四十板，婦女亦責四十板，不
> 准收贖，仍行追回原籍；其失察之地方官，交與該部議處。〔註14〕

康熙五十八年更頒佈「禁止戲女進城」公告：

> 雖禁止女戲，今戲女有坐車進城遊唱者，名雖戲女，乃於妓女相同，
> 不肖官員人等迷戀，以至於罄其產業，亦未可定，應禁止進城，如
> 違進城被獲者，照妓女進城例處分。〔註15〕

乾隆三十九年間又頒佈「嚴禁秧歌婦女及女戲遊唱」：

> 在京在外，有將秧歌腳、墮民婆、土妓、流娼、女戲、遊唱之人，
> 容留在家，有職人員革職，照律治罪，其平時失察窩留此等婦女之
> 該管武職，罰俸六個月。〔註16〕

　　在清代制訂科以刑罰、按律治罪的規定政令下，有其特定的背景與意義，主要嚴防文武百官入主中原怠惰失職，避免「瑣語淫詞」毀風敗俗，因此，強烈的政治箝制影響了民間娛樂的自由發展，不僅禁止傳統樂戶的秧歌婦女與墮民婆在京活動，〔註17〕康熙五十八年明令公告禁演女戲，將「戲女」與「土妓、流娼」相提並論，儼然把女性優伶與青樓娼妓等同視之。正因戲曲被歸

〔註13〕〔清〕延煦等編：《臺規》卷二十五，引自王利器輯錄：《元明清三代禁毀小說戲曲史料》（上海：上海古籍出版社，1981年），頁23。

〔註14〕〔清〕孫丹書《定例成案合鈔》卷二十五〈犯奸〉，引自王利器輯錄：《元明清三代禁毀小說戲曲史料》，頁26。

〔註15〕〔清〕孫丹書《定例成案合鈔》卷二十五〈犯奸〉，引自王利器輯錄：《元明清三代禁毀小說戲曲史料》，頁29。

〔註16〕〔清〕福隆安等纂輯：《中樞政考》卷十六癸部〈雜犯〉，引自王利器輯錄：《元明清三代禁毀小說戲曲史料》，頁47。

〔註17〕洪正龍：《清代賤民階層中的江浙墮民研究》（臺南：成功大學歷史所碩士論文，2004年），頁47～70。俞婉君：《紹興墮民》（北京：人民出版社，2008年）。張發穎：〈女伶再現〉，《中國戲班史（增訂本）》（北京：學苑出版社，2003年），頁447。

類於不登大雅之堂，演員自古即有「娼優不分」的淵承依附關係，優伶始終處於地位微賤的下層階級，〔註18〕而朝廷屢次嚴峻整飭的辦治結果，導致女戲近乎銷聲匿跡，自然也代表著不允許女性學戲，同時也明令禁止女性入戲園觀戲，因此清中葉形成發展的京劇，「全男班」結構的出現是歷史發展的必然性，各個腳色行當皆為男性演員，學者黃育馥便指出：「早期京劇的重要特點之一──是男人對這一劇種的絕對壟斷」，〔註19〕以旦行而言，便以男性扮女性劇中人的「乾旦」獨當一面烜赫一時。

而坤伶的解禁，〔註20〕直至清同治年間才出現女性優伶，稱為「女伶」、「坤伶」、「坤角」，所組成之戲班名為「貓兒戲」、「帽兒戲」或「髦兒戲」，〔註21〕最初突破先例為北京赴滬演出的丑角李毛兒，根據海上漱石生於《戲劇月刊》紀錄描述〔註22〕：李毛兒尤工如《探親相罵》、《送親演禮》、《兄妹串戲》等玩笑小戲，也擅長如《刺湯》的湯勤、《群英會》之蔣幹丑角戲，但因演出酬勞收入甚少、不敷使用，故而召集年約十歲至十七歲之間的貧家女孩成立女班，由他一人負責生、旦、淨、丑各行當的教授，訓練技成後多於喜慶堂會演出，劇目如《教子》、《坐宮》、《探窰》、《遊龍戲鳳》、《賣胭脂》等，坤伶始露頭角屢演不輟，觀眾捧場喜好之餘，即便官方一度傳出禁令，例如1890 年之「英租界諭禁女伶」，〔註23〕但只要戲班「捐洋」繳錢交涉，便能安然無事繼續上演，所以在如此禁而不罰、擋而不絕的背景，其他女班新聲繼之而起、有增無減。光緒二十年出現第一家女班戲園「美仙茶園」，自此坤伶

〔註18〕關於戲曲演員的參考資料，參考林鶴宜：〈戲曲演員的出身和身份認同──從詞曲系作家筆下觀察〉，《規律與變異：明清戲曲學辨疑》，頁 247～283。

〔註19〕黃育馥：〈京劇──觀察中國婦女地位變化的窗口（1790～1937）〉，收入閔家胤主編：《陽剛與陰柔的變奏》，頁 324。

〔註20〕張發穎：〈女伶再現〉，《中國戲班史（增訂本）》，頁 447～451。劉慰東：《清末民初女伶的崛起讚論》（北京：中國藝術研究院碩士論文，2011 年）。王安祈：〈坤伶登場〉，《性別、政治與京劇表演文化》（臺北：臺大出版中心，2011年），頁 30～71。王安祈、李元皓：〈京劇表演與性別意識──戲曲史考察的一個視角〉，《漢學研究》第 29 卷第 2 期（2011 年 6 月），頁 153～188。羅檢秋：〈京劇坤角如何走紅社會文化史視野中的民初京劇〉，《河北學刊》第 31卷第 2 期（2011 年 3 月），頁 68～76。

〔註21〕冀和德：〈坤班小識〉，《中華戲曲》，2006 年第 2 期（臨汾：山西師範大學戲曲文物研究所，2006 年），頁 329～330。

〔註22〕海上漱石生：〈梨園舊事鱗爪錄：李毛兒首創女班〉，《戲劇月刊》，1928 年第1 卷第 3 期。

〔註23〕〈英租界諭禁女伶〉，《申報》，1890 年 1 月 27 日。

擁有固定演出的場所，接續光緒二十五年開設之「群仙戲園」，最為著名亦歷時最久，〔註24〕正是徐珂《清稗類鈔》所記載「群仙戲館，日夕演唱，頗有聲於時。」〔註25〕而由《申報》1900 年 1 月 26 日第 5 版上海仙樂茶園刊登的廣告：「近來滬上競尚髦兒戲，先後踵開已有數家，本園主人不惜重資，特向姑蘇天津等處聘請頭等名角來滬設園。」更可證明女班戲園的設置成立已有蓬勃發展之趨勢。

至於坤伶與坤旦的表演，由味菇〈坤伶興衰史〉所敘述：

> 亡清光緒中葉，滬上產生群仙髦兒戲園，其主要坤角始為吳新寶、汪處、周處，繼起者為郭少娥、金處、林黛玉等，其時所演各劇大都截頭棄尾之唱工戲，實即南方之書場（即今之摩芳會唱），北方之落子館的進化，固無板轍音韻聲調之研究。〔註26〕

以及 1916 年《申報》〈坤伶雜評〉評論：

> 坤角花衫終不能脫一俗字與淫字，演劇時每眉來眼去、騷形怪狀，實覺令人作三日嘔，予觀上海坤角能脫去一俗與淫字者，首推羣仙小蓮英，次則丹桂張文艷二人耳。〔註27〕

最初的坤伶表演，一開始演出多為截頭掐尾的唱工戲，實類似於南方書場、北方曲藝之民間小曲小調，對於唱腔聲調、押韻合轍並無重視、也未見講究；而就《申報》的評語可合理推測：坤旦演劇的整體風格未脫鄙俚庸俗與淫情浪態，尤其眉目傳情與搔首弄姿的故作忸怩，也許還夾雜伴以打情罵趣的動作身影，「假鬻藝、真賣色」暗地伏流，但從另一方面來看，此舉卻也可能迎合某些醉翁之意不在酒的看客們，亦有這樣的說法：「今之女伶，不過以淫穢悅人，次則以奇腔惑眾，求其實挾有技者，十無一人。」〔註28〕因此初打破隔絕狀態的坤旦，距離「專業女伶」仍有極大進步空間，喊嗓鍛鍊甚至被認為癲癇發作，〔註29〕亦尚未摸索出適宜的詮釋手法，所以藉由「淫穢

〔註24〕馬少波等主編，北京市藝術研究所、上海藝術研究所組織編著：《中國京劇史》，上卷，頁 281。

〔註25〕〔清〕徐珂編纂：《清稗類鈔》（上海：商務印書館，1917 年），「戲劇類」，頁 55。

〔註26〕味菇：〈坤伶興衰史〉，《戲劇月刊》，1928 年第 1 卷第 5 期。

〔註27〕包大圭：〈坤伶雜評〉，《申報》，1916 年 3 月 18 日第 14 版。

〔註28〕王夢生：《梨園佳話》，收入於《民國京崑史料叢書》第一輯（北京：學苑出版社，2008 年），頁 145。

〔註29〕《申報》描述：「女子學戲手續與男子等，惟吊嗓一事，較男子為重。十餘年

悅人」與「奇腔惑眾」攫取目光與焦點，加上「聽戲於坤班，洵可謂價廉物美」，〔註 30〕毫無疑問的造成了新興喧騰風潮。

而「坤班」的應時而生與快速流行，亦與當時禁止男女合演之推波助瀾有關，宣統元年上海《申報》1909 年 1 月 30 日第 18 版便刊登了「請禁男女合演之惡習」公告，訴求「男女混雜傷風化而敗治安」，直至法租界的「迎仙鳳舞臺」首推男女合演（圖 3-1），其他如「共舞臺」也陸續跟進（圖 3-2），廣告紛以男女合演作為號召，因而有所謂的「巾幗鬚眉兩樣材，優伶男女本分開。首先出演雌雄擋，法界應推共舞臺」之竹枝詞描述，〔註 31〕而 1918 年落成的「大世界乾坤大劇場」內有男女合演的京班戲更是轟動一時，著名坤生「冬皇」孟小冬即是在此走紅（圖 3-3）。〔註 32〕

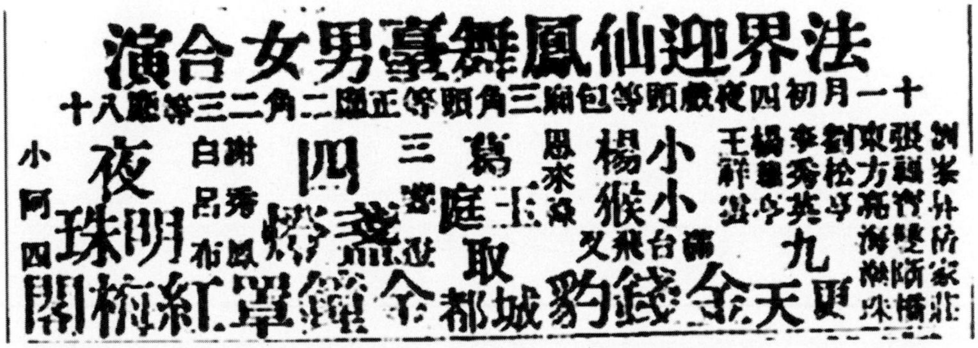
法界迎仙鳳舞臺男女合演
十一月初四夜戲頭等包廂三角頭等正廳二角二三等廳八十

圖 3-1：《申報》1913 年 12 月 1 日第 12 版

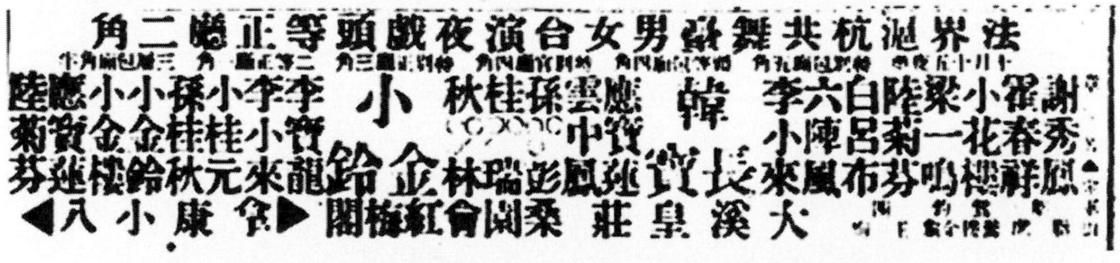
法界滬杭共舞臺男女合演夜戲頭等正廳二角

圖 3-2：《申報》1915 年 11 月 21 日第 12 版

前，上海坤伶勢盛，若羣仙、若丹鳳、若丹桂，皆演髦兒戲，此輩大都寓福州路觀盛里、會興里一帶，故每至清晨，輒有鶉衣垢面之女子引吭高呼，不知者幾疑為此女發痼焉」。參見《申報》，1909 年 1 月 30 日第 18 版。

〔註 30〕玄郎：〈論滬上之坤班〉，《申報》，1913 年 2 月 20 日。

〔註 31〕顧炳權：《上海洋場竹枝詞》（上海：上海書店出版社，1996 年），頁 285。

〔註 32〕關於「冬皇」孟小冬走紅，參見萬伯遨、馬思猛：《孟小冬：氍毹上的塵夢》（北京：東方出版社，2009 年），頁 20。許錦文：《梨園冬皇孟小冬傳》（上海：上海人民出版社，2003 年），頁 46。

圖 3-3：《申報》1920 年 1 月 1 日第 8 版

　　以上這三張上海《申報》廣告均強調「男女合演」，而北京的情況又是如何呢？根據 1912 年《申報》「劇談」〈女伶之發達〉文章，「嗣以女伶繁衍，盛行於津沽，始有男女合演之作俑，今之關外三省暨燕京等處舞臺之有男女合演者，莫不由津沽輸入之文明耳。是以名伶之產著，燕京為佳；女伶之產著，津沽為多。」〔註 33〕追本溯源坤伶以上海作為出發點，分往京津傳播，北京以著名京劇武生俞振庭（1879～1939）遞呈警廳解除坤伶的限制，1912年首邀坤伶入京演戲開風氣之先：

> 仿外埠男女合演之例，邀金月梅、金秀英、金玉蘭、孫一清等加入，
> 平人耳目一新，趨之若慕羶之蟻，嗣移文明生涯益盛，各園聞風興
> 起，羣作業務上之競爭，於是于紫雲、桂雲峰、趙美玉、恩曉峰輩
> 接踵而至，嗣後來者益多坤伶，魔力遂瀰漫於社會，此老名伶王瑤
> 卿所以有陰盛陽衰之嘆也。〔註 34〕

　　俞振庭組織創辦的雙慶班，仿照上海男女合演的形式，特別羅致坤伶加入演出，其中以梆子花旦金月梅（1882～1924）最為著名，海上漱石生形容「貌豔於花，情柔似水，度曲則嬌」，〔註 35〕辻聽花評金月梅所飾演金玉奴：「容姿斌媚，態度柔媚，往年形容令人追想不已」，〔註 36〕如此煥然一新、添色增妍的畫面，觀眾趨新驚奇、紛至沓來，各戲園莫不模仿跟進、聞風響應。因此所颺起的女伶旋風，溫香軟玉各顯其才、綺羅粉黛各奏其能，原先已立足於北京的名伶不得不正視面對，羅癭公便如是描述「伶界奇變之局」：「其時尚男女同班，瑤卿、鳳卿皆同班也。迨金、孫演畢（按，為金玉蘭與孫一清），座客散者遂多，瑤卿等乃大憤力請於警廳屬行男女分班以窘

〔註 33〕瀛仙：〈女伶之發達〉，《申報》，1912 年 9 月 12 日第 9 版。

〔註 34〕醒石：〈坤伶開始至平之略歷〉，《戲劇月刊》，1930 年第 3 卷第 1 期。

〔註 35〕海上漱石生：〈梨園舊事鱗爪錄：金月梅袒胸罰羊〉，《戲劇月刊》，1928 年第
　　　　1 卷第 2 期。

〔註 36〕聽花：〈第一舞臺之義務坤戲〉，《順天時報》，1921 年 11 月 18 日。

之。」〔註37〕乾旦王瑤卿感嘆「陰盛陽衰」之變化，乃至於訴諸官方執行男女演員分班；「伶界大王」譚鑫培得知得與女伶合演《四郎探母》，更直言：「老夫偌大年紀唱了一輩子的戲，到如今還叫我跟女角唱戲嗎，這是斷斷作不到的。」〔註38〕但在時移勢變的環境之下，坤伶再興與男女合演終究是潮流所趨：

> 民國初年，京朝男女合演之風初興，斯時世人稱奇怪，好奇心者更趨之若鶩……在當時喜連成，可謂盡屬男性，無論外搭或自招者，此是後臺，即在前臺亦不售女座，早年梨園之傳統思想，於此可見一斑，及男女合演之風興，某院固有坤伶出演輒售十成，反之，某院雖腳色好戲亦無人聽。〔註39〕

「男女合演」不啻掀起劇壇一陣熱潮，當觀眾各擁所好、反應熱烈，戲院上座率因此增加，在商業機制運作的促進推動之下，戲園主事者與挑班演員便開始陸續邀請坤伶以資號召，坤伶的演出頓時成為了戲院爭取觀眾、招攬票房的噱頭花樣，但是民初以來開放男女合演的禁令時鬆時緊、旋興旋替，直到 1930 年辻聽花仍在《順天時報》大力鼓吹應該破除此道界線。〔註40〕因此在這期間，北京坤伶因應之道，便是以坤班另起爐灶——「完全女班」捲土重來，不僅造就北京坤班極盛的局面，男班／女班之間男女演員的競爭接踵而至，正如張聊公所敘述的：

> 民國初年，女伶闖入舊京，新進勢力，盛極一時。男角所成立之班，類如風花一瞥，聚散無常，能長持而不敝者，寥寥不可多得。而女角之班，則往往能措磐石之安，樹久長之計，當時劇界情形，誠有足使鬚眉抱慚者矣。〔註41〕

女伶別組坤班進京表演，對於男班造成不小的衝擊與刺激，一時之間，坤班之於男班，竟成氣勢如虹對比門庭冷落，不過坤旦的聲勢日大，雖對於北京原有京班劇壇盟主的地位一度震盪撼動，但對於京劇劇種的影響卻是極為正面。

〔註37〕〔清〕羅癭公：《鞠部叢談》，收入張次溪編纂：《清代燕都梨園史料》，頁 798。
〔註38〕垂雲閣主：〈女伶舊話〉，《戲劇月刊》，1932 年第 3 卷第 12 期。
〔註39〕望昔閣主：〈男女伶人合演史話〉，《十日戲劇》第 55 期（1939 年 8 月 25 日）。
〔註40〕辻聽花：〈男女合演之先鋒〉，《順天時報》，1930 年 1 月 28 日。
〔註41〕張聊公：〈中和園之宦海潮〉，《聽歌想影錄》（天津：天津書局，1941 年），頁 52～53。

二、徽秦對峙到京梆兩下鍋

在論述劉喜奎「京梆兩下鍋」的前提之下，必須先行勾勒概述梆子在北京發展的輪廓，當時北京劇壇的主流劇種是京劇，而梆子（又稱秦腔、京梆子、直隸梆子）的蓬勃興起、普遍流行到與京劇爭勝的過程，可追溯於清末年間「以梆子出身，而能壓倒京班皮黃一切有名人物」〔註42〕之十三旦侯俊山（1854～1935），成書於光緒十三年的《粉墨叢談》如是介紹：

> 癸酉、甲戌間（同治12～13年，1873～1874），十三旦以豔名噪燕台。旦，秦人，能作秦聲，貌亦姣好，蛾眉曼漾，宛若天人，品花者以「碧桃」擬之。初都門不尚山陝雜劇，至有嘲之為「弋陽梆子出山西，粉墨登場類木雞」者。至是靡然從風，爭相傾倒，冠裳裙屐，座上常盈。〔註43〕

羅癭公《菊部叢談》形容：

> 侯俊山技藝之精能，無以上之。當徽班極盛時，恒排斥梆子，不許闌入，故大柵欄一帶無梆子也。自侯俊山馳譽一時，極為張子青相國所賞，每堂會必首招俊山。徐頌閣相國亦極譽俊山。〔註44〕

侯俊山面貌姣好、技藝突出，十三歲登臺便嶄露頭角蜚聲劇壇，故而有「十三旦」稱謂，為同光年間秦腔花旦之翹楚，踩蹺展現百忙不紊功夫，還能反串《八大錘》之陸文龍，〔註45〕光緒十八年（1892年）進入昇平署內廷供奉，〔註46〕清朝宰相徐頌閣甚至稱讚「狀元三年一個，十三旦蓋世無雙」，〔註47〕四大名旦之一的荀慧生與其也有師徒淵源。因此當徽班佔據京城舞臺

〔註42〕張肖傖：「舊舊室劇話」〈紀老十三旦侯俊山〉，《百美圖》，1939年第1卷第6期。

〔註43〕夢畹生（本名為黃式權，1852～1925）：《粉墨叢談》成書於光緒13年（1887年），上卷介紹四十名京、崑、秦、徽演員藝人，下卷收錄當時文人戲迷為名伶所寫詩作。收入於《京劇歷史文獻匯編（清代卷）·貳·專書（下）》（南京：鳳凰出版社，2010年），頁131。

〔註44〕〔清〕羅癭公：《菊部叢談》，收入張次溪編纂：《清代燕都梨園史料》，頁786～787。

〔註45〕俠公：〈俠公劇話：旦角兼演八大錘陸文龍自侯俊山創始〉，《立言畫刊》，1944年第303期。

〔註46〕昇平署外學目錄之侯俊山君承應劇目，參見《國劇畫報》，1933年第2卷第12期。

〔註47〕常大安：〈侯俊山〉，收入景玉光主編：《燕趙名伶傳》（北京：中國廣播電視出版社，1988年），頁19。

之際，十三旦的脫穎而出，造就梆子的盛況，漸形成「徽秦對峙」：梆子與四大徽班抗衡的局勢，《都門紀略》所言「幾處名班鬥勝開，而今梆子壓春臺，演完三齣充場戲，絕色優伶始出來。」〔註48〕可見梆子備受歡迎，甚至還略勝一籌；而光緒十年由田際雲（1863～1925，藝名響九霄）組織成立的「玉成班」，正式打破「徽秦絕不同臺」涇渭分明的侷限，揭開了京梆演員同班的序幕，〔註49〕首創徽秦合奏、京梆兩下鍋，表演形式有以下四種：一臺戲中幾齣京劇、幾齣梆子；一齣戲中，一半京劇、一半梆子；一齣京劇中，加入一段或數段梆子，如京劇《翠屏山》「殺山」一場便是唱梆子，例如尚小雲曾反串《翠屏山》小生石秀，「英爽之氣溢於眉宇，唱『石三郎進門來』一段西皮，完全小生腔調，頗肖朱素雲極為動聽。帶演殺山，場面改用梆子，取變徵之聲，益見慘厲。」〔註50〕以及對兒戲中，一演員唱京劇、另一演員唱梆子。〔註51〕一開始在上海演出，後返京造成熱潮、蔚為風氣，〈早年梆子班之地位〉一文如此說明：

> 在遜清光緒年間梆子戲的號召力大可駕乎二黃之上。無論大小戲班，如果沒有幾個梆子腳色，準保不能多賣座，連素重皮黃的北京都有兩下鍋（即梆子二黃兼演）的班子，玉成班就是箇中佼佼。科班裏亦是梆子二黃兼備，富連成的金絲紅小翠花，正樂社的白牡丹（即荀慧生）芙蓉草即是梆子傑出人才。〔註52〕

玉成班先後邀請京劇演員演出，「著名京劇演員蕭長華也說：除了余潤仙和譚鑫培，凡當時有名的演員都搭過玉成班，當時誰都打不過玉成家。」〔註53〕可知僅如京劇流派宗師譚鑫培，自始至終僅在京劇班社演戲之外，其

〔註48〕李虹若：《朝市叢載》（北京：北京古籍出版社，1995年），頁159。

〔註49〕李洪春的回憶：玉成班是以「玉」字排名的科班，而且是梆子、二黃「兩下鍋」的，武生李玉奎、張玉蘭、架子花臉張玉峰。參見李洪春述、劉松岩整理：《京劇長談》（北京：中國戲劇出版社，1982年），頁49。

〔註50〕聊止：〈撲朔迷離之刀光雲影〉，《尚小雲專集》（北京：京津書局排印，1935年），「評論彙錄」，頁8。

〔註51〕馬少波等主編，北京市藝術研究所、上海藝術研究所組織編著：《中國京劇史》，上卷，頁241～242。

〔註52〕呂夢臣：〈早年梆子班之地位〉，《戲劇春秋》，1943年第15期。

〔註53〕「據玉成班出身的李玉貴談，光緒末年的著名京劇演員，絕大多數都搭過玉成班。著名京劇演員蕭長華也說：除了余潤仙和譚鑫培，凡當時有名的演員都搭過玉成班，當時誰都打不過玉成家。」資料出自《河北梆子史料》，轉引自馬龍文、毛達志：《河北梆子簡史》（北京：中國戲劇出版社，1982年），頁

他的京劇演員多曾加入當紅玉成班，其他各班社見機不可失、爭相仿效，紛紛改為梆黃合演的戲班。亦帶動其他科班的跟進，1916 年田際雲更創建第一個專門培育女演員的科班──崇雅社。而這裡提到的白牡丹荀慧生，同樣是京梆兩下鍋演員之一，但則是屬於其中的特例，荀慧生自言：「由於我具有自幼學習梆子的基礎，所以在改演京劇之後，很自然地在唱作當中融合了梆子的傳統技巧，從而漸漸地突破了京劇表演藝術的成規，有了一些革新和創造。」〔註 54〕荀慧生同為梆子出身，跨足京劇界之後，徹底學習京劇的唱唸做表，最重要的是將梆子表演特色皮黃化，編織新戲多詮釋下層女性，具有梆子草根性民間味道，以獨特的「嗲」和「媚」唱工做表行塑獨樹一格的荀派人物，詳細討論見論文第五章。以上戲班與科班的情況，均反應了梆子與皮黃並駕齊驅、分庭抗禮的態勢，筆者以圖 3-4 進一步統整說明京梆發展：〔註 55〕

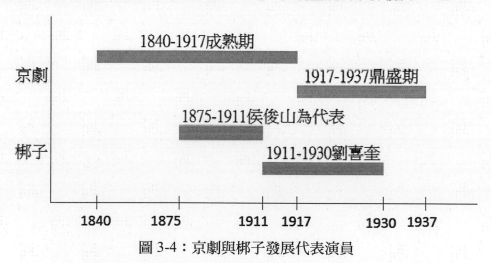

圖 3-4：京劇與梆子發展代表演員

京劇與梆子流行的過程中，京劇一路由 1840～1917 年奠基發展，歷經「前三鼎甲」與「後三鼎甲」，老生行當發展逐步成熟，此階段影響力最大的

52。王登山、韶華、吳增彥：〈話說「京、梆兩下鍋」〉，《中國戲劇》，1991 年第 2 期，頁 54～55。登山、韶華、增彥：〈簡談京劇和京梆子的關係〉，《戲曲研究》第 39 輯（北京：新華書店，1991 年），頁 66～80。「俠公劇話」，〈戲班兩下鍋始自玉成班〉，《立言畫刊》，1943 年第 260 期。

〔註 54〕荀慧生：《荀慧生演出劇本選集》（上海：文藝出版社，1982 年），頁 1。

〔註 55〕關於河北梆子之形成、發展與遞嬗，參見馬龍文、毛達志：《河北梆子簡史》，馬龍文：〈試論河北梆子的興衰〉，收入於《梆子聲腔劇種學術討論會文集》（太原：山西人民出版社，1984 年），頁 506～508。甄光俊：〈論河北梆子女伶的興衰〉，《戲曲藝術》，2001 年第 1 期，頁 62～68。

毫無疑問非老生譚鑫培莫屬，而興起的梆子在 1875～1911 年以侯俊山為代表人物；1911～1930 年以劉喜奎、鮮靈芝為代表的「坤旦」繼之而興，推動梆子旦角藝術發展。因此兩劇種由「徽秦對峙」到「京梆兩下鍋」，相互爭勝到分庭抗禮，然而京劇戲班興盛、名伶出頭、觀眾匯集，始終屹立不搖獨佔劇壇盟主地位，直到民國初年一批日漸活躍的女伶坤旦，本質上皆由梆子起家，1919 年《申報》有如此的評論：

> 坤角踵起，秦腔頓現中興之象，女子歌喉多尖脆音，於秦腔為宜，
> 秦腔復易習，乃羣趨習秦腔，而尤以旦角一途為魔力最大。試觀今
> 日坤角之享盛名者，若劉喜奎、若鮮靈芝，及已經作故之金玉蘭，
> 無一非秦腔之旦角。〔註56〕

除了坤伶嗓音適合秦腔之外，所擅演劇目以花旦戲為主，花旦表演特質著重於字眼清楚的念白和伶俐靈活的做工，例如演出《金蓮戲叔》、《拾玉鐲》、《辛安驛》自然容易吸引觀眾目光，其中當以劉喜奎為首，顧盼生姿走紅一時。因此，梆子坤旦劉喜奎的出現與走紅（如圖 3-5 照片，登載於《風月畫報》），〔註57〕又帶起另外一波時代。

圖 3-5：登載於《風月畫報》劉喜奎倩影

〔註56〕柳遺：〈東籬軒雜綴〉，《申報》，1919 年 8 月 11 日第 14 版。
〔註57〕出自《風月畫報》，1933 年第 1 卷第 14 期。

三、劉喜奎的旋起旋滅與梆黃劇種的消長

劉喜奎自幼先習京劇老生，十歲正式拜毛毛旦（1873～1942）為師，學習梆子青衣，同時也得過十三旦侯俊山親授梆子花旦表演，既有京劇基礎，亦有河北梆子功底，因此自言：「那時上演的節目，有京劇武生和老生戲，也有梆子花旦戲、閨門旦戲。這種演法，在當時並不覺得奇怪。」〔註58〕正因為當時京劇與梆子同臺競技實屬普遍，而後師承自梆子旦角楊韻譜（1882～1957），藝名還陽草，劉喜奎崛起過程有如此的記載：

> 津門坤伶，發軔較早，王克琴、小桃、金玉蘭、小月英等，先後競
> 豔於一時，喜奎以後起之秀，直分玉蘭、月英之席，嗣拜楊韻譜為
> 師，對於各劇之唱做身段，盡態極妍，不遺餘力，藝乃大進。〔註59〕

天津著名坤伶如王克琴（1891～1925）兼擅京劇與梆子，《中國京劇史》稱其「清末天津包銀酬勞最高的演員」〔註60〕，金玉蘭（？～1916）以哀怨表演、悱惻纏綿為勝，而劉喜奎以後來之秀聲名鵲起，展現個人獨特風韻，其走紅不僅止論色、論藝皆首屈一指，專工花旦擅演：《拾玉鐲》、《花田錯》、《杜十娘》、《鴻鸞禧》、《花田錯》、《辛安驛》、《打櫻桃》、《獨佔花魁》等，擁有「劉教主」、「劉王」、「劉美人」之美名，〔註61〕對其表演的評論，如劇評家辻聽花欣賞《羅章跪樓》的演出：「其技藝未可遽謂已入堂奧，然其面貌佳麗，使人對之怡悅，不覺一滌塵襟，而其歌舞之風最優且雅，頗有氣品，無花旦通常之可厭俗態，真為劉伶唯一特色。」〔註62〕在辻聽花看來，劉喜奎盡脫花旦浮豔，反而展現清新韶秀的氣韻，不過卻也有這樣的評語出現，署名為「襲公」之文，作者自言數次觀看劉喜奎的《血手印》（又名《蒼蠅救命》、《法場祭夫》），而且每演必告滿座：

> 其血手印一劇，更為香豔絕倫，往水牢援救公子時，當場脫去繡
> 履，削落綾襪，纏足白綾，赫然在握，於是一雙金蓮已赤裸裸露於
> 觀眾之前，觀眾如瘋如狂，起坐遍視，場內空氣為之緊張，其實喜
> 奎故弄玄虛，其綾帶以內尚著有肉色絲襪，遠望，似已赤足，即以

〔註58〕胡沙：《劉喜奎》（北京：人民音樂出版社，2000年），頁17。

〔註59〕大同：〈劉喜奎〉，收入於胡沙：《劉喜奎》，頁138。

〔註60〕馬少波等主編，北京市藝術研究所、上海藝術研究所組織編著：《中國京劇史》，上卷，頁289。

〔註61〕陳沅蓀：〈劉喜奎〉，《餘興》，1917年第29期。

〔註62〕辻聽花：「壁上偶評」〈中秋節後二日觀劇記〉，《順天時報》，1915年9月28日。

此迷惑觀眾。〔註63〕

　　劉喜奎藉由纏足小腳的「真金蓮」，較之乾旦需刻意踩蹺的「擬小腳」，足令觀眾神魂顛倒心迷意亂，更以賣弄玄虛的表現手法，看似跣足赤腳造成視覺上的新鮮刺激感，毫不掩飾的誇張前衛表現方式，難怪作者更加以描述「彼時殆無人敢有此大膽作風」，這樣的呈現手法，一方面反應了當時觀眾對坤旦的要求，仍然不可避免由「色相」擴大到「體相」，坤旦與乾旦的生理條件本就殊異，唇不點即紅、眉不描則黛。另一方面如高彥頤研究論述，層層遮蔽的纏足所形成的「金蓮崇拜」，及其伴隨而來的纏足情欲化，而纏足的裸露與解放代表著女性體現生命所存在的關懷與律動，〔註64〕由此可以推想劉喜奎以真金蓮在文化生存中展現自己的能動性。初期坤旦之撩人媚態、矯揉做作的確激發觀眾熱情，票房發展也增添不少助力，但是在崛起之後如何轉型，以劉喜奎來說便演出多齣新戲，但未曾灌錄唱片，筆者根據資料統計搬演劇目：〔註65〕

　　參與時裝新戲：《新茶花》《黑籍冤魂》《宦海潮》《煙鬼嘆》

　　由楊韻譜新編：《電術奇譚》（改編小說之時裝新戲）《榮三貴》〔註66〕

　　由任天民新編：《鐵血彩裙》、《水底情人》、《虎口鴛鴦》

　　在梅蘭芳排演新戲的同時，劉喜奎與楊韻譜、任天民等人合作，成為「第一位演出時裝新戲的女演員」，〔註67〕論其題材，充分融匯政治社會或是自身遭遇，《黑籍冤魂》描述百姓鴉片禍害以規正視聽，《水底情人》宣傳婦女放足與就學以針砭時弊，《虎口鴛鴦》則是以自己身處梨園勾欄的處境作為主要情節，寄託身世之慨。〔註68〕在這一系列的時裝新戲，其中名噪京華的便是《新茶花》，根據報刊記載：

〔註63〕襲公：〈劉喜奎與鮮靈芝〉，《天地人》，1947年第2期。

〔註64〕〔美〕高彥頤著、苗延威譯：《纏足：「金蓮崇拜」盛極而衰的演變》（南京：江蘇人民出版社，2009年），頁244～286。

〔註65〕王登山：〈俠骨冰心的女藝術家劉喜奎〉，《京劇談往錄續編》（北京：北京出版社，1988年），頁92。于文青：〈劉喜奎與時裝新戲〉，《戲曲研究》，1993年第2期，頁44。

〔註66〕劇評家張聊公（張鏕子）談民國四年1915年劉喜奎之榮三貴，「聞影射吳三桂事，然情節至不經，大致僅描摩家庭趣事耳。劉喜奎演此劇，真是活潑潑地，一片化機。笑容憨憨，在在可人，身段之靈活，話白之雋妙，皆非餘子所能及也。」張聊公：〈小蘭英與劉喜奎〉，《聽歌想影錄》，頁42～44。

〔註67〕于文青：〈劉喜奎與時裝新戲〉，《戲曲藝術》，1993年第2期，頁59。

〔註68〕胡沙：《劉喜奎》，頁17。

> 劉喜奎來京在三慶登臺之時，叫天夜在天樂演戲，然三慶白天未及
> 一點，客座已滿，天樂雖盛，猶不及三慶。及至去歲年終時，劉喜
> 奎演《新茶花》於三慶，京中人士若狂，雖同日夜第一臺楊小樓演
> 《長坂坡》，王鳳卿演《戰成都》，取價六角，觀者寥寥；劉喜奎之
> 《新茶花》取價一元，而馬車汽車盈門，中下卿滿座，上午九時，
> 園中已無餘隙，日戲既完，皆坐守不去，以待看夜戲。〔註69〕

　　1914年劉喜奎進京於三慶園演出，同一時期，既贏過天樂茶園演出的蓋叫天；演出《新茶花》時觀者如堵、盛況空前，更大勝第一舞臺的楊小樓（因此後來楊小樓便力邀合作）。上海《申報》「劇故」專欄公告每逢演出的票價必例外加錢：

> 元年坤伶入都，戲資大有變遷，要以劉喜奎來京後為最，喜奎以絕
> 世之委，受人崇拜，園主遂利用之座價之昂，竟突過男伶較之儔昔
> 幾倍，而與此又關一例，喜奎每逢演擅長之劇，如新茶花等，必須
> 例外加錢。〔註70〕

　　坤伶大勝男伶之際，一直扮演劉喜奎重要推手之職的楊韻譜，兩人分道揚鑣，楊與鮮靈芝另組新班，協助排演時裝新戲如《恩怨緣》、《一念差》、《仇大娘》，〔註71〕間接產生劉鮮女伶大戰。「劉鮮大戰」之激烈，〔註72〕當時候的《餘興》期刊登載：「喜奎以妙歌曼舞，巧笑美昐，號召座客皈依，徒羽日益繁眾，有所謂劉教者，有所謂劉黨者。」〔註73〕兩方擁戴勢力遂分立門戶、結黨組社，支持鼓勵或批評攻訐的連篇累牘紛至沓來，其中甚至出現〈上劉王喜奎勸進書表〉，「非劉氏而王者，天下共誅之」的宣言。〔註74〕不過「打對臺」之「劉鮮大戰」相互對壘的過程並非本論文細繹之重心，而是劉、鮮所

〔註69〕惕生：《民權素》，1915年第6期。《民權素》創刊於上海，由劉鐵冷、蔣著超主編，自1914年4月至1916年4月一共發行17集，由「民權出版部」出版。

〔註70〕瘦碧：〈耕塵舍劇話〉，《申報》，1916年6月9日第14版。

〔註71〕王登山：〈俠骨冰心的女藝術家劉喜奎〉，《京劇談往錄續編》，頁96。

〔註72〕「一般莘莘學子、赳赳武夫，以及失意名流、浪漫政客，日以捧坤角為正事，揄揚褒貶之詩文刊滿報章，此侵彼軋，釀成筆戰，鮮劉一場惡仗，加入者近百人，大好報紙供若輩無聊之筆戰，甚至樹黨立社，虛糜有用之精神，詎不大可惜哉！」味蒓：〈坤伶興衰史〉，《戲劇月刊》，1928年第1卷第5期。

〔註73〕陳沅蓀：〈劉喜奎〉，《餘興》，1917年第29期。

〔註74〕章鑒：〈上劉王喜奎勸進書表〉，《餘興》，1916年第21期。

共同代表女伶風華絕代的劇壇現象，一時男伶幾無立足餘地，可說是秦腔的黃金時代。但儘管女伶演出大受歡迎，「破天荒的戲價」與滿座票房〔註75〕終究曇花一現，隨著劉喜奎1917年離開舞臺而黯淡。

民初劉喜奎的演出造成轟動，女伶坤旦受到觀眾關注，梆子劇種所引發的熱潮效應亦奠定於此基礎之上，不過劉喜奎看似開啟暨侯俊山之後另一波梆子復興的契機，但與此同時，梆子京劇相互交流滲透，筆者歸納兩方面的要素造成了兩劇種此消彼長的現象。一為個別私人因素，隨著劉喜奎因為色藝冠群、綽約多姿而顛倒眾生，戲迷追捧者多是醉翁之意不在酒，相率拜倒於石榴裙之下，造成搶奪獵取風波不斷，她曾自言：「夫吠影吠聲，無禮之毀，固喜奎所不任受，即評姿評色，輕薄之譽，亦喜奎所不願聞。君等其可以休矣！」〔註76〕例如北洋大臣張勳、曹錕等皆曾殷勤備至乃至於再三逼嫁，最終二十七歲婚嫁崔承熾，隱姓埋名、息影退出劇壇，或是其他坤旦朱顏色衰、黯淡平庸即銷聲匿跡，〔註77〕少數個人的舞臺魅力僅能為期短暫稍縱即逝，尚不足以支柱梆子劇種的持續發展。另一則為整體劇種因素，京劇由老生開展至譚鑫培發展完熟，旦角則以前章所提的陳德霖與王瑤卿支撐青衣大局、改革開展，其技藝實有獨到之處，而京劇劇種一路蓬勃壯大，同步梆子自乾隆年間開始流行，民初坤旦英雌更將梆子花旦劇目特色發揮淋漓盡致，也正因為這批女伶無論在外型或表演的靈活度，同樣演起花旦時，更能充分展現梆子女伶獨特觀眾魅力與優越性，但是與京劇齊頭並論之處也僅只在這些類型的劇目，相對而言，皮黃劇種的劇目包羅萬象，不單擁有這些花旦戲碼，而且兩下鍋的狀況下，梆子花旦即便跨足唱京劇，但終究沒辦法比擬京劇演員全面到位。而且對於消費市場的觀眾來說，只要是好戲、好聽、好看自然捧場，並不存在京劇與梆子的「劇種意識」，因此就戲曲劇種的角度，即便呈現出相互滲透的發展趨勢，但兩者不可能水乳交融均分茁壯，梆子終究被京劇所吸收，尤其兩下鍋的過程中，京劇不僅在表演與劇目雙方面涵蓋吸收，以本論文主要著重探討京劇旦行而言，主要更汲取梆子的花旦戲，例如：「南梆子」以及由胡喜祿在《五花洞》所創新聲「十三咳」，均源自梆子系統的河

〔註75〕《十日戲劇》：「劉喜奎在慶樂園，座價貴到大洋一元，可說是破天荒之戲價，而仍舊是個十成滿。」參見趙山林：《中國近代戲曲編年：1840～1919》（上海：華東師範大學出版社，2008年），頁343。

〔註76〕陳詒先：〈記劉喜奎〉，《申報》，1948年3月26日第9版。

〔註77〕〈一個落伍的女伶〉，《戲劇月刊》第2卷第3期。

北梆子；梅蘭芳經田際雲介紹，由崔靈芝傳授《春秋配》、《宇宙鋒》（梆子戲《一口劍》），進一步發揮個人特色而成為梅派專屬劇目；荀慧生根據梆子傳統戲《三疑計》編演新戲《香羅帶》等，正因作為劇壇主流劇種的京劇，能夠海納百川、兼容並蓄其他劇種特色，因此梆子舞臺備受威脅相形失色，便逐漸退縮成為地方戲。

民初梆子女伶坤班聯袂入京，以劉喜奎為首的坤旦，一度安營扎寨成為北京劇壇相對於京劇的另一支主流，中間歷經梆黃爭勝與合奏，終因坤旦個人因素與整體京梆劇種交流，二者的差距越趨明顯，京劇旦行更形特起突出，而由觀眾的「男愛梅郎女喜娘」來看，焦點已由老生轉向旦行，觀演關係也逐漸產生變化，下節便進一步討論崛起新星梅蘭芳。

第二節　頭牌轉型：梅蘭芳之崛起

梅蘭芳名瀾，字畹華、一作浣華，別署綴玉軒主，出身梨園世家，祖父為「同光十三絕」著名花旦梅巧玲，父親梅竹芬（1874～1897）亦為旦角演員，八歲時的說戲老師朱玉凌直言「祖師爺沒賞你飯吃！」[註78]四句慢板老腔遲遲未能朗朗上口；姑母甚至認為「言不出眾、貌不驚人」，[註79]直至隔年遇上了開蒙教師吳菱仙——時小福（1846～1900）徒弟，宗的是「氣充韻沛」路子，第一齣學的是《戰蒲關》，1907年至1908年初搭「喜連成班」（後改名「富連成社」）參加演出，1910年至1912年改搭俞振庭主持之「雙慶班」，根據《舞臺生活四十年》自傳所記載十八歲以前常演的劇目，[註80]包含「正工青衣戲」如：《二進宮》、《桑園會》、《三娘教子》、《彩樓配》、《三擊掌》、《探窰》、《二度梅》、《別宮》、《祭江》、《孝義節》、《祭塔》、《孝感天》、《宇宙鋒》、《打金枝》；「配角戲」如：《桑園寄子》飾金氏、《岳家莊》飾岳雲之姐、《九更天》飾馬義之女、《搜孤救孤》飾程嬰之妻、《浣紗記》飾浣紗女（筆者按，該戲以伍子胥為主角，梅蘭芳飾演浣紗女為配角）等，而曾於宣統年間

[註78] 朱家溍：〈梅蘭芳年譜未定草〉，《故宮退食錄》（北京：北京出版社，1999年），頁795。

[註79] 《舞臺生活四十年》，梅紹武等編：《梅蘭芳全集》（石家莊：河北教育出版社，2000年），第一卷，頁11。

[註80] 《舞臺生活四十年》，《梅蘭芳全集》第一卷，頁25。梅蘭芳紀念館編：〈梅蘭芳演出劇目〉，《梅蘭芳表演藝術圖影》（北京：外文出版社，2002年），頁145。

首度於北京看見梅蘭芳演戲的票友兼劇評家薛觀瀾指出：

> 他竟在開鑼第三齣為奎派鬚生德建堂配演《硃砂痣》，他飾吳大哥
> 的妻子，青衣打扮，是日粉紅色的小戲單上竟沒有梅蘭芳的名字。
> 但是，他一出臺，好像電燈一亮，臺下寂靜無聲，全園觀眾的靈
> 魂被他迷住了。此因春雲出岫的梅蘭芳，的確美而艷，又端麗大
> 方，一顰一笑，宛然巾幗，毫無疑問，梅蘭芳是以「色」瘋魔了全
> 國！〔註81〕

　　根據此則觀劇心得，梅蘭芳民初北京演出之際，曾擔任「奎派」老生德
建堂主演《硃砂痣》的夫人，此旦角無須什麼突出的特殊表現，且因列居邊
配腳色，正式公告戲單上亦未見其名，不過當梅蘭芳一登臺初亮相，席間寂
然無聲不聞嘈雜，觀眾莫不被其芙蓉面所吸引，因此薛觀瀾認為梅蘭芳堪稱
以「色相」風靡雲蒸。而在這段借臺練戲期間，亦可說是繼承傳統之奠基階
段，特別要提及梅蘭芳受到「伶界大王」譚鑫培的提攜。

一、與譚鑫培合演對兒戲

　　1912年梅蘭芳18歲，其時京劇劇壇獨尊老生行當，「後三鼎甲」譚鑫培、
孫菊仙、汪桂芬在「前三鼎甲」基礎之上各自繼承轉變發展，「國自興亡誰管
得？滿城爭說叫天兒！」尤其文武並擅譚鑫培譽滿京城、最負盛名，〔註82〕
「其腔調幽雅，集諸家之大成，自成一派」。〔註83〕筆者翻閱資料引用梅蘭芳
表弟秦叔忍（梅蘭芳姑丈秦稚芬之子）說法，於民國二年於北京文明茶園聽
戲心得：

> 大軸老譚《烏盆計》，倒第二梅蘭芳的《祭塔》，都有大段【反二
> 黃】，梅蘭芳特別卯上，要與老譚比賽一下。「未開言不由娘珠淚雙
> 流」一段反調有八個大腔，不許雷同，是最見功夫的青衣唱工戲，
> 二十歲的小伙子扮白娘子，正是精氣神充足的時候，他字正腔圓、
> 滿宮滿調地博得全場喝采聲，而「峨嵋山苦修煉千年時候」的高腔

〔註81〕薛觀瀾原著、蔡登山主編：《我親見的梅蘭芳》（臺北：秀威資訊科技股份有
　　　　限公司，2015年），頁80。
〔註82〕林幸慧：《京劇發展 V.S.流派藝術》，頁82～137。李元皓：《京劇老生旦行流
　　　　派之形成與分化轉型研究》，頁414～442。
〔註83〕張次溪：〈譚鑫培傳略〉，《譚鑫培藝術評論集》（北京：中國戲劇出版社，1990
　　　　年），頁1。

是最高潮。〔註84〕

　　大軸為鬚生譚鑫培擔綱的《烏盆計》，與倒第二齣梅蘭芳《祭塔》均是繁重深厚的唱工戲，《烏盆計》劉世昌的【反二黃慢板】「未曾開言淚滿腮」盡顯悲壯淒涼、蒼勁澹遠，而在大軸之前的梅蘭芳更是卯足全力引吭高唱，以滿宮滿調中氣充沛唱出白素貞【反二黃慢板】「峨嵋山苦修煉千年時候」，跌宕曲折唱腔表達白素貞回憶漫長修煉艱難。因此在「老生掛頭牌」時代之下的梅蘭芳，並非僅以容貌色相出眾，其嗓音條件已逐步成長，方能爬升至演出倒第二齣的機會，梅蘭芳日後於回憶錄亦自言經與譚鑫培對兒戲《汾河灣》《四郎探母》的磨練，「發音的凝練、口齒的犀利以及氣口運用的巧妙」獲益良多。〔註85〕而梅蘭芳繼陳德霖、王瑤卿旦角代表人物之後，被譚鑫培指定合演，由「梅社」於1918年編輯發行的《梅蘭芳》期刊文物，其中〈梅郎聲譽日起之原因〉一文如此記載：

> 譚氏生平擇配角最嚴，數十年來與譚氏配戲者，不過楊小樓、龔雲甫、陳德霖、王瑤卿、田桂鳳、楊小朶、金秀山、黃潤甫、羅壽山、王長林等數十人而已，四十年來久執伶界牛耳之譚貝勒，一旦與少年新進之梅郎合演生旦並重之《桑園寄子》，此實足以大震燕京戲迷之耳目，而使梅郎聲價頓加者也。〔註86〕

　　彼時譚鑫培久執北京伶界之牛耳，長年與其配戲陣容如武生楊小樓、老旦龔雲甫、青衣陳德霖與王瑤卿等人，均為名重一時的京劇演員，而聲望人氣默然無聞的年輕後繼者能夠與譚鑫培同臺配演《桑園寄子》的旦角金氏，且有兩人輪流唱，不啻為絕佳觀摩學習與提高能見度的機會，因此梅蘭芳聲譽崛起與譚鑫培之識拔可謂密不可分，除了配戲之外，梅蘭芳琢磨唱工以待表現，而在「大震燕京戲迷耳目」之際，梅蘭芳的下一步選擇了改搭「玉成班」赴上海演出。

〔註84〕許姬傳：〈梅蘭芳和譚鑫培第一次合演〉，《許姬傳七十年見聞》（北京：中華書局，1985年），頁148～149。

〔註85〕梅蘭芳：〈《譚鑫培唱腔集》序〉，《梅蘭芳戲劇散論》，收入於《梅蘭芳全集》第三卷，頁321～322。另參閱鄒元江：〈梅蘭芳對譚鑫培創造精神的繼承和超越〉，中央戲劇學院學報《戲劇》，2013年第5期（總第151期），頁13～26。

〔註86〕梅社：〈梅郎聲譽日起之原因〉，《梅蘭芳》，收入《民國京崑史料叢書》第五輯（北京：學苑出版社，2009年），頁40。

二、上海行的觀念啟發

　　1913 年梅蘭芳首度應邀至上海演出，當時掛頭牌的是南北馳譽、著名汪派老生王鳳卿（1883～1956），這段經歷在傳記等資料中雖已被記載，但本論文另從報刊廣告和劇評等第一手資料予以印證更補充，筆者翻閱《申報》1913年 10 月 14 日第 9 版刊登的廣告介紹：

圖 3-6：梅蘭芳與王鳳卿演出廣告並列

　　《申報》廣告宣傳：「近年來環顧南北鬚生中，能得汪派一昧者僅王鳳卿一人而已，其聲調非但渾厚且善用鼻音，凝神靜聽與汪毫二無一。」以大篇幅介紹頭牌老生王鳳卿深得汪桂芬真傳精髓之餘，「既有鼎鼎大名之鬚生，安可無旗鼓相當之配角，又挽聘南北第一著名青衣兼花旦梅蘭芳同來」，以簡短數字「貌如子都、聲如鶴唳」描述初次離開北京搭班附王而來的二牌梅藝員，雖然梅蘭芳之宣傳詞不多，但從《申報》廣告的編排方式來看，兩人為並排雙掛，而根據筆者仔細翻閱當時報紙，具體查出戲碼，打炮戲碼為：《彩樓配》、《玉堂春》、《武家坡》青衣劇目，頭一天亮相表演便獲得注目，根據笠民〈話雨樓劇談：丹桂第一台觀梅蘭芳王鳳卿劇記〉劇評描述：

　　　繡幕一啟，《彩樓配》之佳劇出現，珊珊秀骨，弱不勝衣，娜娜婷婷，
　　　幾疑仙子；其珠喉之嘹亮，則若天空鶴唳，舉止之閒雅，則如空谷

幽蘭。至其表情優美，台步穩重，更令人有觀止之嘆。余謂梅郎則
明秀無雙。〔註87〕

以及著名劇評家蘇少卿（1890～1971）觀劇心得：

當時梅正在妙齡，儀態萬方，容光煥發，嗓子亦清和暢達。調子如
何，不能記憶，新腔則斷然無有，但記劇中末句碎步慢轉，鄭重靜
淑，儼然千金之體，好看煞人。末句唱調面，響入雲衢，滿堂喝采，
餘音嫋嫋，就此紅矣。〔註88〕

透過這兩則劇評的並觀，俱見彼時妙齡二十歲的梅蘭芳嬌柔清麗、娉婷
動人，好比李白〈經離亂後天恩流夜郎憶舊遊書懷贈江夏韋太守良宰〉詩句
「清水出芙蓉，天然去雕飾」意境，舉手投足秀雅穩重、珊珊玉立，筆者翻閱
北京《順天時報》更見〈蘭芳本紀〉一文這樣形容：「我雖見梅蘭芳《彩樓配》，
暫不論《彩樓配》，先論其人，其人美人也。」〔註89〕且其嗓音高亢清透、嘹
亮響堂，唱腔上守規執矩未現新腔之外，面部表情優美、臺步儀態穩重，對
比長期為梅蘭芳操琴之「胡琴聖手」徐蘭沅回顧所言：「記得梅先生十三歲那
年，邊學戲、邊演戲，……當時觀眾對他的反映是臉死、身僵、唱腔笨，於是
有人說他將來無大出息。」〔註90〕「年幼時學戲以及初登臺實習，當時觀眾
中有些人反映他呆板、過份拘謹。」〔註91〕梅蘭芳已然去除登臺實習的生澀
粗糙，喊嗓練功發揮響入雲衢清亮通透，更一掃做表方面的臉上無戲表情僵
硬問題，而隔天演出的青衣重頭戲《玉堂春》，詳見《順天時報》〈「海上王梅
消息」，第一臺顧曲記〉：

梅蘭芳之丰韻，確可顛倒眾坐。飾蘇三披紅服，所謂嬌滴滴越顯紅
白者。而出場時之羞羞澀澀更覺楚楚動人，梅伶其生有媚骨者
耶。……唱句前半瀏亮圓活、黃鶯百轉不足喻其妙，後半聲更微而
調愈婉轉，直有一字一珠之慨，表情亦精細可喜，態度嫻雅，臺步
從容，卓然名家矣。〔註92〕

〔註87〕笠民：〈話雨樓劇談：丹桂第一台觀梅蘭芳王鳳卿劇記〉，《歌場新月》，1913
年第 1 期。

〔註88〕蘇少卿：〈憶梅〉，《戲劇月刊》，1928 年第 1 卷第 6 期。

〔註89〕小鳳：〈蘭芳本紀〉，《順天時報》，1913 年 11 月 11 日。

〔註90〕王長發、劉華：《梅蘭芳年譜》，收入於《梅蘭芳全集》第四卷，頁 266。

〔註91〕徐蘭沅：《操琴生活第三集》（北京：中國戲劇出版社，1998 年），頁 8。

〔註92〕〈「海上王梅消息」，第一臺顧曲記〉，《順天時報》，1913 年 11 月 11 日。

　　《玉堂春》的周折情味更勝於首日的《彩樓配》，必須表現主角蘇三層層幽恨深情堆疊的哀怨傷感、纏綿旖旎，而這段劇評清楚可見梅蘭芳身著紅罪衣裙，扮相極為秀麗足以顛倒臺下觀眾，行腔唸白聲聲婉轉、字字珠璣，手眼身法步準確到位盡展優美圓轉、舉手投足表情周到盡現細膩可愛，梅蘭芳回憶此趟演出經驗自言：「全靠著年富力強，有扮相、有嗓子、有底氣、不躲懶」，〔註93〕而更值得注意的是，梅蘭芳首次推出《穆柯寨》，排在大軸。筆者翻閱《申報》1913 年 11 月 16 日頭版廣告（圖 3-7），以及隔日第 12 版廣告（圖 3-8）：

圖 3-7：梅蘭芳與王鳳卿廣告　　　圖 3-8：梅蘭芳演出《穆柯寨》廣告

　　上海丹桂第一臺宣傳詞：「是劇為王梅二藝員最得意而不肯輕易演唱之好戲，王藝員飾楊六郎，唱句道白甚多，非常費力，況需唱做兼全之重戲，梅藝員演花旦，其美麗不言可知矣。今接而演真難得之機會，此戲南北能唱者甚少，故滬上從未有人演。」廣告上稱梅蘭芳為第一青衣，與王並列，雙掛頭牌，更在穆柯寨旁小字標上「煩演花旦」，而梅蘭芳之所以選擇推出《穆柯寨》——既非正工青衣戲、亦非與老生配搭的對兒戲，一方面仰賴依靠前輩王鳳卿提攜帶領，另一方面則彰顯「梅黨文人」之重要性——以齊如山、李釋戡、許姬傳、吳震修、馮幼偉等知識份子所組成的智囊團。《穆柯寨》是梅蘭芳學習的第一齣刀馬旦戲碼，同時期向王鳳卿學習的《槍挑穆天

〔註93〕《舞臺生活四十年》，《梅蘭芳全集》第一卷，頁 132。

王》，〔註94〕亦是以紮實武功作為表演的重點，就劇情而言，的確也相當適合青年梅蘭芳，《穆柯寨》重點敘述年輕天真的穆桂英陣前招親，面對楊宗保時的直爽乾脆，塑造的形象是武藝超群、英姿勃發，不僅以輕快甜美、活潑生動的京白驚艷全場，紮靠與小生楊宗保的會陣快槍和槍架武打，以及自己個人獨秀的「耍下場花」，因此曾親眼見過表演的馬少波便這樣認為：「穆桂英和楊宗保『會陣』、『提親』那兩場戲，梅先生演得活潑不流於輕浮，嫵媚不失於油滑。在整個的表演中，都這麼嚴格地掌握著分寸。」〔註95〕由北京著名青衣表演集花旦與刀馬於一身的穆桂英，從市場觀眾與壓臺票房雙面考量，反而成功跨越青衣花旦嚴格的規矩界線，這是初生之犢梅蘭芳的突破也是革新之舉，更是旦行的拓寬與融會。

三、梅黨文人協助編演

　　1914年梅蘭芳正式拜師青衣泰斗陳德霖學習京崑之外，〔註96〕博採眾長跟著胡二庚學習花旦戲，亦向茹萊卿學習武工戲，而後轉益多師又向路三寶、李壽山、錢金福、王瑤卿等名伶問藝請教，正如梅蘭芳自言：

> 我演戲的路子，還是繼承祖父傳統的方向。他是先從崑曲入手，後
> 學皮黃的青衣、花旦，在他的時代裡學戲的範圍要算寬的了。我是
> 由皮黃青衣入手，然後陸續學會崑曲裡的正旦、閨門旦、貼旦，皮
> 黃裡的刀馬旦、花旦，後來又演時裝、古裝戲。總括起來說，自從
> 出臺以後，就兼學旦角的各種部門。〔註97〕

　　由上述學戲歷程與早期演出劇目而言，梅蘭芳一方面由純粹正工青衣戲展開磨練，花旦刀馬兼學並納，亦學習蹺工，精鍊旦角各部門的唱唸做打；另一方面承襲祖父梅巧玲家法路數，陸續吸收崑曲之正旦、閨門旦與貼旦的唱法表演，正因為京崑本一家，京劇作為海納百川的多腔調劇種，而崑曲圓熟精緻表演中，極為講究謹嚴程式規範，京劇演員學習崑曲以打底奠基相輔相成，就此奠定梅蘭芳「文武崑亂不擋」基礎。然回溯放眼當時劇壇，梅蘭

〔註94〕《舞臺生活四十年》，《梅蘭芳全集》第一卷，頁141。

〔註95〕馬少波：〈看梅蘭芳的「穆柯寨」、周信芳的「掃松下書」隨感〉，《戲劇報》，
　　　　1955年第5期，頁32。

〔註96〕謝思進、孫利華編著：《梅蘭芳藝術年譜》（北京：文化藝術出版社，2009年），
　　　　頁33。

〔註97〕《舞臺生活四十年》，《梅蘭芳全集》第一卷，頁35。

芳與王蕙芳（1891～1954）、朱幼芬（1892～1933）同為北京青衣後起之秀，甚至還有這樣的聲音，評論家認為梅蘭芳「扮相不比朱幼芬、王蕙芬強」，〔註98〕而王蕙芳不僅與梅蘭芳同拜吳菱仙啟蒙青衣、日後還同拜陳德霖為師，兩人號稱「蘭蕙齊芳」一時瑜亮不相上下之外，尚有來勢洶洶文人力捧的朱幼芬，北京劇評家辻聽花的戲曲專欄如是描述：「北京有朱黨梅黨之組織，據壘樹幟互競優劣。」〔註99〕羅癭公之《菊部叢談》亦論及評劇捧角之風漸開：「朱梅兩派互相攻擊，蘭芳名日益顯，及赴上海歸來，名乃成立矣」。〔註100〕筆者檢視 1915 年 1 月 21 日《順天時報》第四千號紀念專刊登載的「菊選奪魁名伶一覽表」：

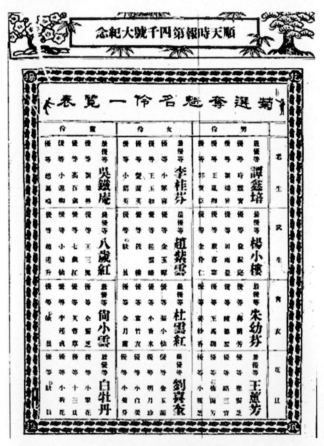

圖 3-9：《順天時報》「菊選奪魁名伶一覽表」

〔註98〕味蒓：〈憶畹華兼勗玉霜〉，《戲劇月刊》第 1 卷第 6 期。

〔註99〕聽花：〈壁上偶談〉，《順天時報》，1914 年 1 月 15 日。

〔註100〕〔清〕羅癭公：《菊部叢談》，收入張次溪編纂：《清代燕都梨園史料》，頁781。

「菊選奪魁名伶一覽表」分為老生、武生、青衣、花旦四類別，以及男伶、女伶、童伶三項，「青衣」之「男伶」最優等至優等排序為朱幼芬、梅蘭芳、陳德霖、王瑤卿、姜妙香，「花旦」之「男伶」排序為：王蕙芳、崔靈芝、路三寶、梅蘭芳、小靈芝，梅蘭芳列青衣第二與花旦第四，尚輸給朱幼芬與王蕙芳。但因兩勁敵朱幼芬與王蕙芳，一則「煙霞成癖，每次出演以敷衍塞責了事」，一則「因桃色案不能在北平立足」，〔註101〕名士羅癭公甚至給予王氏這樣的評價：「放蕩不用功」，〔註102〕兩人聲勢漸難與蘭芳爭衡，而梅蘭芳尤其在「梅黨文人」的協助研商之下嘗試編演新戲，創作型態清晰鮮明，一步一步走出自己的道路，對照梅蘭芳所言：

> 我排新戲的步驟，向來先由幾位愛好戲劇的外界朋友，隨時留意把比較有點意義，可以編製劇本的材料收集好了，再由一位擔任起草，分場打提綱，先大略地寫了出來，然後大家再來共同商討。
> 〔註103〕

無論在傳統戲的改造，更重要的是新戲的編創方面，均採取以梅蘭芳為核心之群策群力「集體編制」的方式，其中又以提出「有聲必歌，無動不舞」〔註104〕之齊如山（1877～1962）扮演極為重要且不可或缺的腳色，梅、齊兩人自1911年結識，齊如山觀賞了梅蘭芳與譚鑫培合演之《汾河灣》，秉筆直書提供身段表演的建議，每看一戲便致一信，長達兩年時間，直至1914年正式見面而展開編演關係。對於京崑洞悉透徹的齊如山，其貢獻不僅《中國京劇史》所敘述的：「突破了以往京劇論述以演員評述及梨園掌故為主的老框子，把著眼點轉移到京劇本體上來，把京劇的內部組織作為一個專題進行研究」〔註105〕，對於京劇的觀念態度，深刻影響了梅派新戲的整體呈現，在下章「古裝新戲」討論中將予以詳細分析。

〔註101〕金郎：〈梅蘭芳當年兩勁敵：朱幼芬與王蕙芳〉，《新上海》，1946年第29期；高遜吾：〈記朱幼芬〉，《半月戲劇》，1948年第6卷第8期。
〔註102〕羅癭公：〈菊部雜談〉，《國聞週報》，1924年第1卷第17期。
〔註103〕《舞臺生活四十年》，《梅蘭芳全集》第一卷，頁252～253。
〔註104〕齊如山：〈國劇的原則〉，《齊如山全集》（臺北：聯經事業股份有限公司，2016年），頁1464。
〔註105〕馬少波等主編，北京市藝術研究所、上海藝術研究所組織編著：《中國京劇史》，中卷，頁757～758。

第三節　梅蘭芳對於戲曲改良運動之省思：排演時裝新戲

在梅蘭芳《舞臺生活四十年》「怎樣排新戲」的章節中，開門見山提及這樣的前因後果：「我初次由滬返京以後，開始有了排新戲的企圖。」〔註 106〕1913 首赴上海嶄露頭角之後，於 1914 年展開第一齣「時裝新戲」——身穿時裝演出現代時事題材的嘗試，隔年首創先例，同步開拓搬演「古裝新戲」——有別於傳統京劇旦行頭面服裝扮相，而是新髮式與新服飾，相對於傳統「大頭」並著改良古代仕女服飾。同時期兩種新戲不僅風格大相逕庭，亦有別於傳統京劇的劇目類型：

表 3-1：梅蘭芳時裝新戲與古裝新戲演出劇目

時裝新戲	年　代	古裝新戲
《孽海波瀾》	1914	
《宦海潮》、《鄧霞姑》、《一縷麻》	1915	《嫦娥奔月》
	1916	《黛玉葬花》、《千金一笑》
	1917	《天女散花》
《童女斬蛇》	1918	

以下分由「時裝新戲」與「古裝新戲」展開討論之前，必須檢視清末民初過渡嬗變時期，中國知識份子受到西方文化思潮啟蒙，面對暨鴉片戰爭、甲午戰爭失敗，庚子拳亂禍患與八國聯軍長驅直入之內外交困衝擊，意識國家陷於危急存亡的緊要關頭，改良與守舊氣象交匯碰撞，維新與革命聲音此起彼伏，1902 年梁啟超（1873～1929）發表了〈論小說與群治之關係〉，首先登高一呼引發「戲曲改良運動」，〔註 107〕提出「小說有不可思議之力支配人

〔註 106〕《舞臺生活四十年》，《梅蘭芳全集》第一卷，頁 251。
〔註 107〕關於「戲曲改良運動」研究，參見李孝悌：《清末下層社會啟蒙運動：1901～1911》（石家莊：河北教育出版社，2001 年）。沈惠如：〈略論戲曲改良運動的理論與實踐〉，《德育學報》第 18 期（2002 年），頁 1～22。傅謹：《二十世紀中國戲劇的現代性與本土化》（臺北：國家出版社，2005 年），頁 169～197。王安祈：《為京劇表演體系發聲》（臺北：國家出版社，2006 年），頁 108～114。馬躍敏：《近代戲曲改良運動研究》（河南：河南大學中國現當代文學博士論文，2012 年）。

道」,「欲新一國之民,不可不先新一國一小說。故欲新道德必新小說,欲新宗教必新小說,欲新政治必新小說,欲新風俗必新小說,欲新學藝必新小說,乃至欲新人心,欲新人格,必新小說。」〔註108〕向既有傳統的文學觀「文以載道」、「詩以言志」提出挑戰,不僅撰寫文章強調小說具備改良群治功能,賦予移風易俗、經國濟世的神聖使命,更篤行實踐用力甚勤,創作以雜劇傳奇形式為主的劇作鼓吹革命,帶動有志之士紛紛提出具體的理論建言,或借報刊鼓吹,如 1904 年署名三愛的陳獨秀發表〈論戲曲〉,不僅讚揚戲園功能、推崇演員優伶:「戲園者,實普天下人之大學堂也;優伶者,實普天下人之大教師也」,〔註109〕捨棄「以演戲為賤業,不許與常人平等」的觀念,雖名為提高備受歧視的伶人群體地位,實從社會改良角度片面闡釋演員的價值,但不啻「對京劇藝人內部自身覺醒及職業尊嚴感建立產生相當正面影響」,〔註110〕此外明確提出戲曲改良的具體作法,包含「新編有益風化、於世道人心極有益」之戲、「採用西法:戲中有演說,最可長人見識,或演光學電學各種戲法,則又可練習格致之學」,禁演「神仙鬼怪、淫戲」與去除「富貴功名之俗套」,更大聲疾呼:「現今國事危急,內地風氣不開,慨時之士,遂創學校。然教人少而功緩。編小說,開報館,然不能開通不識字人,益意罕矣。惟戲曲改良,則可感動全社會,雖聾得見,雖盲可聞,誠改良社會之不二法門也。」〔註111〕宣揚戲曲為改良社會的不二法門、開啟民智的啟蒙利器,相較於辦學教育普遍且收立即成效,較小說報刊更易傳播且無遠弗屆,不過梁啟超、陳獨秀等人的相繼宣導,「其意不在於戲劇,而在於戲劇之作為社會改良之工具的價值」,〔註112〕多從革舊圖強角度論述戲劇的社會功能,但此時期的維新思想深刻影響整體文化氛圍與戲曲界,隨之而起包含潘月樵與夏氏兄弟(夏月珊、夏月潤)「新舞臺」、歐陽予倩「春柳社」、北京伶界汪笑儂等表演藝術家躬身力行,陳去病與汪笑儂更合力創辦第一份戲劇雜誌《二十世紀

〔註108〕梁啟超:〈論小說與群治之關係〉,收入於阿英編:《晚清文學叢鈔:小說戲曲研究卷》(臺北:新文豐出版公司,1989 年),頁 14。

〔註109〕三愛:〈論戲曲〉,收入於阿英編:《晚清文學叢鈔:小說戲曲研究卷》,頁52。

〔註110〕王安祈:《為京劇表演體系發聲》,頁 64。

〔註111〕三愛:〈論戲曲〉,收入於阿英編:《晚清文學叢鈔:小說戲曲研究卷》,頁55。

〔註112〕傅謹:〈二十世紀初中國戲劇觀念的演變及其實踐〉,《戲曲史論新得》(臺北:國家出版社,2014 年),頁 92。

大舞臺》,「以改革惡俗、開通民智、提倡民族主義喚起國家思想為唯一之目的」,〔註113〕發表文章與登載劇本無不具有現實針對性,而甫走紅的梅蘭芳面對如此政治巨變與文化碰擊,所推出的「時裝新戲」亦與此時代背景具有一定的相關與連結。

一、時裝新戲之嘗試

梅蘭芳之「時裝新戲」可說是傳統京劇與現代戲劇的碰撞與交融,現代戲劇從話劇開展,形式上是文明戲、內容上為時事劇,而在此之前,劇壇是京劇與梆子兩下鍋,屬於京梆劇種的競爭。〔註114〕因此梅蘭芳在歷經京梆合演,又能在現代戲劇的起步氛圍下勇於試演,〔註115〕1913年隨王鳳卿滬上演出可謂是重要轉捩點,梅蘭芳除了登上有別於北京舊式茶園的半圓形舞臺,親自感受到新型戲院的寬敞明亮之外,〔註116〕也有機會接觸「髦兒戲」,〔註117〕更觀賞其他形式的表演,梅蘭芳回憶錄這段文字清楚紀錄著所見所聞:

> 有些戲館用諷世警俗的新戲來表演時事,開化民智。這裡面在形式上有兩種不同的性質。一種是夏氏兄弟(月潤、月珊)經營的新舞臺,演出的是《黑籍冤魂》、《新茶花》、《黑奴籲天錄》這一類的戲,還保留著京劇的場面,照樣有胡琴伴奏著唱的,不過服裝扮相上,是有了現代化的趨勢了。一種是歐陽先生(予倩)參加的春柳社,是借謀得利劇場上演的。如《茶花女》、《不如歸》、《陳二奶奶》這一類純粹話劇化的新戲,就不用京劇的場面了。這些戲館我都去

〔註113〕〈二十世紀大舞臺叢報招股啟並簡章〉,《二十世紀大舞臺》第1期(1904年)。

〔註114〕關於「文明新戲」與新興話劇的萌芽發展,參見陳白塵、董健主編:《中國現代戲劇史稿》(北京:中國戲劇出版社,2008年二版),頁1~137。

〔註115〕吳新苗提出北方戲曲改良歷經三階段,分別為:「第一階段1906至1907年,田際雲、崔靈芝編演改良新戲帶動了第一波改良浪潮;第二階段1910至1911年,話劇創始人之一的王鐘聲北上,在京津地區掀起了一股新劇思潮,感染影響到戲曲界,從而推動了戲曲界的改良運動;第三個階段即1913年梅蘭芳赴上海演出,目睹上海新舞臺的改良京劇和時裝京劇,心有所觸,回京後著手進行的京劇改良活動。」詳見吳新苗:〈清末民初北方地區戲曲改良活動考述(一)〉,《戲曲藝術》第3期(2011年8月),頁35。

〔註116〕《舞臺生活四十年》,《梅蘭芳全集》第一卷,頁132。

〔註117〕《舞臺生活四十年》,《梅蘭芳全集》第一卷,頁144。

過，劇情的內容固然很有意義，演出的手法上，也是相當現實化。
我看完以後留下了很深的印象。不久，我就在北京跟著排這一路醒
世的新戲，著實轟動過一個時期。我不否認，多少是受到這次在上
海觀摩他們的影響的。〔註118〕

　　梅蘭芳體會感受上海炫目氛圍之餘，不僅欣賞了新舞臺夏氏兄弟演出的
時裝京劇《黑籍冤魂》、《新茶花》、《黑奴籲天錄》，〔註119〕該系列新劇別創新
意改穿時裝，但又保留京劇傳統音樂場面，以《黑籍冤魂》為例，由夏月珊扮
演劇中主角，描述吸食鴉片導致家破人亡，以深刻諷刺當下現況時事作為劇
情主軸；另一方面，到謀得利劇場觀看歐陽予倩的「春柳社」話劇新戲，如
《茶花女》、《不如歸》、《陳二奶奶》，「時裝京劇」與「話劇新戲」方興未艾，
共通性在於劇情寓意諷諭性與嘲弄性，這兩種與傳統京劇截然不同的表演形
式，給予梅蘭芳不小的刺激：

　　覺得我們唱的老戲，都是取材於古代的史實。雖然有些戲的內容是
有教育意義的，觀眾看了，也能多少起一點作用。可是，如果直接
採取現代的時事，編成新劇，看的人豈不更親切有味？收效或許比
老戲更大。〔註120〕

　　因此當梅蘭芳反觀自己搬演的傳統戲曲，遂產生與時代接軌的「新思
潮」，認為「戲劇前途的趨勢是跟著觀眾的需要和時代而改變的」，〔註121〕且
根據日後在「舞臺生活五十年紀念會」上的發言：「清末民初的時候，戲劇的
社會教育作用逐漸明確，話劇已經開始活躍起來，在北京我看到了王鐘聲先
生的話劇，在上海又看到了春柳社的話劇，得到了很大的啟發，我感到了演
員對社會的責任。」〔註122〕王鐘聲（1880～1911）乃是以話劇作為革命宣傳
的重要人物之一，梅蘭芳曾觀看過由其主演的《禽海石》、《愛國血》、《血手
印》等新戲，更直言「我以後排演時裝戲就是受他們的影響，其中《宦海潮》

〔註118〕《舞臺生活四十年》，《梅蘭芳全集》第一卷，頁186。
〔註119〕鍾欣志：《走向現代：晚清中國劇場新變》（臺北：國立臺北藝術大學戲劇所
　　　　博士論文，2012年），頁209～230。李孝悌：〈中國近代大眾文化中的娛樂
　　　　與啟蒙──以改良戲曲為例〉，收入陳平原、王德威、商偉編：《晚明與晚清：
　　　　歷史傳承與文化創新》（武漢：湖北教育出版社，2001年），頁208。
〔註120〕《舞臺生活四十年》，《梅蘭芳全集》第一卷，頁210。
〔註121〕《舞臺生活四十年》，《梅蘭芳全集》第一卷，頁251。
〔註122〕梅蘭芳：〈為著人民，為著祖國美好的未來，貢獻出我們的一切〉，《梅蘭芳
　　　　戲劇散論》，收入於《梅蘭芳全集》第三卷，頁7。

那齣戲還是根據鐘聲演的新戲改編為京劇的。」〔註123〕以傳統京劇正工青衣
嶄露頭角的梅蘭芳，出於身為戲曲演員的社會責任，體認戲曲賦予的社會價
值，藉由「以時事為體」積極附和戲曲改良的風潮，正如王安祈所指出的：
「時裝新戲的編演可以視為梅蘭芳面對東西文化衝擊時採取的主動回應，而
時裝新戲在京劇本身的世代交替過程中，也象徵性的具有一席重要地位」，
〔註124〕便於1914年推出多齣有別於傳統京劇的新戲嘗試。

　　第一齣諷世警俗的時裝新戲《孽海波瀾》，選擇的即是《京話日報》刊載
之實事新聞：張傻子逼良為娼，經報社主編彭翼仲揭發惡狀引發公憤，官府
楊欽三審訊問明、定罪張傻子，並採彭翼仲建議成立濟良所，教導妓女自食
其力謀生技能，受到拐騙的妓女們也得以返家。在腳色的設定上，梅蘭芳扮
演的是受到婆婆哄騙、而被賣至妓院的孟素卿，〔註125〕歷經波折得與父親團
聚，全劇扮相俱是梳著長辮，服裝與因應劇情需要，分為三個時期：受到拐
賣時的貧農打扮、屈居妓院則身著華麗綢段、安身濟良所時身穿樸素竹布衫
褲，演出時身段動作全部寫實化。劇評家張謬子（張厚載）於1914年10月
於天樂園觀看兩日的演出，認為排演新戲是「梅伶舞臺生活初步之轉變」，覺
得「梅蘭芳與王蕙芳飾素卿、香雲，在濟良所做機器生活時，最為動人，二人
唱亦頗好，而梅蘭芳之一種溫婉態度，更令人傾倒不置。蓋此種人物，量合
蘭芳身份也，至與其老父相見時，唱作均沉痛可觀。」〔註126〕儘管梅蘭芳自
認警世意味濃厚的《孽海波瀾》是草創作品，各方條件不夠成熟，而仍受到
觀眾歡迎，他自己分析有兩點因素：

　　（一）新戲是拿當地的時事做背景，劇情曲折，觀眾容易明白。

　　（二）一般老觀眾聽慣我的老戲，忽然看我時裝打扮，耳目為之一
　　　　　新，多少帶有好奇的成分。〔註127〕

　　因此當時梅蘭芳搭雙慶社班子在吉祥戲院演出，老闆俞振庭知道打對臺
是丹桂茶園邀來「伶界大王」譚鑫培時，便端出「新戲老戲同時演雙齣」的噱

〔註123〕梅蘭芳：〈戲劇界參加辛亥革命的幾件事〉，《梅蘭芳戲劇散論》，收入於《梅
　　　　蘭芳全集》第三卷，頁212。
〔註124〕王安祈：《為京劇表演體系發聲》，頁67。
〔註125〕王蕙芳扮演妓女賈香雲，李敬山扮演張傻子，郝壽臣扮演楊欽三，王子石扮
　　　　演老鴇，陸杏林扮演趙蔭卿。
〔註126〕張聊公：〈梅蘭芳之孽海波瀾〉，《聽歌想影錄》，頁5～6。
〔註127〕《舞臺生活四十年》，《梅蘭芳全集》第一卷，頁213。

頭——將《孽海波瀾》拆開分天演出，每天在新戲裡加演老戲，諸如崑曲《思凡》、《鬧學》，京劇《樊江關》、二本《虹霓關》等，賣座結果便是吉祥贏了丹桂，〔註128〕也可見觀眾喜新厭舊、逐新獵奇的集體心態。

　　1914 年二赴上海之後，第二齣新戲《宦海潮》劇情描述郭盛恩、余天球、王如海三人為換帖拜把兄弟，郭盛恩偶見余天球妻子余霍氏貌美傾城，起心動念欲霸為己有，便設下調虎離山之計將余天球調職，余霍氏不得已最終憤而自盡，經王如海代為指控告狀，郭盛恩死刑定罪，反映的是「官場的陰謀險詐」，〔註129〕但《孽海波瀾》與《宦海潮》這兩齣在梅蘭芳看來，只是對於時裝新戲的「試演」。而另外一齣《鄧霞姑》的劇本由李壽峰、李壽山、李敬山先擬提綱，再由演員各依所長編寫臺詞，〔註130〕梅蘭芳扮演劇中主角鄧霞姑，鄧家有三千金：雲姑守寡、雪姑許配丁潤璧、霞姑尚未許人，因鄧父逝世無人作主，偏有舅舅鄭琦貪貧愛富嫌棄丁家，擅自作主欲將雪姑另許周士普，並計畫害死丁潤璧，幸有霞姑挺身而出掩護雪姑脫逃，並於眾人之面當庭歷數鄭琦謀產奪婚罪狀，最終嫁與周士普為妻，末場結尾處還營造了個「文明結婚」，根據張聊公的 1915 年 8 月 7 日在文明茶園觀看的心得：

> 至偽為抱病一種做作，想見西子捧心而顰之美態，及裝瘋時，忽而微笑，忽而斜睨，迷離恍惚，做得逼真。唱幾句宇宙峰（按，應為「鋒」字），雖調門不高，而曲盡其妙，唱至「搖搖擺擺」一句，楊柳腰枝，一唱一舞，娉娉婷婷，好看極矣。〔註131〕

　　在新戲當中刻意安排插入傳統京劇元素——《宇宙鋒》裝瘋的身段唱腔，其目的不外乎欲使觀眾看客覺得新奇。而梅蘭芳認為自己比較成熟的時裝新戲，則是源自包天笑（1876～1973）1909 年創作的同名短篇小說——《一縷麻》，〔註 132〕劇情為：林知府千金紉芬從小與錢道台兒子乃是指腹為婚，不料錢家兒子奇傻，林紉芬本欲毀婚但勉從父命，成親之後卻忽患嚴重

〔註128〕《舞臺生活四十年》，《梅蘭芳全集》第一卷，頁 214。
〔註129〕《舞臺生活四十年》，《梅蘭芳全集》第一卷，頁 265。
〔註130〕《舞臺生活四十年》，《梅蘭芳全集》第一卷，頁 268。本事見小說《周廷弼》，《京劇劇目辭典》，頁 1082。
〔註131〕張聊公：〈梅蘭芳之孽海波瀾〉，《聽歌想影錄》，頁 5～6。
〔註132〕小說結局為林紉芬守節以終。包天笑提及梅蘭芳改編時，還特地寫信取得他的同意，參見包天笑：〈編輯雜誌之始〉，《釧影樓回憶錄》（香港：大華出版社，1971 年），頁 361。

白喉傳染疾病，唯有錢傻子體貼備至、隨侍在側，最終錢傻子因此感染身亡，日漸康復之紉芬得知來龍去脈而自刎殉情。《一縷麻》不僅有齊如山加入編劇，梅蘭芳至天津演出時還改善了一樁原為悲劇的婚姻。其中比較特別的《牢獄鴛鴦》則有別於上述時裝新戲，而是「穿著老戲服裝的新戲」，引齊如山之《齊如山回憶錄》，乃是因為當時有鑑於自上海而來的林顰卿等戲班，以新戲如《白乳記》、《狸貓換太子》等戲風靡北京，梅蘭芳所搭俞振庭戲班票房大受影響，「蘭芳此時已知，不排新戲不能與人競爭」，〔註133〕題材根據吳震修所提供的筆記資料，劇情為梅蘭芳扮演的大家閨秀酈珊珂，〔註134〕某日與嫂嫂逛廟，見衛如玉一表人才傾心不已，但其父另許婚配於富家子弟吳賴，而酈家裁縫亦鍾情珊珂，於是在酈吳成親當日混入洞房，將新郎吳賴刺死、脅迫珊珂不成而逃走，珊珂一夕之間成為謀害親夫的兇手，衛如玉亦遭受牽連一同入獄，縣官不明就裡屈打成招將兩人判為死刑，經巡按重審逮捕嫌犯裁縫，主婚珊珂與如玉兩人成親。傳統戲曲多以「大團圓」作為劇情結尾，內含觀眾看戲期待的心理與人生觀，而當時的新編戲，內容也不出年輕男女歷經波折終成眷屬，因此梅蘭芳認為新戲既然無法跳脫如此熟套，便設想以既有故事為基底，「在曲折的劇情裡面，加些比較有意義的材料，或者還可能在側面起一點警惕的作用。這齣《牢獄鴛鴦》就是針對當時婚姻太不自由和官場的黑暗而發的。」〔註135〕整體而言「實際事件→京劇劇本」，根據當下情況尋題材加以創作編撰，又在時裝新戲搬演之中，加入傳統京劇的身段唱腔吸引觀眾注目。

二、時裝新戲之侷限

與上一齣「時裝新戲」間隔三年的時間，梅蘭芳再次編演、卻也是舞臺生活中對於此劇作類型的最後嘗試：1918年2月2日於吉祥園演出之《童女斬蛇》，〔註136〕劇情設定福建庸嶺出現一條大蛇，何仙姑傳言造謠稱為金龍

〔註133〕齊如山：〈齊如山回憶錄〉，《齊如山全集》，頁6122。
〔註134〕姜妙香扮演衛如玉，李敬山扮演吳賴，高四保扮演縣官，王鳳卿扮演巡按，路三寶扮演嫂子。
〔註135〕《舞臺生活四十年》，《梅蘭芳全集》第一卷，頁255。
〔註136〕參見北京通俗教育研究會編：《童女斬蛇》，收入張庚、黃菊盛主編《中國近代文學大系1840～1919‧戲劇集一》（上海：上海書局，1991年），頁804～834。

大王下凡，每年八月皆要獻上童女血祭庇佑地方，梅蘭芳所飾演的李寄娥挺身而出、智斬大蛇，破除迷信傳聞亦使何仙姑繩之以法。而在梅蘭芳關於「時裝新戲」的自傳回憶中，以此齣《童女斬蛇》的篇幅最多且詳盡，更將十三場次逐一介紹說明，這齣新戲的唱段並不多，但反而在票房上還贏過了鮮少露演的青衣唱工戲《祭塔》。〔註137〕根據筆者所翻閱找尋的兩則觀看劇評：

> 張聊公：「梅飾童女，著時裝，唱作悉佳，以一弱女子，必欲一觀金龍大王之究竟，果決勇敢之氣，演來逼肖，余以為此劇情節本簡單，然使蘭芳演之，卻能引人注目，苟以他伶飾童女，恐座客將不待終場而走矣。」〔註138〕

> 老蚓：「時梅正在妙齡，雙髻童妝，備覺鮮豔。」〔註139〕

劇評家不約而同提及梅蘭芳所扮飾的童女外在容貌形式之美，即使新戲劇本情節簡單，但梅蘭芳演來卻能吸引觀眾目光，若換以其他演員，座客必然不待戲畢便離場，雖然「時裝新戲」並未保留延續至今，但由此可看出：梅派重視表演以彌縫劇情，成為貫穿梅派之特色。綜觀一系列的時裝新戲內涵並對照梅蘭芳回憶領會：

> 時裝戲裡的少婦少女對我來說，已經不頂合適了。同時，我也感到京劇表現現代生活，由於內容與形式的矛盾，在藝術處理上受到侷限。拿我前後演出的五個時裝戲來說，雖然輿論不錯，能夠叫座，我們在這方面也摸索出一些經驗，但有些問題，卻沒有得到好好解決，首先是音樂與動作的矛盾。京劇的組織、腳色登場、穿扮誇張、長鬍子、厚底靴、勾臉譜、吊眉眼、貼片子、長水袖、寬大的服裝……一舉一動，都要跟著音樂節奏，做出舞蹈化身段，從規定的程式中表現劇中人的生活。時裝戲一切都縮小了，於是緩慢的唱腔就不好安排，很自然地變成話多唱少。一些成套的鑼鼓點、曲牌，使用起來也顯得生硬，甚至起「叫頭」的鑼鼓點都用不上，在大段對白進行中，有時也只能停止打擊樂。〔註140〕

〔註137〕《舞臺生活四十年》，《梅蘭芳全集》第一卷，頁550。
〔註138〕張聊公：〈記童女斬蛇〉，《聽歌想影錄》，頁135。
〔註139〕老蚓：〈記童女斬蛇〉，《立言畫刊》，1940年第118期，頁14。
〔註140〕《舞臺生活四十年》，《梅蘭芳全集》第一卷，頁561。

　　梅蘭芳深刻瞭解戲劇前途趨勢必須隨著觀眾審美與時俱進：由《孽海波瀾》大刀闊斧初試身手，接續《宦海潮》、《一縷麻》營造悲劇氣氛，《鄧霞姑》和 1918 年《童女斬蛇》雕琢喜劇收尾，這五齣雖贏得普遍叫座評價，建立觀眾追新尚奇的審美標準，如劇評亦點出《童女斬蛇》：「徒以在當日最新編演之戲，故觀者蝟集，於此可以見彼時社會對於新排戲曲之傾向」。〔註 141〕但這幾齣「時裝新戲」，現今幾近絕跡於舞臺之上，看似成為了珍貴保存的「文化遺產」，僅存的只有梅蘭芳《舞臺生活四十年》的回憶文字，以及少數幾篇劇評家親眼得見的觀劇心得，就這批劇目的內容與形式而言，不可諱言存在許多與傳統戲曲「抒情寫意」、「虛擬象徵」藝術特質扞格難入之處，梅蘭芳〈對京劇表演藝術的一點體會〉指出：「穿了時裝，手勢、臺步、表情、唸白完全不是京劇舞臺上固有的一套，而是按照現實生活表演，除了唱時有音樂伴奏，不唱時音樂就使用不上了。總的說，是完全脫離了原有的體系。因為京劇的表演方法是誇張放大的，它主要的特點是歌舞並重，如果表演現代的日常生活，不能不考慮採用新的表現形式。」〔註 142〕如音樂與身段的矛盾：「時裝新戲」的表演姿勢動作必須生活寫實化，使得演員習以為常的表演程式無法發揮，頗有英雄無用武之地；如音樂與念白的抵觸，演員無法自在運用獨特的唱腔氣口，貼切詮釋體現劇中人物，容易形成念多唱少的冷場空白問題，以上皆是由京劇表演體系獨特性所衍生與時裝新戲不相容之根本矛盾。即使「時裝新戲」的搬演藝術層面存在許多問題，醞釀嘗試的過程中或許梅蘭芳早知道這層隔閡，但正如日後回憶指出：「我不願意還是站在這個舊的圈子裡邊不動，再受它的拘束。我要走向新的道路上去尋求發展。我也知道這是一個大膽的嘗試，可是我已經下了決心放手去做，它的成功與失敗，就都不成為我那時腦子裡所要考慮的問題了。」〔註 143〕因此不可否認的，這幾齣新戲隱含著梅蘭芳對於「戲曲改良運動」的思維態度，面對整體社會脈動、新舊文化衝突的回應，自發跨越另一路徑的試驗，對於其社會形象絕對具有正面意義。〔註 144〕

〔註 141〕張聊公：〈記童女斬蛇〉，《聽歌想影錄》，頁 135。
〔註 142〕梅蘭芳：〈對京劇表演藝術的一點體會〉，《戲劇報》，1955 年第 1 期，轉引自翁思再主編：《京劇叢談百年錄》增訂本（北京：中華書局，2011 年），頁 402。
〔註 143〕《舞臺生活四十年》，《梅蘭芳全集》第一卷，頁 251。
〔註 144〕王安祈：《性別、政治與京劇表演文化》，頁 24。

第四節　尚小雲與荀慧生之崛起

　　在梅蘭芳漸脫輔助烘托配角地位而聲名鵲起
的同時，尚小雲和荀慧生則同樣學藝於北京「三
樂科班」（日後更名改為「正樂社」），兩人與趙桐
珊（1901～1966，藝名芙蓉草）算是科班成員的
佼佼者，〔註145〕同為「正樂三傑」，此科班最大
特點：「既教梆子又教皮黃」〔註146〕，筆者翻閱
北京《順天時報》發現一張1914年12月25日北
京各大戲園演出戲單（圖3-10）。

　　「天樂園」大軸為譚鑫培《天雷報》，「文明
園」為俞振庭《鐵籠山》，而「慶樂園」則是尚小
雲傳統青衣唱工戲《一口劍》（即《宇宙鋒》），白
牡丹（彼時荀慧生以「白牡丹」為藝名）〔註147〕
演出開鑼戲《鋸大缸》則為花旦玩笑小戲，秦腔
京劇均有此劇目，演出多帶開打，〔註148〕以尚荀
兩人演出順序與劇目而言，可見尚小雲一躍而居
大軸地位，1914年經北京《國華報》選舉榮膺
「童伶博士」頭銜之外，〔註149〕且承上1915年
《順天時報》第四千號紀念專刊登載的「菊選奪
魁名伶一覽表」（圖3-11）。

　　尚荀兩人發展殊異各有特色，以下便分從尚
小雲傳統青衣、荀慧生花旦發展論述其崛起準備
過程。

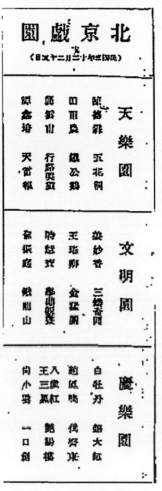

圖3-10：《順天時報》
1914年12月25日
北京戲園戲單

〔註145〕徐味蓴指出：「秋舫（小雲字）、慧生以及劉鳳奎、王三黑等，均為正樂科班
　　　　之佼佼者。」徐味蓴：〈望雲樓劇譚〉，《戲劇月刊》第1卷第8期。
〔註146〕譚志湘：《荀慧生傳》（石家莊：河北教育出版社，1996年），頁64。
〔註147〕因其性情溫柔、為人敦厚、長相俊秀、皮膚白晰與此稱呼名符其實，張偉君：
　　　　〈荀慧生傳略〉，《京劇談往錄》（北京：北京出版社，1985年），頁298。
〔註148〕關於《鋸大缸》考察，參見王安祈：《崑劇論集──全本與折子》（臺北：大
　　　　安出版社，2012年），頁79～88。
〔註149〕一得軒主：〈現代名伶小史──尚小雲〉，《立言畫刊》，1940年第68期。

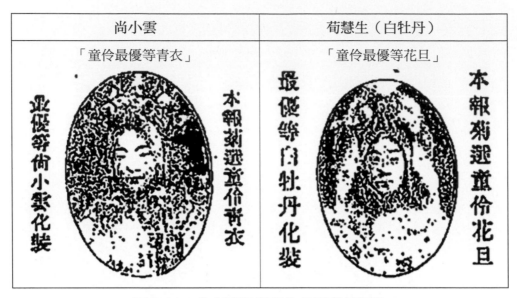

尚小雲	荀慧生（白牡丹）
「童伶最優等青衣」	「童伶最優等花旦」

圖 3-11：尚小雲與荀慧生菊選奪魁照片

一、京劇青衣：尚小雲鐵嗓剛喉唱腔特質

　　尚小雲（1900～1976）原名德泉，最初字秋舫，後用綺霞或綺俠，〔註150〕一開始藝名為「三錫」，進入科班先學武生、曾改花臉，後因面貌姣好如出天授，更重要的是又具好嗓條件改歸青衣，師從名旦孫怡雲，二次更名為「小雲」，正因為天賦歌喉，擁有一條相當適合傳統青衣直腔直調的好嗓子，彼時名氣早已略勝同科班的荀慧生，《申報》劇談署名柳遺〈東籬軒雜綴〉，更這樣認為：「尚小雲之青衫，能為後起中不可多得之人材。李五，李蓮英之乾兒子以十餘萬金經營正樂社科班，僅僅造就了一個尚小雲。」〔註151〕對比荀慧生「吃低不吃高」嗓音特色，〔註152〕那麼尚小雲可說是「走高不走低」，在出科之前便已嶄露頭角，尤其被「後三鼎甲」之一孫菊仙〔註153〕遴選為配角，尚小雲回憶這段配搭的往事也說：「論輩份，要長我們長輩；論聲望，我們是初出茅廬，差得遠，他要我跟他配旦角，完全是認為孺子可教，存心提攜的

〔註150〕聽寒外史：〈記尚小雲學藝到成功〉，《立言畫刊》，1945 年第 336 期。
〔註151〕柳遺：〈東籬軒雜綴〉，《申報》，1919 年 9 月 13 日第 14 版。
〔註152〕吳小如：〈試論荀派〉，《吳小如戲曲文錄》（北京：北京大學出版社，1995 年），頁 504。
〔註153〕孫菊仙晚年自稱平生「三不主義」：「不留聲、不照戲像、不傳弟子」，因此並無唱片流傳，故以傳人時慧寶（1881～1943）唱片以資參考。參見吳小如：〈京劇老生流派綜說〉，《吳小如戲曲文錄》，頁 216。

意思。」〔註154〕老生名宿孫菊仙雖是票友出身，嗓子條件極佳，力足充沛、慷慨激昂、豪邁縱橫，有這樣的形容：「彼之喉嚨，得天獨厚，實大聲宏，吞吐有力，放之若長江大河，有時收束成鬼腔，能與胡琴弦音吻合無間，確極悅耳。」〔註155〕尚小雲之所以成為孫菊仙引為臂助的襯托旦角演員，嗓音絕不可能是低暗窄啞，以1914年張鎮芳堂會演出為例證，孫菊仙以《行善得子》（《硃砂痣》）為大軸，尚小雲「初不料其繡簾啟處，即能博得彩聲雷動也，迨終場竟能珠聯璧合、相得益彰。」〔註156〕兩人合作得到出乎意外地絕佳評價，孫菊仙主動提出再攜手合作《三娘教子》、《戰蒲關》、《法門寺》、《審頭刺湯》等合演四天。而筆者進一步翻閱1915年北京《順天時報》則見辻聽花兩篇觀賞劇評：「尚小雲所演之《二度梅》，其扮相清雅可愛，嗓音亦清越如水。」〔註157〕「尚小雲之《硃砂痣》」：「小雲扮相清雅可愛，其態度亦極端莊，而霓裳一曲吐音清脆，抑揚盡致，頗有遏雲之妙。」〔註158〕無論是青衣唱工戲《二度梅》或配搭的《硃砂痣》，均著眼描述尚小雲嗓音清越悠揚、高勁圓亮特質，由此進一步析論其早期唱工特色，藉由《菊部叢刊》所收燕山小隱〈近世伶工事略〉之描述：

> 斯時嗓音已極圓潤，板槽亦甚穩妥。其於唱，致力甚勤，每上場，無論何戲，到底絲毫不懈，惟作工略嫌板滯耳。高月霞以名不及小雲，肆力用功，幾至吐血，高之志固可嘉，而小雲之勤更可見矣。民國四年，正樂社停閉，各弟子亦遂星散。小雲為陳德霖所讚許，得其指授一切，藝更大進。於青衣之戲，靡所不能，獨於《葬花》、《奔月》等戲，則尚未趨時尚，譽之者稱為梅蘭芳第二，未免過當。〔註159〕

正樂科班時期的尚小雲嗓音寬亮圓潤，先天稟賦獨厚與後天鍥而不捨，以調高腔險的「二祭」《別宮祭江》、《祭塔》以及《玉堂春》、《四郎探母》等

〔註154〕許姬傳、許國杭：《中國四大名旦》（河北：河北人民出版社，1990年），頁368。
〔註155〕蠱翁：〈梨園話舊：孫菊仙之不拘繩墨〉，《立言畫刊》，1941年第133期。
〔註156〕棘公：〈尚小雲別傳〉，《戲劇月刊》第1卷第8期。
〔註157〕辻聽花：〈廣德樓顧曲記〉，《順天時報》，1915年3月18日。
〔註158〕辻聽花：《順天時報》，1915年4月2日。
〔註159〕燕山小隱：〈近世伶工事略〉，《菊部叢刊》（臺北：傳記文學出版社，1974年），頁18。

傳統唱工戲突出馳名，〔註160〕對比之下，同科班演員高月霞因默默無聞，苦心練嗓卻力不從心傷身嘔血，不過尚小雲擅以磅礴充沛、神足氣宏的唱工轟動眾聽，而「抱肚子死唱」的表現方式，正如引文中所言「板滯」生硬，可以想見一舉一動合乎青衣身份，絕無逸出常軌之動作，對於做工身段表情較不注重，走的是傳統青衣的路線，除了曾經獲得孫怡雲頗多校正，包含身段做派及腔音瑕疵處之外，離開正樂社的尚小雲，蒙受老夫子陳德霖青睞指導更加有所進步，同樣身為陳德霖弟子的梅尚兩人，觀眾甚至爭譽尚小雲為「梅蘭芳第二」，但亦可見梅蘭芳的《葬花》、《奔月》葬花奔月被視為時尚，尚小雲此時還沒新編戲，所以本文稱呼為「梅蘭芳第二」未免過譽。筆者翻閱《申報》見尚小雲 1917 年赴上海演出廣告，1917 年 1 月 26 日第 15 版（圖 3-12）。

圖 3-12：尚小雲天蟾舞臺廣告

圖 3-13：尚小雲演出廣告

〔註160〕尚長榮：〈前言〉，《京劇大師尚小雲老唱片全集》，頁 6～7。

天蟾舞臺如是宣傳：「尚藝員娟秀正工青衣，年才弱冠，容貌可人，身材俊雅，腔調則字字珠璣，舉止則式式金玉溫文爾雅，北京稱為梅蘭芳第二，實有過無不及。」亦見上海劇壇用「梅蘭芳第二」來形容綺年玉貌、暢朗嗓音的尚小雲，但日後梅、尚兩派卻有著明顯差異風格；另外一份《申報》廣告，1917 年 2 月 2 日第 16 版（圖 3-13）。

透過廣告精心講究的字形位置與排列組合，更清楚看出：演員名字除了有字體大小粗細之別，還有依照頭牌、二牌地位依次分別「躺著」——以粗體字橫排、「坐著」——排成方格狀、「站著」——名字直立的呈現方式，〔註 161〕該則廣告可見頭牌主要演員為以猛悍矯健武功著名之武生演員何月山（生卒年不詳），〔註 162〕亦可清楚看出彼時尚小雲的名氣聲望直逼海派名家趙君玉（1894～1940），趙天資聰敏、扮相秀麗，在譚鑫培、夏月珊、馮子和、梅蘭芳、歐陽予倩等名家指導影響之下，成為南派旦行演員中之代表人物，〔註 163〕除此之外更勝於「孫派」老生時慧寶（1881～1943）。〔註 164〕而該年北京《順天時報》辻聽花主辦菊選投票，本意為選出接替「伶界大王」譚鑫培的地位，正於妙齡的尚小雲以高達十五萬多票榮登童伶首選第一人，獲得「童伶大王」美譽，彼時「劇界大王」為梅蘭芳、「坤伶大王」為劉喜奎，能與梅、劉二人同列其榜，後起之秀尚小雲正是以唱工出類拔萃、驚艷菊壇。

二、梆子花旦：「白牡丹」荀慧生由梆子轉入京劇

荀慧生名秉彝、字慧聲，別號「小留香館主人」，初踏入梨園，先是進入天津義順和梆子班跟隨龐啟發學習花旦，1910 年進京與龐啟發的師傅「老十三旦」侯俊山習藝，開啟以藝名「白牡丹」的時代，1912 年荀慧生進入北京「三樂科班」，從此時期便開始接觸京劇，早期「京梆夾演」如：《梵王宮》、

〔註 161〕翁偶虹：《翁偶虹編劇生涯》（北京：同心出版社，2008 年），頁 220。

〔註 162〕何月山（生卒年不詳），約於清光緒年間成名，演戲多用真刀真槍，以《鐵公雞》《金錢豹》等戲一鳴驚人，從此久居上海，出演於大舞臺、亦舞臺等戲園。參見吳同賓、周亞勳編：《京劇知識詞典》增訂版（天津：天津人民出版社，2007 年），頁 270。

〔註 163〕趙君玉（1894～1940），初學花臉，藝名大大奎官，改習小生、武生後，始名君玉。長期為馮子和配演，對其唱唸做工具有較深的研究體會，參見吳同賓、周亞勳編：《京劇知識詞典》增訂版，頁 319。

〔註 164〕時慧寶（1881～1943），名旦時小福之子為孫（菊仙）派老生傳人，與汪（桂芬）派鬚生王鳳卿、譚（鑫培）派鬚生余叔岩在清末民初有「青年老生三傑」之稱。參見吳同賓、周亞勳編：《京劇知識詞典》增訂版，頁 283。

《丑表功》、《小上廟》、《打杠子》、《賣絨花》、《大登殿》、《採花》、《碰磞》、《董家山》、《辛安驛》、《蝴蝶盃》、《翠屏山》、《鋸大缸》、《鐵弓緣》、《母女會》、《賣胭脂》、《送麵》、《搧墳》、《殺狗》等，〔註 165〕多為梆子與京劇花旦劇目，表演講究風姿綽約、身段要求繁複靈活，筆者翻閱 1914 年《順天時報》所載〈白牡丹之紫霞宮〉：

> 秦腔花旦與二黃花旦不同，梆子花衫除唱做兼優外，必須武功擅長，否則難臻絕頂，如紅梅閣、蝴蝶盃、佘塘關、紫霞宮諸劇，身體既需輕捷、腰腿尤需靈活，故侯俊山賈碧雲表演之最能討好也。白牡丹在今日雛伶秦腔花衫中為絕無僅有人材，演唱上述各齣均能得於圓滿。〔註 166〕

該文評論「白牡丹」荀慧生乃是繼師祖侯俊山與演員賈碧雲之後，為秦腔花衫界極為難得的人材，正如荀慧生日後回憶早期經常搬演的《紫霞宮》，其中死而復生的表演帶有「搧胳膊」、「搧腿」的動作，「隨著扇子的搧動，演員要直挺挺地活動胳膊、腿，整個身子也要筆直地慢慢向上起，活人要裝出僵硬的死人樣子，是不容易的。」〔註 167〕高難度模擬身體僵硬化的表演技巧，方能提供觀眾近乎真實的感官體驗，除此之外，這段劇評也指出了梆子與京劇劇種對於花旦的不同要求，荀慧生自言：「梆子和京劇比較起來，更加重視『翎子功』、『扇子功』、『帽翅功』，特別是對於旦角行當的『蹻功』，在技術和技巧方面的要求，更是嚴格得多，也苛刻得多。」〔註 168〕因此「蹻功」——乾旦扎腳踩蹺模仿女性的步履和型態，多穿著大彩褲將雙腿遮住，只露出三寸金蓮的小腳，由於在蹻跟上釘上銅箍，在行動間減少腳底與舞臺地毯的摩擦，走起路來就可以讓身段更加婀娜多姿，〔註 169〕作為梆子

〔註 165〕素聲：〈荀詞〉，《戲劇月刊》，1931 年第 3 卷第 8 期。

〔註 166〕隱俠：〈白牡丹之紫霞宮〉，《順天時報》，1914 年 12 月 6 日。

〔註 167〕荀慧生：《荀慧生演劇散論》（上海：文藝出版社，1980 年），頁 121。

〔註 168〕荀慧生：〈練功雜憶——論蹻功〉，《荀慧生演劇散論》，頁 318～319。小翠花亦言：「學習打『把子』、練習『蹻功』、眼睛的活動和手指頭的活動等等為梆子花旦必須具備的基本技術。」參見小翠花口述，柳以真整理：《京劇花旦表演藝術》（北京：北京出版社，1962 年），頁 145。

〔註 169〕參見吳同賓、周亞勛編：《京劇知識詞典》增訂版，頁 227。荀慧生自言：「鍛鍊腳底下的根基，使演員的身段好看。因為一踩蹺，全身的重心就都集中到足尖和腳掌上，為保持身體的平衡，腿肚子就必須往回收，全身的肌肉往上提，走起路來婀娜多姿，就不會把身體攤下來，自然是挺胸、收臀、吸肚子，

旦行的必修項目，無論劇中主角時代背景，例如《貴妃醉酒》唐朝楊玉環、
《大登殿》代戰公主，〔註170〕以及《玉堂春》均踩蹺演出，〔註171〕而「蹺
功」亦是京劇花旦、刀馬旦、武旦三行當的基礎根柢，「蹺」自然並非荀慧生
所創，溯源自清乾隆年間名動京師的秦腔旦角魏長生（1744～1802），在蕊珠
舊史所著《夢華瑣簿》：「聞老輩言：歌樓梳水頭、踹高蹺二事，皆魏三作俑，
前此無之，故一登場，觀者嘆為得未曾有，傾倒一時。」〔註172〕魏長生利用
假髮髻與梳水頭增美扮相，綁小腳與踹高蹺描摩身段，由他獨創的「工顰妍
笑、極妍盡致」女性形象極具煽動力量，聲色之娛很快凝聚觀眾目光，一時
之間推波助瀾，「班中崑弋兩蹉跎，新到秦腔粉戲多」，〔註173〕自成一套獨特
「色」與「藝」的表演程式和審美趣味。綜觀旦行名伶對於蹺功均不陌生，程
硯秋甚至被師傅榮蝶仙要求綁蹺做活；〔註174〕即使在舞臺從未踩蹺登場的梅
蘭芳，亦自言將近六十歲年紀，還能演出《醉酒》、《穆柯寨》、《虹霓關》此類
刀馬旦的劇目乃是練蹺的發揮，〔註175〕名旦之中又以荀慧生的蹺功最為出
眾，參見圖 3-14 扮飾《鐵弓緣》之陳秀英照片。

　　劇評家蘇少卿指出荀慧生「為秦腔花旦出身，刀馬見長，蹺工獨擅」，蘇
老蠶亦認為：「蹺工、刀馬、花旦，均其拿手」，張肖傖更如是描述：「最初習
梆子旦，於蹺工外兼工跌撲，如《紅梅閣》、《大劈棺》之類，皆其佳作。故武
藝較梅尚程有根柢。因三伶皆青衣出身，不必重視武藝也，但四大名旦兼唱
刀馬旦劇，故不能不於武藝上加工，然終不及慧生武藝之有幼工。」〔註176〕

　　　　一舉一動都好看。」參見和寶堂整理：《戲苑宗師荀慧生》（遼寧：遼寧美術
　　　　出版社，1999 年），頁 6。另參閱黃育馥：《京劇、蹺和中國的性別關係（1902
　　　　～1937）》（北京：生活‧讀書‧新知三聯書店，1998 年）。

〔註170〕荀慧生：〈練功雜憶——論蹺功〉，《荀慧生演劇散論》，頁 320。

〔註171〕荀慧生：〈漫談《玉堂春》〉，《荀慧生演劇散論》，頁 159。

〔註172〕〔清〕蕊珠舊史：《夢華瑣簿》，收入張次溪編纂：《清代燕都梨園史料》，頁
　　　　356。

〔註173〕得碩亭：《草珠一串》，轉引自么書儀：《程長庚、譚鑫培、梅蘭芳：清代至
　　　　民初京師戲曲的輝煌》（北京：北京大學出版社，2009 年），頁 195。

〔註174〕程硯秋：〈我的學藝經過〉，程硯秋著、程永江編、鈕葆校勘：《程硯秋戲劇
　　　　文集》（北京：華藝出版社，2009 年），頁 339。

〔註175〕《舞臺生活四十年》，《梅蘭芳全集》第一卷，頁 34。

〔註176〕蘇少卿：〈現代四大名旦之比較（徵文揭曉第一）〉，《戲劇月刊》第 3 卷第 4
　　　　期。蘇老蠶：〈現代四大名旦之比較（徵文揭曉第三）〉，《戲劇月刊》第 3 卷
　　　　第 4 期。張肖傖：〈現代四大名旦之比較（徵文揭曉第二）〉，《戲劇月刊》第
　　　　3 卷第 4 期。

荀慧生自幼接受梆子嚴格蹻功訓練，平地練蹻、高臺耗蹻，進一步練習由慢到快、由簡至繁的走蹻、跑蹻，日後改行便將腰腿基礎挪移京劇加以發揮，上半身文風不動，走著「花梆子」：綜合蹻步、兩臂、身、腰、頭頸、手、眼和面部表情的表演形式，蹻步包含「側步」、「碾步」、「碎步」、「退步」、「圍步」等前後左右快速移動，在此同時還得結合耍手絹、翻筋斗、打把子等舞蹈動作，尤其是伴著兩肩的一側或兩側扯動並向後移動的「抖肩膀」花旦技法，〔註177〕因此既能踩蹻表現如《戰宛城》俐落搶背撲跌、烏龍攪柱，又能展現《拾玉鐲》俏麗輕盈搖曳身形，做舞翻打程式技藝成為高難度的拿手絕活。

圖 3-14：荀慧生之《鐵弓緣》陳秀英戲照〔註178〕

　　而回溯談及梆子花旦起家，必須提及與荀慧生同年齡同輩份的筱翠花（本名于連泉，1900～1967），日後創造「筱派」成為「近代花旦藝術影響最大的流派」，〔註179〕兩人崛起競爭之白熱化，筆者查閱北京《順天時報》1914年 9 月 24 日辻聽花「壁上偶評」專欄：「翠花乃于黨之首領，今日一部顧曲家大家賞讚聲名噪起，在評劇界中與正樂社之白牡丹兩相對峙、互競優劣者

〔註177〕荀慧生：〈練功雜憶——論蹻功〉，《荀慧生演劇散論》，頁 325。

〔註178〕出自於《戲劇月刊》，1931 年第 3 卷第 8 期；荀慧生：《荀慧生演劇散論》，頁 1。

〔註179〕馬少波等主編，北京市藝術研究所、上海藝術研究所組織編著：《中國京劇史》，上卷，頁 41。

也。」〔註180〕支持者分別組織「翠花黨」與「白社」一較長短互爭雄長；上海《申報》亦這樣介紹：「科班中花衫有小翠花、白牡丹，二人各有黨徒社員頂禮膜拜，而皆限於嗓音……牡丹近嗓音大壞，一字不可聞，但見手足活動面目傳神，適如電影也，然當其一動手一舉足一瞥視一露齒，則臺下必連連讚嘆。」〔註181〕筱翠花初入郭際湘（藝名老水仙花）創辦「鳴盛和」科班，兼習梆子花旦和京劇青衣，師承田桂鳳與路三寶，後轉「富連成」科班改名于連泉，〔註182〕先天嗓音侷限、後天勤練蹻功身段等資質條件，做表稱絕一時、唱則相形見絀俱和白牡丹荀慧生相似，而後各自開創自己的藝術前途。在此先提及荀慧生梆子與京劇表演奠基期的過程中，「白社」扮演至關重要的地位，根據《鞠部叢刊》所載之說明：

> 白牡丹，正樂社弟子也。目如秋水，笑暈雙渦，姿首尚不惡。一時
> 有白社之名詞發現，亦足見捧者之眾也。白習秦腔花旦，唱做俱佳，
> 自是可兒。年來嗓音已倒，每登臺瘖不成聲，雖貌麗不減當年，但
> 以喉敗所累，唱做均遜於前。〔註183〕

荀慧生從梆子到京劇的過程，一方面因為大環境之京梆「兩下鍋」，對照昔日隨師傅搭班學藝期間，梆子戲仍受到觀眾熱烈歡迎，〔註184〕隨著京劇的流行興盛瀰漫全國，漸形成二黃與梆子劇目同臺穿插演出，或是梆子演員與二黃演員合演配搭，因此一齣戲裡忽而一段二黃、忽而一段梆子，是極為普遍常見的現象，荀慧生與馬連良合作演出《南天門》老生旦角對兒戲，便是按照這樣的方式，〔註185〕這些影響仍可在傳統老戲的搬演見得，如《翠屏山》前半石秀殺嫂唱的是京劇，後半「殺山」則全是梆子，兩種聲腔同時出現在一齣劇目裡頭，京劇梆子界線並非涇渭分明，反而呈現了某種程度的互存共性。另一方面，秦腔有此特色：「繁音激楚，熱耳酸心，使人血氣為之動蕩」，多使用大嗓（本嗓）演唱卻能展現滿宮滿調、直起直落的嘹亮聽覺印

〔註180〕辻聽花：〈廣德樓顧曲記〉，《順天時報》，1914 年 9 月 24 日。
〔註181〕瘦碧：〈耕塵舍劇話〉，《申報》，1916 年 4 月 29 日第 14 版。
〔註182〕小翠花口述，柳以真整理：《京劇花旦表演藝術》，頁 143～144。
〔註183〕燕山小隱：〈近世伶工事略〉，《菊部叢刊》，頁 18。
〔註184〕荀慧生：〈序〉，《荀慧生演出劇本選集》（上海：文藝出版社，1982 年），頁 1。
〔註185〕荀慧生：〈緬懷往事談梆子　慶幸今朝話新人〉，《荀慧生演劇散論》，頁 344。傳統老戲如《大登殿》，十八年苦守寒窰的王寶釧，斬魏虎報仇雪恨，魏虎所唱的即為梆子。

象，形成「慷慨激昂、粗獷豪放」的特殊風格，〔註186〕在《順天時報》辻聽花〈廣德樓顧曲記〉一文指出：「白牡丹所演之翠屏山，本係該伶得意之戲。……惟為該伶惜者，其舉措稍嫌纖弱乏活潑氣象，且其嗓音亦失之低微，不能發揮秦腔之妙。」〔註187〕不若「三樂科班」同儕尚小雲嗓子響亮優勢，追求調高腔險的極限表現，善加運用走向傳統京劇青衣路線，荀慧生則因為受「喉敗所累」，倒倉變聲導致嗓音變化，甚至是「瘖不成聲」，即使扮相優秀、體態裊娜，外部條件極佳，終究無法勝任負荷梆子講究激越高亢的唱腔旋律，這也促使荀慧生仔細檢視自己條件，因此隨著潮流所趨與考量揚長避短，在梆子京劇此消彼長的局面翻轉，以及荀慧生個人嗓音已經略帶幾分沙啞的雙重條件影響之下，引文所提及的荀黨「白社」——由知名畫家胡佩衡（1892～1962）、于非闇以及中國大學、北京大學的學生等成員組成，白牡丹的支持團體也發揮了影響力，「白社」主動出面與龐啟發商討讓荀慧生停演養嗓，並刻意安排改學皮黃京劇，加上筆者翻閱對照由「白社」於1927年出版的《白牡丹》，沙遊天所寫〈荀慧生小傳〉描述：「時秦聲日靡，不為士夫所喜。慧生察知獨早，改習徽音。」〔註188〕梆子的野趣與荀慧生本人文靜娟秀氣質，二者之間具有極明顯的差異，因此從而做出相應的改弦易轍，1917年正式改唱京劇。

小結

　　本章聚焦於1911年至1917年——在新媒體影響之下旦行表演發展的奠基時期，此階段正值新舊時代輪替、社會文化交匯，觀戲政令的調整與觀眾結構的轉變，坤伶諸芳舞衣歌扇爭奇鬥妍，菊壇氣象煥然一新，致使繁榮興盛、雅俗共賞的消費市場中，產生乾旦坤旦的激烈對抗；風起雲湧、快速變遷的演出劇壇裡，呈現老生旦行的角力爭衡，而本章所欲強調的是：梅蘭芳繼老夫子陳德霖與通天教主王瑤卿之後廣汲博取、脫穎而出強勢崛起，觀眾初見趨之若狂，先與譚鑫培合作交手對兒戲的過程中紮根學習，蘊積充分能量，後承王鳳卿邀聘搬演穆桂英的嘗試，融會腳色行當，在十里洋場實踐場

〔註186〕焦文彬主編：《秦腔史稿》（西安：陝西人民出版社，1987年），頁563。
〔註187〕辻聽花：〈廣德樓顧曲記〉，《順天時報》，1915年3月18日。
〔註188〕沙遊天：〈荀慧生小傳〉，《白牡丹》，《民國京崑史料叢書第九輯：留香集》（北京：學苑出版社根據1927年初版影印，2012年），頁111。

域發揮淋漓盡致，坤旦如京梆兩下鍋之色藝雙全劉喜奎，一度風華正茂幾乎與乾旦分庭抗禮、甚至聲勢更盛，形成男女演員相切相磋同臺共鳴，然整體而言坤旦表演藝術修為較易流於以貌取人、以色悅眾，或因個人樣貌色衰而引退匿跡，或礙於梆子京劇劇種的此消彼長而顯向隅之憾，梅蘭芳則繼承維持亦建立乾旦傳統，一馬當先帶領旦行發展打敗女伶坤旦，在譚鑫培 1917 年逝世之後，正式被評選接班「劇界大王」位置，強勢扭轉了京劇獨尊「老生」風氣，報刊也如是評詠：「譚鑫培死矣，此後伶界有名遍全國譽為一人，而南北無異詞者，其惟梅蘭芳乎」，〔註 189〕足見梅蘭芳在觀眾心中地位日趨穩固，亦正是本章所欲彰顯梅蘭芳與眾不同的特殊性，即使踵繼其後之荀慧生與尚小雲已露才華，但梅蘭芳在日益精湛的「擅演劇目」之外，首邀文人編劇為其因人設戲量身打造「專屬劇目」，逐步演出明晰風格、走出自己道路。所編排創演「時裝新戲」，反映著內外兩層意義，不僅展現自己本身藝術的創新嘗試，創作型態鮮明清晰，深受戲曲改良運動刺激，所以在當時的「京劇現代戲」僅有清裝戲之旗裝戲，創作如《童女斬蛇》這樣穿著民國初年服裝的表演，即使後來梅蘭芳直言不再搬演此類時裝新戲，體認時裝新戲無法與傳統京劇表演程式相容，但整體而言，這些問題乃是不需要再三試驗便可以確認的，無須經過這麼多齣時裝新戲的嘗試才發覺表演程式不相容的問題，因此足見梅蘭芳對於戲曲改良之在意，深刻希望自己能踩在時代的文化思潮，所以才會在《鄧霞姑》裡故意串一段《宇宙鋒》的戲中戲，因為如此一來表演才能順暢。由此本論文對於「時裝新戲」不僅是介紹，由梅蘭芳短短幾年內連續密集做了這些戲，而是欲突顯出梅蘭芳對於文化思潮敏銳感受力與反省，這些時裝新戲雖然停止並未繼續，但形成並促成後來現代戲的發展，現代戲的藝術評價極具爭議，終究是嶄新的時代，梅蘭芳在這條路上受時代思潮影響的開創作為，是本論文的重點。因此梅蘭芳著眼於商業機制之下演員競爭所作的表演考量，更強烈地顯示出對於晚清以來外在國勢鉅變、社會轉型、時代變遷、政治變革之審時度勢的體察能力，因時制宜的轉變適應，在精究字音細審歌律的表演重點之外，具有向當時劇壇發聲的自發自覺，故而刻不容緩扣緊時代脈動實踐重整，即使掌握觀眾口味持續賣座，而後卻也敏銳主動放棄時裝新戲，其獨有的面貌更透過「古裝新戲」愈加清楚地顯現出來，下一章將針對此部分進行討論。

〔註 189〕馬二先生：〈粉墨雜俎：論梅蘭芳〉，《小鐸》，1917 年第 199 期。

第四章　報紙票選「五大名伶新劇」：
1917～1927

前言

　　《中國京劇史》界定 1917 年至 1937 年是京劇藝術發展的鼎盛時期，而本章則以 1917 年至 1927 年作為旦行鼎盛發展的階段，自 1917 年北京《順天時報》舉辦繼譚鑫培之後「伶界大王」票選，梅蘭芳成為最負盛名的京劇演員，同時期的坤旦與乾旦如雨後春筍般層出不窮，表演藝術大幅發展，加上演出市場的消費族群觀眾結構產生變化，劇壇由「老生掛頭牌」逐漸過渡至生旦並重，這期間旦行名角紛紛挑班獨挑大樑，而之所以選擇 1927 年代，該年舉行京劇史上最為著名的「五大名伶新劇票選」，不僅只成為京劇繁榮的標誌，劇壇明顯轉為「旦行掛頭牌」，更見旦行派別紛呈。這十年之中，發軔濫觴於晚清的新興報刊產業，扮演著極為重要的腳色媒介，不僅作為政府報導時事與傳遞新知的刊物，知識份子言論發聲與針砭時政的管道，就戲曲領域而言，報刊媒體所建構提供公共有形的空間場域之外，實際上更塑造無形的輿論社會風潮，而報刊媒體傳播演員的消息，卻正又反過來左右影響導引了演員的表演藝術，形成雙向流動的形式結構狀態。

　　因此本章選擇報刊議題視角切入，第一節先倒敘討論 1927 年北京《順天時報》辻聽花舉辦「五大名伶新劇票選」，具體介紹該票選過程與結果，第二節論述 1917 年至 1927 年之間，最為出色旦角演員梅蘭芳之古裝新戲，第三節為荀慧生與尚小雲，第四節則論程硯秋之崛起。

第一節　1927 年北京《順天時報》票選

　　北京《順天時報》〔註1〕發刊於光緒27年（1901年），至民國19年（1930年）停刊，〔註2〕為日本東亞同文會福州支部長中島真雄（1859～1943）所創辦的中文報紙，初名為《燕京時報》，1905年由日本外務省接手，由〈順天時報第四新年祝辭並論本報之經歷與其責任〉一文：

> 本報以東亞大勢為經，以輸入文明為緯，棟通兩國聲氣，聯合上下
> 感情，為鄰誼之紹介，通政學之置郵，庶冀扶植我黃人勢力不至見
> 征服於異種耳。〔註3〕

以及〈本報五千號之回顧〉：

> 本報自發刊伊始，即抱定輸入新知，提倡憲政，輯睦中日邦交三大
> 宗旨為立言之標的。〔註4〕

　　可知《順天時報》一面宣傳維新思潮、倡導憲政體制，另一面更致力敦促中日睦誼邦交，但實際上最終目的，是為了藉由「中日親善」之名，行侵略干涉之實，以遏阻歐美列強在華勢力之擴張，加上外國報紙受到治外法權的維護保障，銷售量在登載反對袁世凱稱帝新聞之時獨樹一幟，成為華北第一大報。〔註5〕但在該報盛行的背後，知識文化圈與社會大眾的覺醒，所產生抨擊聲浪從未暫歇，例如周作人明白指出：「《順天時報》之流都是日本軍閥政府之機關，它無一不用了帝國的眼光，故意的來教化我們，使潛移默化以進於一德同風之域歟。」〔註6〕以及戈公振寫於1926年的《中國報學史》亦認為：「今彼報代表其政府，以我國之文字與我國人之口吻，而攻擊我政府與國

〔註1〕關於《順天時報》的介紹，參見方漢奇：《中國近代報刊史》（太原：山西人民出版社，1981年）。戈公振：《中國報學史》（上海：上海書店，根據商務印書館1928年版影印，2013年）。方漢奇：《中國新聞事業通史》（北京：中國人民大學出版社，1992年），第一卷，頁803。史和、姚福申、葉翠娣：《中國近代報刊名錄》（福州：福建人民出版社，1991年），頁265～266。

〔註2〕〈本報臨別贈言〉，《順天時報》，1930年3月27日。

〔註3〕〈順天時報第四新年祝辭並論本報之經歷與其責任〉，《順天時報》，光緒31年1月9日。

〔註4〕〈本報五千號之回顧〉，《順天時報》，1917年11月20日第5000號。

〔註5〕戈公振：《中國報學史》，頁73。楊早：〈順天時報的崛起——1916～1917北京輿論狀況〉，《佛山科學技術學院學報（社會科學版）》第24卷第5期（2006年9月），頁44～46。

〔註6〕周作人：〈日本浪人與順天時報〉，《談虎集》（石家莊：河北教育出版社，2002年），頁321。

民，斯可忍，孰不可忍！」〔註7〕因此擔負起日本政府刻意為之輿論空間的
《順天時報》，被認為是帝國主義侵華的外資宣傳媒體，憑新興形式跨域論說
中日親善，藉中文報紙越界指導公共輿情，在中國近代報刊史上，富有極為
特殊的時代意義。而就在如此「文化侵略」色彩濃厚的報紙，出現了由辻聽
花主筆的戲劇專欄。

一、辻聽花之於《順天時報》

　　《順天時報》與京劇密不可分的直接關係，〔註8〕莫過於1927年由辻聽
花主導舉行「五大名伶新劇奪魁投票」，辻聽花（1868～1931）本名為辻武雄，
號劍堂，亦號聽花，有「戲曲博士」之稱，〔註9〕自1912年進入《順天時報》
擔任記者，便開始發表個人作品，如該年11月26日以及27日，署名「聽花
散人」的劇本《蘭花記》，隔年1月1日發佈〈演劇上之北京與上海〉論述性
長篇文章：

> 更觀演劇與新聞之關係，上海已非常親密，北京則尚屬疏遠。……
> 戲評在上海新聞早已流行。北京新聞近來亦盛行矣。如〈清歌妙
> 舞〉、如〈都門梨影錄〉、如〈戲談〉、如〈笙歌墨舞〉皆戲評也。戲
> 評家之中，如上海《申報》之曾言，《時事新報》之過雲，北京《中
> 國日報》之瘦郎，《民主報》之悲公，時著戲評，頗有趣味，且中國
> 之戲評，尚極幼稚，不免簡短粗雜，僅就歌曲一方面而言，漫無價
> 值。論其程度則上海進步勝於北京。〔註10〕

〔註7〕戈公振：《中國報學史》，頁96。
〔註8〕關於《順天時報》與京劇的研究，參見王興昀：〈1927年《順天時報》五大名
　　　伶新劇奪魁投票史料〉，《戲劇文學》，2012年第3期，頁124～127。謝欣：
　　　《從《順天時報》看晚清京劇的生態》（北京：中國戲曲學院戲曲文學所碩士
　　　論文，2013年）。
〔註9〕關於辻聽花生平介紹，參見陳義敏：〈辻聽花與中國京劇〉，《中國京劇》，1998
　　　年第2期，頁7。吳修申：〈辻武雄：近代日本研究京劇的第一人〉，《百年潮》，
　　　2005年第5期，頁42～43。張明杰：〈舊北京的日本戲迷〉，《博覽群書》，2009
　　　年第8期，頁105～108。中村忠行：〈中國戲劇評論家辻聽花〉，收錄於么書
　　　儀：《晚清戲曲的變革》（北京：人民文學出版社，2006年），頁468～507。
　　　吳宛怡：〈近代劇評的發生——《順天時報》與辻聽花〉，《戲劇研究》第10期
　　　（2012年7月），頁69～108。盧琳：《辻聽花劇評所反映清末民初演劇與新
　　　聞的關係》（臺北：臺灣大學戲劇所碩士論文，2015年），析論辻聽花從「日
　　　本教育家」到「中國戲劇評論家」生命歷程探究，頁16～53。
〔註10〕聽花散人：〈演劇上之北京與上海〉，《順天時報》，1913年1月1日。

　　辻聽花就他觀劇以來的審視觸發，指出「演劇」與「新聞」關係密不可分，在尚未出現電子媒體的階段，以印刷刊物為媒介的「平面媒體」，不啻直接便捷且極具普及性，因此演劇與新聞二者似為相依、卻又相成的聯繫關連，更進一步揭示，南北新聞刊登「戲評」蔚為風氣、陡然繁盛，細數上海與北京戲評專欄與優秀的點評名家，但整體而言在辻聽花看來，南北兩地頗具優劣差異性，北京戲評的發展程度遜於上海，評賞視野與觀念內容應可更加擴大深入，有鑑於此，辻聽花便在 1913 年 10 月 31 日於《順天時報》第五版開啟撰寫的戲曲專欄——「壁上偶評」，自言：

> 余本外客，憶十五年前，初遊北京，偶適梨園消遣，甚娛耳目。繼漂泊乎滬蘇江南之間。今又來燕，日逐蹄塵，惟性酷嗜劇，暇則入劇園，作壁上觀，且時與名伶往來唔談。今茲不問舊戲與新劇，或曲樂、或唱工、或粉黛、或貌神，話到興濃時，心中有所感想，即任意漫評。

　　辻聽花是道道地地的日本人，清末民初之際三度遊歷中國華北江南，偶然踏入劇場以排愁解悶，卻無心插柳、柳竟成蔭，反而成為戲曲史上東洋著名戲迷代表之一，不僅止是所謂的「戲曲愛好者」，他深度投入將自己所觀所聽、所見所聞，無論舊戲新劇、唱腔音樂、演員扮相等項，汲取觀點心得化為中國文字書寫，加上他熟絡於梨園戲曲圈，與伶人演員交往密切，甚至結交多位名伶為義子，如 1916 年經正樂社班主李際良說合之下，與當時童伶走紅的尚小雲結為義父子，〔註 11〕不難看出他有感而發——「愛花人是惜花人，細雨微風總愴神」的積極熱切。〔註 12〕一直到 1930 年《順天時報》停刊為止，此間十七年陸續開闢專欄、書寫戲評，幾乎是日復一日、天天見報，以盧琳《辻聽花劇評所反映清末民初演劇與新聞的關係》碩論統計多達二十二個專欄，共計約四千八百篇文章，張伯駒便以「東瀛有客號行家，論戲評人或不差。接洽時常稱種種，報端自署辻聽花」〔註 13〕稱讚。除劇評之外，更撰寫《中國劇》一書，於 1920 年由順天時報所出版，〈自序〉提及：

> 予性嗜華劇，旅華以來，時入歌樓藉資消遣，且與梨園子弟常相往

〔註 11〕聽花：〈余對於父子問題之態度〉（中），《順天時報》，1916 年 4 月 25 日。
〔註 12〕聽花：〈石韞玉之病狀誌喜、近事二絕〉，《順天時報》，1919 年 2 月 26 日。
〔註 13〕張伯駒：《紅氍記夢詩》（北京：寶文堂書店，1988 年），頁 49。

來，談論風雅，於是華劇之奧妙，獲識梗概焉，公餘之暇，滿擬搜
集廿年所得編成一書，冀為初學之津梁，留作他年之雪印。〔註 14〕

　　該書分從劇史、戲劇、優伶、劇場、營業、開鑼六大方向論述，關於《中
國劇》一書已有學者么書儀等人的研究成果，〔註 15〕而本論文著重之處，則
為闡釋辻聽花在民初文化脈絡中的位置，尤其從書中所收錄之惠賜題字、題
詞、題畫、序文，涵蓋「清廷遺老、民國貴官、北洋軍閥、袁世凱政要、大學
教授、書香名士、學人報人、伶人中的改革家」，〔註 16〕援筆者真是洋洋大觀，
俱都是達官顯宦、仕紳貴族等赫赫名流，可知辻聽花之「炙手可熱勢絕倫」，
藉由 1947 年登載於《一四七畫報》之文章，副標題為「日本浪人、順天時報
編輯、昔日伶界的『二大爺』」描述：

　　聽花在北京混了這許多年，握有一個大型報的遊藝版，而且又是
　　「日本人」，梨園界裡人之必須巴結他，是個很自然的現象。伶界
　　遇有大事例為拜師、大壽日等，都必有聽花的出現作一個貴賓。
〔註 17〕

　　正因為辻聽花任職服務於北京發行量最大之《順天時報》，身為媒體工
作者不僅掌握主動發言權，即使名為報導介紹劇壇動態，或是評伶論戲之
遊戲筆墨，然而實際上影響力頗為深遠，甚至可能造成劇壇風向的改變，因
此不難想像當時梨園劇壇對於這位「二大爺」的欽敬尊崇，如此迥殊卻又
爭議的身份地位，〔註 18〕反而為日後《順天時報》所舉辦的菊選醞積了造勢
能量。

二、「五大名伶新劇奪魁投票」

　　辻聽花在《順天時報》舉辦過多次「菊選」活動，如本論文第三章所提
及 1917 年的「劇界大王」、「坤伶第一」、「童伶第一」票選，分別由梅蘭芳、

〔註 14〕辻聽花：《菊譜翻新調：百年前日本人眼中的中國戲曲》（杭州：浙江古籍出
　　　　版社，2011 年），頁 1。
〔註 15〕關於《中國劇》的相關研究，參見么書儀：〈報人辻聽花和他的《中國劇》清末
　　　　民初日本的中國戲曲愛好者〉，《晚清戲曲的變革》，頁 421～431。周閱：〈辻
　　　　聽花的中國戲曲研究〉，《中國文化研究》，2010 年秋之卷，頁 202～212。
〔註 16〕么書儀：〈清末民初日本的中國戲曲愛好者〉，《晚清戲曲的變革》，頁 421～431。
〔註 17〕春岸：〈記「順天時報」的聽花散人辻武雄（三）〉，《一四七畫報》，1947 年第
　　　　13 卷第 1 期。
〔註 18〕老老：〈關於辻聽花〉，《中華畫報》，1931 年第 1 卷第 47 期。

劉喜奎、尚小雲三人榮膺，而就在十年之後，辻聽花在 1927 年 6 月 19 日《縹
蒂花》專欄 151 期先行公告：

> 近年以來，京中名伶排演新劇者，逐漸加增，別開生面，迨乎最近，
> 益趨隆盛，大有駸駸不已之勢。其價值如何，暫措勿論，誠可謂中
> 國劇界之一大盛事矣。本社今為鼓吹新劇、獎勵藝員起見，擬徵集
> 名伶新劇奪魁投票，以窺知一般愛劇諸君之意嚮如何。〔註 19〕

辻聽花指出了劇壇京劇名伶紛紛搬演新戲，且日趨繁盛的現象，儼然一
股新興勢力與潮流為之成形，而所謂的「新劇」，則是相對於「舊戲」而言，
演員唱唸做打精湛的表演功夫，民間劇本搭配爐火純青的唱段，自然足以吸
引目光，然而當出現了嶄新前所未見的故事情節上演，這些新劇經由文人下
筆填詞、雕琢麗裁，演員的服飾扮相也為之燦然一新，觀眾莫不特別熱衷於
此，辻聽花注意到舞臺逐漸被新劇扭轉發展的蛻變趨勢，因此抓住這契機，
自 6 月 20 日至 7 月 20 日展開為期一個月的投票活動：「本社今為鼓吹新劇，
獎勵藝員起見，舉行徵集五大名伶新劇奪魁投票，請一般愛劇諸君，依左列
投票規定，陸續投票，以遂本社之微衷為盼。」〔註 20〕

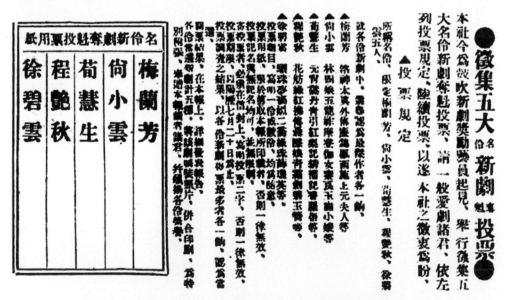

圖 4-1：《順天時報》「徵集五大名伶新劇奪魁投票」

〔註 19〕 〈本報舉行之新劇奪魁——請看明日本報之發表〉，《順天時報》，1927 年 6
月 19 日。
〔註 20〕 〈徵集五大名伶新劇奪魁投票〉，《順天時報》，1927 年 6 月 20 日。

為論述方便，先將年 7 月 23 日投票結果整理羅列如下：〔註21〕

表 4-1：「五大名伶新劇奪魁投票」票數與結果

演　　員	梅蘭芳	尚小雲	荀慧生	程豔秋	徐碧雲
票選劇目	洛神 太真外傳 廉錦楓 西施 上元夫人	林四娘 五龍祚 摩登伽女 秦良玉 謝小娥	元宵謎 丹青引 紅梨記 繡襦記 香羅帶	花舫緣 紅拂傳 聶隱娘 青霜劍 碧玉簪	驪珠夢 褒姒 二喬 綠珠 薛瓊英
當選劇目 票數	太真外傳 1774 票	摩登伽女 6628 票	丹青引 1254 票	紅拂傳 5985 票	綠珠 1709 票
第二劇目 票數	洛神 779 票	林四娘 901 票	元宵謎 318 票	青霜劍 388 票	薛瓊英 484 票
總得票數	2553 票	7529 票	1572 票	5173 票	2193 票

細膩觀察此次的整體活動，可由以下兩點加以申述細說：

（一）突出「名伶」與「新劇」

此回「五大名伶新劇奪魁」選舉，事先擬定設妥投票的框架與機制：「名伶」與「新劇」，所謂的「名伶」，在眾聲喧譁之中，限定為當時最受歡迎的京劇演員：梅蘭芳、尚小雲、荀慧生、程豔秋、徐碧雲五位人選，全部皆是乾旦之旦行演員，並沒有老生或其他行當，候選者亦沒有「坤伶」──女性京劇演員，即使主辦方辻聽花並未直接點明是「五大名旦」的選舉，由此卻也明白彰顯劇壇有所改變，已明確轉由「旦行掛頭牌」的現象，觀眾戲迷所熟悉經見且熱烈討論的，是這五位名旦的新戲，亦可見此時「伶」的意義概念，老生已被名旦壓制在後，足以證明旦行之崛起。

而辻聽花列舉五位名伶、各五齣劇目，一共二十五齣新劇供民眾票選，當然每位名伶的新劇不僅只這五齣，仍舊不斷的擴充創新劇目，不過劇情則是付之闕如，由此可知，因戲曲市場之繁榮昌盛，基本上觀眾對於這些新劇內容一目了然，充分說明了新劇演出在當時的流行性與代表性。7 月 26 日《順天時報》刊登〈五大名伶首選佳劇之原著者〉文章，特地指出：「五伶佳劇尚

〔註21〕〈五大名伶新劇奪魁投票最後之結果〉，《順天時報》，1927 年 7 月 23 日。程豔秋《紅拂傳》票數更動，由 4785 張更正為 5985 張。見〈謹謝疏忽〉，《順天時報》，1927 年 7 月 25 日，以及〈緊急特別啟事〉，《順天時報》，1927 年 7 月 25 日。

夥，獨斯五劇，竟有大多數踴躍讚許，足證是劇難能可貴。爰志五劇之原編人，藉資表揚，俾斯劇斯人，均能流芳於後世也。」但看戲觀眾未必知道新劇是誰所編？何人所創？故《順天時報》進一步全面性的介紹這五劇「原編人」，故筆者在此不憚其煩的將報紙全文羅列如下：〔註22〕

表4-2：「五大名伶首選佳劇之原著者」

演 員	當選劇目	原編人	介 紹
梅蘭芳	太真外傳	齊如山	高陽人。富於學識，通達戲曲，在今日編劇者數一數二，楊太真外傳之材料，本不豐富，極難收羅。經君發揮，殊饜眾觀。
尚小雲	摩登伽女	清逸居士	北京人。君嗜戲曲，能登場消遣，以《對刀步戰》、《鎮潭州》稱傑奏。其先世曾製元曲，有書可稽。君博覽好學，家儲傳奇，及有關戲劇之書籍，設備無遺。編劇獨出心裁，以佛經著斯劇，贈小雲演唱後，遐爾稱道。小雲因是劇獲盛譽，君編此劇，亦名馳中外也。
荀慧生	丹青引	陳墨香	浙江人。曩曾評劇，酷嗜皮黃。唱旦，知戲甚夥。近與慧生編劇不少，《香羅帶》亦君之手筆。
程豔秋	紅拂傳	羅癭公	廣東人。所編諸劇，以此齣及蘭芳《西施》，最有價值。君善書，為粵省名士。茲已物故，而程梅之《紅拂傳》、《西施》，仍受歡迎，羅氏雖死猶生也。
徐碧雲	綠珠	賀藰垞	湖南人。以文學家編劇，注重歷史，考察尤詳。君編《綠珠》，為最佳著作，碧雲演此，亦首屈一指也。

　　名伶成功搬演新劇的背後，下指導棋的是這批劇作家：齊如山、清逸居士、陳墨香、羅癭公、賀藰垞，共通點皆為學富五車、腹笥甚廣的名士文人，更是通達戲曲的內行專家，能匠心獨運掌握題材故事，新創劇本提供演員發揮表演，但他們通常不見其名，至於劇作家與名伶的「編演關係」，筆者於第七章會有詳細論述。

（二）五大名伶較勁意味十足

　　在戲園力推新戲、名伶競編競演、觀眾期望樂見的風潮之下，誠如《順天時報》所刊登的投票本原——「就各伶新劇中，選舉認為最傑作者各一齣」，票選期間，《順天時報》不時發佈新聞，例如投票進行的第十天，「殆於

〔註22〕隱俠：〈五大名伶首選佳劇之原著者〉，《順天時報》，1927年7月26日。隱俠：〈五大名伶首選佳劇之原著者（續）〉，《順天時報》，1927年7月27日。

最近，大方所寄投票之數，遽加激增，不遑應接，甚則有一封函內收藏二三十張者。」〔註23〕並且公告迄今的票數；投票剩下十天時，刊登「新劇投票之切迫輻輳」，公布「五大名伶得票之新劇，除徐碧雲投票遽然加增外，依然如舊。」〔註24〕最後倒數幾天，更是接連發表目前所收票數紀錄，〔註25〕頗有強力催票、衝票的意味。依照最終票數多寡排名前五齣為：尚小雲《摩登伽女》、程硯秋《紅拂傳》、梅蘭芳《太真外傳》、徐碧雲《綠珠》、荀慧生《丹青引》，以總得票數來說，尚小雲領先群倫、荀慧生則敬陪末座，而辻聽花在票選結束之後發表了這樣的看法：

> 惟此項投票性質，本係就各伶新劇中選出最傑作者，毫無競爭各伶間票數多寡之趣旨。奈因種種事情，竟有稍惹起此項競爭之觀，亦可以窺知投票者諸君熱心觀劇愛護優伶之程度如何矣。〔註26〕

辻聽花最初的設想，藉由讀者投票選出五位名伶的代表劇作，相對產生「一伶一劇」的結果，並沒有賦予票數最多者為五大名伶之首的意義。學者么書儀即如此解釋：這次「選舉」的意義和過程，就都沒有今人敘述的那麼特別和嚴重，它只是當時無數次選名伶、排座次之中的一次，也可以說是作為媒體的《順天時報》為了引人注意製造的一次「新聞」宣傳而已。〔註27〕不過正因為此回「五大名伶新劇票選」開啟後續「四大名旦」美稱，堪稱為「四大名旦」的重要關鍵源頭，而成為最值得關注之處，且既然名為投票選舉，無可避免的，主辦、演員、戲迷三方自然會注意或在意票數之多寡、排序之先後、身價之輕重，任何名義的「菊選」都可說是激烈的競賽，尚小雲的總得票甚至是荀慧生近五倍之多，不過平心而論，即使末位者仍然擁有各界人士千餘票的支持，五位名伶俱都是贏家，真正具有排名含意的，待等1930年上海期刊的徵文活動才大致底定。

〔註23〕〈新劇投票十日之結果〉，《順天時報》，1927 年 7 月 2 日。

〔註24〕〈新劇投票之切迫輻輳——所剩僅十日間而已〉，《順天時報》，1927 年 7 月 11 日。〈五大名伶新劇奪魁投票之結果〉，《順天時報》，1927 年 7 月 11 日。

〔註25〕〈五大名伶新劇奪魁投票之結果〉，《順天時報》，1927 年 7 月 17 日。〈五大名伶新劇奪魁投票之結果〉，《順天時報》，1927 年 7 月 19 日。〈五大名伶新劇奪魁投票之結果〉，《順天時報》，1927 年 7 月 20 日。

〔註26〕辻聽花：〈新劇奪魁〉，《順天時報》，1927 年 7 月 23 日。

〔註27〕參見么書儀：《程長庚、譚鑫培、梅蘭芳：清代至民初京師戲曲的輝煌》（北京：北京大學出版社，2009 年），頁 304。

三、徐碧雲之走紅

五大名伶之中的徐碧雲（1905～1967）出身京劇世家，為名小生徐寶芳（1870～1920）之子、胡琴名手徐蘭沅之弟。啟蒙初學武生，蕭長華先生見其清秀且小嗓頗好，建議改行學習旦角，吳菱仙、吳彩霞都曾教導青衣腔調，還跟隨過十三旦侯俊山學習花旦戲，1916 年進入由俞振庭一手創辦的「斌慶社」，應工武旦練就踩蹺打出手之乾淨俐落功夫，能獨挑大樑演出《泗州城》、《金山寺》，還能反串小生如《黃鶴樓》的周瑜、《八大鎚》之陸文龍，〔註28〕其文戲武劇兼擅並美，因此坐科時便已嶄露頭角。七年出科後自組班社，先後有 1924 年與譚富英合作的「雲興社」，1928 年與言菊朋合辦之「雲慶社」等，專以青衣花衫表演為主，這與梅蘭芳之提攜後進具有絕對關連性，然而，梅徐兩人的師生情誼，在梅蘭芳相關傳記中幾乎是忽略空白，或許與徐碧雲私領域不名譽之事，最終導致離開舞臺有關，〔註29〕緣此，筆者檢閱當時報刊，以及曾與徐合作演員傳記中，仍可稍作勾勒，《三六九畫報》便登載聊公文章：「碧雲拜梅為師，於民國十二年五月舉行」，由長兄徐蘭沅陪同行拜師大禮，禮成之聚餐宴會中，「老夫子」陳德霖還是座上嘉賓。〔註30〕1923 年《申報》〈京人之徐碧雲「貴妃醉酒」談〉：

> 梅蘭芳之弟子徐碧雲，最近在北京華樂戲園，二次演「貴妃醉酒」，殊多精彩，較前大有進步，是劇本以唱做並重，臥魚啣杯尤為吃力，時下諸伶演之者多，勝任愉快者少，蓋非文武兼全、崑亂嫻熟，殊難臻妙境也。……碧雲坐科數載，文武崑亂，造詣艱遙，每演劇氣充力沛，聞碧雲從其師畹華練習此劇，孜孜不倦，故一經露演，人人讚嘆其聰穎。〔註31〕

演員李洪春的回憶：

> 《木蘭從軍》是梅蘭芳編演並親授給徐碧雲的一齣新戲。徐碧雲的

〔註28〕 存永綿：〈獨具風格──徐碧雲〉，《人民戲劇》，1982 年第 8 期，頁 58。畢谷雲、朱永康：〈徐碧雲老師的舞臺生涯〉，《京劇談往錄四編》（北京：北京出版社，1997 年），頁 329。

〔註29〕 如 1924 年《申報》登載：「伶界聯合會昨議決永不邀徐碧雲來滬」消息，見梅花館主：〈菊部要聞〉，《申報》，1924 年 3 月 8 日第 20 版。以及同年五月登載「徐伶碧雲本年陰曆正月初間，因淫案被警廳判交教養局罰苦工四個月等」，參見華明：〈大不幸之徐碧雲〉，《申報》，1924 年 5 月 28 日第 18 版。

〔註30〕 聊公：〈菊部文存：徐碧雲拜師記〉，《三六九畫報》，1943 年第 23 卷第 12 期。

〔註31〕 〈京人之徐碧雲「貴妃醉酒」談〉，《申報》，1923 年 11 月 8 日第 18 版。

　　木蘭無論在扮相、做派、唱腔、武打等方面無一不學梅蘭芳。看過
梅蘭芳《木蘭從軍》的觀眾，都有這個印象。〔註32〕

　　如上所述，攫獲觀眾目光的《貴妃醉酒》和《木蘭從軍》，俱是梅蘭芳親
自傳授的劇目，而徐碧雲 1924 年首次赴滬演出，更推出第一齣新戲《薛瓊
英》，陳水鐘編劇，情節為：主角薛瓊英清明掃墓，被太守之子刁霸強搶入府，
誓死不允婚嫁，反被囚困於水牢之中，幸賴女劍客相援並授以劍術。而瓊英
得知未婚夫秦青士蒙冤入獄，下山相救並喬裝男子樣貌結拜兄弟；夜入刁家
殺死刁霸後自首按院，而按察使正巧為秦父好友代為昭雪冤屈，最終與秦青
士成婚。〔註33〕當時署名為「楚天漁叟」（本名賀壽慈，1810～1891，字藹垞，
即為《綠珠》編劇者）的《申報》劇評是如此描述：

> 徐碧雲之劇薛瓊英，日昨奏演於亦舞台，雖屬南天烽火、一夕數驚
> （按，時值江浙之戰），而顧曲家莫不爭聆新聲，暫消杞慮，故連演
> 二次，上座均不弱，可見此劇具有號召能力。觀其全劇結構，尚屬
> 緊湊，文武崑亂，融冶咸宜，尤以薛瓊英之忽釵忽弁，處處動人，
> 水牢中之佈景身段，則全倣梅蘭芳洛神格式；大段元板反二黃，又
> 由廉錦楓一劇化出；行刺舞劍，不但劍法步法完全脫胎別姬，即所
> 唱二六及堂鼓之夜深沉牌子，亦無不與別姬相似；而於舞劍畢時，
> 竟無一閒場，碧雲氣息未定，更做玉堂春腔調，接唱西皮數十句，
> 觀者皆慮其過於吃力，殊不知碧雲仍能歌聲清晰、圓轉裕如，博得
> 全場驚異、滿堂喝采，覘其技藝，洵屬劇界難得之全材也。聞此劇
> 之腔調、身段、劍法、場子，皆為碧雲瀕行赴滬時，蘭芳由西山遄
> 返都門，親自糾正指授，所以演來愈覺精采。〔註34〕

　　楚天漁叟文章清楚寫出徐碧雲《薛瓊英》劇中幾處之身段與唱段，分別
仿效梅蘭芳的《洛神》、《廉錦楓》、《霸王別姬》、《玉堂春》，自然是以「吸引
觀眾進場」為前提考量，即使唱唸做打的藝術實力，已經足以成為挑班臺柱，

〔註32〕李洪春述、劉松岩整理：《京劇長談》（北京：中國戲劇出版社，1982 年），頁
　　　　165。

〔註33〕陳水鐘編劇，參見曾白融主編：《京劇劇目辭典》（北京：中國戲劇出版社，
　　　　1989 年），頁 893；王森然：《中國劇目辭典》（石家莊：河北教育出版社，1997
　　　　年），頁 955。

〔註34〕楚天漁叟：〈談戲劇「薛瓊英」〉，《申報》，1924 年 10 月 5 日第 16 版。楚天
　　　　漁叟：〈徐碧雲約滿報演〉，《申報》，1924 年 10 月 6 日第 16 版。

若能添增梅蘭芳所指導的身段與唱腔，勢必更能作為號召，但從另外的角度來看，徐碧雲此舉頗有搶了師傅梅蘭芳風采的意味。而回歸藝術視野之演員本身，徐碧雲在踏入梅門、奠基於梅派基礎之上，依循自身武功極佳的特質加以發揮，如扮演薛瓊英能夠「忽釵忽弁」，成功跨越遊走於生旦兩行之間，進一步樹立了劇壇的地位，之後陸續推出新戲，諸如：1925 年《虞小翠》、《綠珠墜樓》、《無愁天子》、《芙蓉屏》，1926 年《褒姒》、《李香君》、《二喬》、《雪豔娘》，1927 年《驪珠夢》等，〔註35〕直到 1927 年《順天時報》進行票選的這五年期間，可稱是徐碧雲表演藝術的鼎盛顛峰時期。〔註36〕

　　北京《順天時報》票選認證的《綠珠》，可謂是徐碧雲的看家好戲，1925 年 7 月 17 日首演於北平中和園，劇情為西晉豪奢石崇聘綠珠為姿，趙王司馬倫專權簒位，登基之後垂涎綠珠，便領兵包圍欲強搶美人，綠珠不願應允，金谷墜樓、香消玉殞，杜牧〈金谷園〉：「日暮東風怨啼鳥，落花猶似墜樓人」正是描述此景。最為著名的表演部分，徐碧雲根據自身特質設計了「綠珠墜樓」：「演至墜樓時，自其布景高僅逾桌之樓上翻下，此在碧雲之武行出身者，自優為之，戲中之精華在此，而碧雲之能驕於梅尚程荀者，亦在此。」〔註37〕從三張桌子一翻而下的「搶背變殭屍」高難度動作，《申報》特地刊載自京赴滬演出的介紹：

> 徐碧雲新編之歷史仕劇綠珠，在京時最負盛名，現允各界人士之請，定於本星期六在共舞臺演唱，聞是劇之劇本，梅蘭芳、程艷秋均有所藏，因有墜樓一場，故不敢演唱，徐武工極佳，是劇實為其天造地設之佳劇。〔註38〕

　　根據報紙指出，梅程兩人亦有《綠珠》劇本，但徐碧雲的武功極為出色，

〔註35〕徐碧雲大量排演新戲，如：《二喬》《丹陽恨》《無愁天子》《綠珠墜樓》《木蘭從軍》《獨佔花魁》《戰壽春》《焚椒記》《驪珠夢》《李香君》《虞小翠》《蝴蝶杯》等戲，參見《絕版賞析：徐碧雲：綠珠、虞小翠、新玉堂春唱片》、朱永康：〈徐碧雲老師的舞臺生涯〉，《京劇談往錄四編》，頁 361～362。

〔註36〕梅花館主 1927 年寫於《申報》之〈梅花館菊話〉：「近歲以來，菊部人才輩出，旦角一門，尤有雲蒸霞蔚之象，如程艷秋、尚小雲、荀慧生、徐碧雲、朱琴心、王幼卿六人。或以貌勝，或以唱勝，或以做勝，要皆有一藝之長得以歷享大名而勿衰。」可知徐碧雲聲勢並不亞於其他當紅演員，《申報》，1927 年 9 月 17 日。

〔註37〕馮小隱：〈顧曲隨筆〉，《戲劇月刊》第 1 卷第 3 期。

〔註38〕于一：〈茂得利新收徐碧雲唱片〉，《申報》，1925 年 10 月 2 日第 18 版。

方能演出此翻跌功夫。看雲樓主有此評價：

> 舊劇新翻演拿手，除卻畹華和玉霜，南北無此好姿首。楚天漁叟嫻
> 詩詞，編成劇本無遺漏，彷彿綠珠真再世，霧裡看花半信疑。聚精
> 會神表情節，無數周郎都叫絕，若教孫秀入眼簾，矯詔生擒何用
> 說，綠兮碧兮顏色通，珠兮雲兮光彩同，綠珠已去碧雲在，孫秀何
> 須怒石崇。〔註39〕

　　根據看雲樓主的描述，徐碧雲綠珠一戲、四座拍案群傾，「綠珠已去碧雲
在」正是最佳的讚揚。而今所見《綠珠墜樓》影帶資料，以徐碧雲的嫡傳弟子
畢谷雲（1930～）於1984年拍攝的電視藝術片為主要參考，〔註40〕至今能夠
代表徐碧雲京劇藝術的最佳人選非其莫屬，影片中當唱罷「珠碎人亡抗強梁」
便以「吊毛」翻下，足見畢谷雲高難度的程式表演，而畢谷雲傳授此戲予學
生牟元笛，乃經過重新設計於2012年12月16日上海天蟾逸夫舞臺演出，最
後「墜珠」一場，則改以「較為安全的高台起跳坐盤臥魚動作」，更可推論始
祖徐碧雲的功底紮實穩健自如。

第二節　梅蘭芳古裝新戲之創作型態

　　相較於「戲曲改良運動」而興起的「時裝新戲」，同時期梅蘭芳開始搬
演以「古裝」為名的嶄新行頭扮相新戲：「我所編的古裝戲，都是以歌舞並重
為目的。」〔註41〕以齊如山為首的集體創作，添加哪些成分元素，如何影響
了梅蘭芳古裝新戲的意圖走向，使得這批古裝新戲相較於「時裝新戲」成功
流傳？

一、題材擇選與人物創造

　　「古裝新戲」以嶄新的古裝頭與服裝造型，有別於傳統梳大頭與穿帔或

〔註39〕看雲樓主：〈題碧雲綠珠劇本（附照片）〉，《戲劇月刊》，1928年第1卷第1
　　　　期。
〔註40〕畢谷雲1947年入室徐門，1951年拜師荀慧生，1961年拜師梅蘭芳。筆者曾
　　　　親眼一睹時已77歲畢谷雲寶刀未老精彩表演，2008年畢谷雲應臺灣申報之
　　　　邀，於臺北國軍文藝活動中心演出，除了展現踩蹻絕活飾演《翠屏山》之潘
　　　　巧雲，以及梅派《大登殿》之王寶釧，最為精彩是11月17日壓軸演出徐派
　　　　《後紅娘》。
〔註41〕《舞臺生活四十年》，《梅蘭芳全集》第一卷，頁313。

褶子，由 1915 年《嫦娥奔月》處女作的創演揭開嘗試的序幕，本是八月十五日慶賀中秋佳節的「應節戲」，加上面對著北京第一舞臺王瑤卿即將演出《天香慶節》，在赴絃應節與市場競爭的雙重挑戰之下，由齊如山與李釋戡擬定提綱、編寫劇本，劇情以熟知的「嫦娥應悔偷靈藥，碧海青天夜夜心」發揮，描述嫦娥偷服長生仙藥，飛昇奔月、獨坐寒宮之傳奇，串以兔兒爺、兔兒奶奶的插科打諢。梅蘭芳在這齣「由人而仙」新戲扮相與服裝造型下足功夫，以古畫仕女作為參考範本，有別於傳統戲曲的規範，一改戲服衣長裙短，嘗試短衣長裙的設計，並配上一條絲帶垂至中間，繫上如意結搭配玉佩；頭面梳的是雙髻造型，上下疊成呂字造型，並垂下幾縷頭髮打上如意結，行頭也偏向素淨高雅、省略繡花濃豔圖案，〔註42〕正如《戲考》指出：「專以古裝舞蹈，迎合觀者厭故喜新之心理，蓋古裝久不作，文明戲太濫，則古裝反變為新花樣矣。」而本齣戲的重點在於「極翩躚曼妙之緻」，〔註43〕前有月宮採擷百花的「花鐮舞」，隨舞隨唱：「【西皮原板】捲長袖把花鐮輕輕舉起，一霎時驚嚇得蜂蝶紛飛。這一枝這一枝花盈盈將委地，那一枝那一枝開得似金縷絲絲。甚鮮豔甚鮮豔是此朵含苞蓓蕾，猛抬頭見一樹高與雲齊。我這裡舉花鐮將他來取，【搖板】歸途去又只見粉蝶依依。」表現嫦娥窈窕採花過程，見這枝芳菲盈盈欲垂地、看那枝紫豔紅英照日鮮，更有花高接雲端、待舉花鐮往高攀，而這段更成為梅蘭芳 1920 年最早期灌錄的唱片之一，筆者對照聆聽此段百代唱片，發覺並非現在習慣梅派之「剛蓄於柔而柔蘊於剛、委婉其外而剛健其中」，〔註44〕早期梅蘭芳承繼時小福、吳菱仙、陳德霖以陽剛一派為主的唱工，聲線尖細高亢中清潤脆亮、昂揚剛直裡氣充力沛，尤其輕輕舉起的「起」字使高腔如一躍凌霄；後有末場安排「袖舞」，首創運用【南梆子】曲調豐富旦角聲腔內涵，詠唱嫦娥遙望芸芸眾生美滿和樂，回首自身只覺落寞清冷：「碧玉階前蓮步移，水晶簾下看端倪，人間匹配多和美，薦瓜持酒慶佳期。一家兒對飲談衷曲，一家兒同入那繡羅幃。想嫦娥獨坐在寒宮裡，這清清冷落有誰知。」〔註45〕筆者聆聽 1926 年高亭唱片，此段【南梆子】如珠落玉盤，第二句「水晶簾下看端倪」之句首「水晶」與句尾「端倪」拖腔極長，但聽來

〔註42〕《舞臺生活四十年》，《梅蘭芳全集》第一卷，頁 279～280、284。
〔註43〕舜九：〈九畹室劇談〉，《戲劇月刊》第 2 卷第 4 期。
〔註44〕梅葆玖、吳迎：〈梅蘭芳演唱藝術的形成和發展〉，《梅蘭芳老唱片全集》，頁 39。
〔註45〕劇本集的唱詞略有不同，《舞臺生活四十年》，《梅蘭芳全集》第一卷，頁 286。

卻一氣呵成、換氣不著痕跡，而針對這段舞蹈唱腔梅蘭芳自言：「一切袖舞的姿態都直接放在唱腔裡邊，把一家家歡樂的情形，一句句描摹出來，唱做發生了緊密的聯繫，這是我從崑曲方面得到的好處。」〔註46〕從歌舞角度來看1917 年推出的《天女散花》，更可見其京崑兼容並蓄之特色，取材自佛教經典《維摩詰經》，西天如來佛遙知維摩居士現身有病，先命文殊師利率領菩薩、羅漢前往問疾，再命天女到維摩病室散花，以驗結習。〔註47〕若純就劇本而言，情節面向與人物情感單薄，《戲考》便評為「中間本空洞無物，亦並無他情節，專以古裝翩舞，及唱片中詞句雅雋見長。」在齊如山下筆寫作之時，處處設想的並不只是腳色人物，更多的是著眼於演員本身，著手編劇完全是朝向演員的特質——「演員中心」，為演員做表揮發提供充分深廣空間，因此當時產生如是劇評：「梅蘭芳得名，悉賴新戲，其新戲大多雜有技術，頗能增人美感，就中以《天女散花》之雲路、散花兩場享名最盛，無中外咸知之。其後他伶之舞劇，以及學校中之舞式，舉莫能脫其窠臼，實開亂彈劇之新紀元。」〔註48〕劇評點出梅蘭芳「新戲雜有技術」，在載歌載舞繁複身段的形式裡，更需重視氣息調節發揮唱工，方能成就每齣戲的表演藝術。現試就《天女散花》最重要的歌舞場面「雲路」而論（筆者聆聽的是 1924 年日本蓄音器唱片與1926 年高亭唱片）：

　　【導板】祥雲冉冉婆羅天，

　　【慢板】離卻了眾香國遍歷大千；

　　　　　　諸世界好一似輕煙過眼，一霎時來到了畢鉢岩前。

　　【二六】雲外的須彌山色空四顯，畢鉢岩下覺岸無邊。

　　　　　　大鵬負日把神翅展，迦陵仙島舞翩躚。

　　　　　　八部天龍金光閃，又見那入海的蛟螭在那浪中潛。

　　　　　　閻浮提界蒼茫現，青山一發普陀岩。

　　【流水】觀世音滿月面珠開妙相，有善才和龍女站立兩廂。

　　　　　　菩提樹薝蔔花千枝掩映，白鸚鵡與仙島在靈巖神上下飛翔。

　　　　　　綠柳枝灑甘露三千界上，好似我散天花紛落十方。

〔註46〕《舞臺生活四十年》，《梅蘭芳全集》第一卷，頁 286。

〔註47〕「結習」為佛教用語，《維摩詰所說經‧卷中》：「結習未盡，華著身耳。結習盡者，華不著也。」《舞臺生活四十年》，《梅蘭芳全集》第一卷，頁 509。

〔註48〕楊中中：〈顧曲雜言〉，《戲劇月刊》，1929 年第 2 卷第 3 期。

滿眼中清妙景靈光萬丈，

【散板】催祥雲駕瑞彩速赴佛場。

此段描寫天女前往散花沿途所見所聞，表演上是連唱帶舞、聲態並現，唱腔由【西皮導板】【慢板】開啟、再由【二六】轉【流水】，代表由緩緩駕雲而進至御風騰雲，漸進營造出「在雲端裡風馳電掣的氣氛」，〔註49〕從「遍歷大千」、「輕煙過眼」開始，一一運用綢帶來象徵表現，自畢鉢高岩、雲外須彌接續做出大鵬展翅、觀音坐蓮臺、金雞獨立象徵善才龍女形象等動作身段，其中「八部天龍金光閃」一句，「必須將綢帶耍出大圓花，身子在綢帶的圍繞中，使用武戲的身段『鷂子翻身』，然後把兩條帶子合而為一，要用巧勁使帶子的末端橫著飄在空中，斜墜下來，好像一條長龍。」〔註50〕以及最後一句「催祥雲駕瑞彩速赴佛場」，梅蘭芳更詳細指出：「在舞臺上從『場』字起走圓場，兩根帶子在身後飄盪起來，好像御風而行的樣子，走到下場門使一個『鷂子翻身』，跟著雙手把帶子從左往右邊掄出一串『套環』紋，兩手合掌擋胸，不等帶子落下，人先蹲下去，這時候兩根帶子仍舊保持著舞起來的『套環』紋樣式，橫亙在空中，飄在身子右側前面，緩緩落下，如同兩條『長虹』一般。」〔註51〕步法急徐之間需靈活雅適，身段做表之情需穩重莊嚴，載歌載舞之中需進退自如，十足正旦文戲而武唱表演特色，同樣的表現手法，在1918年搬演的《麻姑獻壽》「盤舞」的【二六】唱段亦是如此。而《天女散花》末場「散花」則與花奴表演各種對襯的舞蹈，使用的是曲牌【賞花時】和【風吹荷葉煞】，由李釋戡和王又默填詞、陳嘉梁製譜，〔註52〕因此這齣戲不僅以西皮二黃為主且兼用崑曲曲牌，呈現了京劇的多聲腔劇種特色，更頗具以崑曲「連唱帶舞」表演方式豐富京劇旦角表演藝術的味道。但要特別強調的是梅蘭芳表演「不同於崑」，相對於崑曲曲牌之綿延不斷，京劇有「過門」間奏音樂、「拖腔」，京劇音樂節奏開合明顯，而梅蘭芳清楚明白京崑音樂差異，所以並非全然照搬崑曲，且有意識的在新戲中創造出因應音樂的身段，加以利用各式道具如雲帚、斗篷、寶劍等，因此雖然齊如山鼓勵學習崑曲，但整體歌舞劇因為京劇唱腔而與崑曲形成兩種不同的樣式。

〔註49〕《舞臺生活四十年》，《梅蘭芳全集》第一卷，頁516。《我的電影生活》，《梅蘭芳全集》第四卷，頁87。

〔註50〕梅蘭芳：《我的電影生活》，《梅蘭芳全集》第四卷，頁88。

〔註51〕梅蘭芳：《我的電影生活》，《梅蘭芳全集》第四卷，頁90。

〔註52〕《舞臺生活四十年》，《梅蘭芳全集》第一卷，頁510。

二、「紅樓戲」的突破

　　古裝新戲之《黛玉葬花》與《千金一笑》（又名《晴雯撕扇》），則從「文學性」出發，擇選了紅樓夢的題材，精細營造出文學氛圍，《黛玉葬花》由齊如山打題綱、李釋戡編唱詞、羅癭公等人斟酌修改，〔註 53〕一貫的集眾人之力編成，主要取材自曹雪芹《紅樓夢》兩回情節予以改編：第二十三回「西廂記妙詞通戲語，牡丹亭艷曲警芳心」以及第二十七回「滴翠亭楊妃戲彩蝶，埋香塚黛玉泣殘紅」。《紅樓夢》小說刻畫榮寧二府盛極而衰，寶玉、黛玉、寶釵三人交織的真情氤氳，梅蘭芳新戲之所以選擇紅樓黛玉絳珠仙子，非以情節曲折複雜、衝突跌宕取勝，而是以唱腔抒情、造境唯美為主。在劇情結構部分，更動小說原本的前後順序，將「埋香塚黛玉泣殘紅」之葬花與「牡丹亭艷曲警芳心」聽曲事件結合為一，奠定了劇本主軸之基礎，葬花時所唱明亮的【西皮導板】「花謝花飛飛滿天」，接續「隨風飄盪撲繡簾。手持花帚掃花片，紅消香斷有誰憐！取過花囊把殘花來斂，攜到香塚葬一番。」彷彿黛玉在大觀園之內，一路迎著花謝花飛，在一片花語圍繞中走了出來。而黛玉葬花後走回瀟湘館的路上，聽到梨香院外傳來「原來姹紫嫣紅開遍，似這般都付與斷井頹垣」笛韻歌聲，引發心中無限感慨，而這段【反二黃】唱詞改編自第五回「賈寶玉神遊太虛境，警幻仙曲演紅樓夢」當中的紅樓十二曲之一，茲對照如下表：

表 4-3：《黛玉葬花》唱詞與原著對照表

《紅樓夢》第五回	梅蘭芳《黛玉葬花》
【枉凝眉】： 一個是閬苑仙葩，一個是美玉無瑕。 若說沒奇緣，今生偏又遇著他； 若說有奇緣，如何心事終虛化？ 一個枉自嗟呀，一個空勞牽掛。 一個是水中月，一個是鏡中花。 想眼中能有多少淚珠兒， 怎禁得秋流到冬盡，春流到夏？	【反二黃】： 若說是沒奇緣偏偏遇他， 說有緣這心事又成虛話； 我這裡枉嗟呀空勞牽掛， 他那裡水中月鏡裡曇花； 想眼中那能有多少淚珠兒， 怎經得秋流到冬、春流到夏！

　　編劇將原著曹雪芹的【枉凝眉】詞句，編為六句京劇【反二黃】唱詞，前有「葬花」之【西皮二六】、中間有聽曲之崑曲曲牌、後有【反二黃慢板】，一

〔註 53〕《舞臺生活四十年》，《梅蘭芳全集》第一卷，頁 294。

方面音樂富有層次變化，伴隨黛玉一路之上的心境轉折；另一方面，新戲藉由挪用崑曲《牡丹亭》〈遊園〉的【皂羅袍】和〈驚夢〉的【山桃紅】，在今日二十一世紀的舞臺上可說是司空見慣、習以為常，但回溯 1916 年的當下堪稱創舉、實屬不易，一方面正因 1923 年崑曲最後一個職業崑班「全福班」解散，在此前兩年 1921「蘇州崑劇傳習所」成立，專門培育崑劇演員，在這樣大環境眼見得崑曲日漸蕭條，能在京劇新戲中插入崑曲，另一方面即使從戲曲史「京崑本一家」的角度而言，但是幾乎未見新編戲直接調用現有的崑劇傳奇，而且在挪借嫁接之後，不僅讓「冷戲」耳音有所變化，〔註 54〕渲染烘托劇中主角聽曲傷懷氛圍，梅蘭芳自言：「這兒黛玉的神情，真不好處理，聽曲的姿態，要有變換，不能老站著傻聽，應該把她因為聽曲而自傷的心情表達出來。」〔註 55〕黛玉幽閨自憐、孤芳自賞的形象，通過梅蘭芳揣摩入微而立體呈現，正如合作演員姜妙香描述：「不僅使人覺得他像黛玉，而且令人感到他就是林黛玉」，〔註 56〕梅蘭芳自言：「黛玉葬花裡那些含蓄的面部表情和動作，就需要演員自己想辦法調整節奏，加強內心表演深度，才能鮮明清楚的使觀眾得到藝術上的享受。我認為這是迫使演員深入腳色，提煉表演技術的一個實踐機會。」〔註 57〕而值得一提的，「南歐北梅」南方四大名旦之一歐陽予倩（1889～1962）於 1915 年也曾演出葬花題材轟動一時，「可以算是在上海第一次的古裝京戲」，〔註 58〕若由其文明戲出身、而後成為話劇名家的背景來看，推測劇本的情節架構、敘事手段可能較為豐富曲折，但其實未必如此，歐陽予倩的《黛玉葬花》有四場：第一場林黛玉見薛寶釵在賈寶玉房內，引發自己寄人籬下之苦，「妒煞娥眉天不管，滿城風絮正愁人」；第二場紫鵑寬慰黛玉；第三場寶玉特來向黛玉賠罪；第四場黛玉葬花，與寶玉兩人誤會冰釋。〔註 59〕主事件就是葬花，黛玉的情感內涵反而沒有愈加深化，因此歐

〔註 54〕「這是一出很冷的戲，可是梅蘭芳就從「冷」字上下功夫，使觀眾受到感動，讓曹雪芹筆下的林黛玉形象在舞台上體現出來，收到了適度的效果。」《中國四大名旦》（河北：河北人民出版社，1990 年），頁 35。姜妙香：〈談梅蘭芳的《黛玉葬花》〉，《梅蘭芳藝術評論集》（北京：中國戲劇出版社，1990 年），頁 427。
〔註 55〕《舞臺生活四十年》，《梅蘭芳全集》第一卷，頁 292。
〔註 56〕姜妙香：〈談梅蘭芳的《黛玉葬花》〉，《梅蘭芳藝術評論集》，頁 427。
〔註 57〕梅蘭芳：《我的電影生活》，《梅蘭芳全集》第四卷，頁 292。
〔註 58〕歐陽予倩：〈作京戲演員的時期〉，《自我演戲以來》（1907～1928），頁 58。
〔註 59〕《黛玉葬花》劇本收入於《歐陽予倩文集》編輯委員會：《歐陽予倩文集》第二卷（北京：中國戲劇出版社，1980 年），頁 1～12。

陽予倩的《黛玉葬花》並未延續流傳，而梅蘭芳的《黛玉葬花》卻成為梅派代表劇目，就是因為齊如山從劇本中全面凸顯發揮梅蘭芳表演特質。

三、「古裝新戲」風格轉變之一

霸王虞姬因「國劇宗師」楊小樓與梅蘭芳的搬演而風靡南北：「梅楊演藝誠奇特，神巧直與真情逼，小樓自具拔山力，畹華獨擅傾國色」，〔註60〕不過早在 1918 年楊小樓和尚小雲便推出由清逸居士撰寫四本《楚漢爭》，〔註61〕既以「楚漢爭」作為劇名，自然以項羽為主角、劉邦與韓信等人為重，虞姬這一腳色完全屬於陪襯配角，〔註62〕筆者找出楊小樓於 1919 年上海天蟾舞臺演出的廣告，如圖 4-2《申報》1919 年 9 月 17 日第 5 版廣告：

圖 4-2：「文武連檯歷史新戲」《楚漢爭》廣告

宣傳的重點落在楊小樓氣宇軒昂霸王身上：「今世伶界舍楊君固不足以狀霸王之英雄，其扮相之大方，架子之雄偉，唱念之音節激楚，使觀者儼如目睹楚重瞳之氣慨。全戲歌舞並重，牌子架式尤多，為最重頭之戲，向不輕易演唱。」末端則補充「尚藝員小雲飾虞姬錦上添花、相得益彰」，僅以簡短

〔註60〕愛人：〈觀楊小樓梅蘭芳合演霸王別姬作此〉，《文藝叢刊》第二期（1923 年12 月 22 日）。

〔註61〕戴淑娟：〈楊小樓藝術活動概略〉，《楊小樓藝術評論集》（北京：中國戲劇出版社，1990 年），頁 283。

〔註62〕齊如山：〈漫談楊小樓〉，《楊小樓藝術評論集》，頁 41～42。《舞臺生活四十年》，《梅蘭芳全集》第一卷，頁 658～659。《霸王別姬》最初劇本收入於《戲劇月刊》，1928 年第 1 卷第 6 期。

文字描述扮飾虞姬的尚小雲，但就初出茅廬的尚小雲而言，《楚漢爭》名義上雖非自己的個人新戲，但不折不扣是其第一齣參與創演的嶄新劇目，根據演出劇評：

> 小雲之飾虞姬，真能將當日維谷情態，刻畫靡遺，以虞姬外秀內慧，善察人情，為君王起舞帳中之際，進退殊難自決，情絲牽累，早在美人慧眼之中，故飲劍自裁，以明其志。〔註63〕

尚小雲細膩刻畫虞姬慧眼對重瞳、飲劍楚帳中，值得注意的是，劇評家張聊公觀後心得：「尚小雲之虞姬，一段唱工，學梅甚肖，化妝及臺步，較前大進。」〔註64〕指出其唱工比擬梅蘭芳是維妙維肖，其時的尚小雲鋒芒銳利一時稱絕，在 1918〜1919 年間，北京出現了「醉雲社」、「聽雲集」，甚有一位清室遺老盦主人組織「尚友社」，社員多達千人，足見尚小雲廣受戲迷歡迎擁戴。〔註65〕而後值楊梅合組「崇林社」（楊梅二字皆從木，故取此班名），1921 年齊如山根據《千金記》傳奇進一步改編撰寫，而看完齊版初稿的吳震修直指「分頭二本兩天演還是不妥」，梅蘭芳也回想意識到尚、楊的《楚漢爭》因為劇情複雜分為數天演出，可不能重蹈「過場太多、顯得過癮」的問題，因此通盤考量之下，經齊如山與吳震修等人刪繁就簡、銜接潤色而「點石成金」：擷取以霸王打陣和虞姬舞劍作為重點，劇情為西楚霸王叱吒風雲但剛愎自用，能征善戰卻有勇無謀，誤聽韓信派來詐降的李左車誘兵之計，採納進兵伐漢的建言反而被困垓下，漢兵略地四面楚歌，虞姬為項羽置酒舞劍後自刎，項羽眼見大勢已去，無顏面對江東父老而自刎烏江。正如李伶伶撰寫的《尚小雲全傳》所指出的：「《楚漢爭》所存在的缺陷，恰恰給了梅蘭芳擺脫尚小雲的追趕又一躍而前的機會。」〔註66〕《霸王別姬》之所以成為梅派常演不衰的經典劇目，其一、精緻細膩的抒情唱段，根據筆者聆聽 1929 年蓓開唱片與參閱《絕版賞析》吳迎的分析說法，〔註67〕梅蘭芳將原先的【慢板】改為「緊打慢唱」的【搖板】：「自從我隨大王東征西戰，受風霜與勞碌年復年

〔註63〕雙谿：〈尚小雲傳〉，《尚小雲專集》（北京：京津書局排印，1935 年），頁 3。

〔註64〕張聊公：〈楊小樓之楚漢爭（一）〉，《聽歌想影錄》（天津：天津書局，1941 年），頁 144〜145。

〔註65〕棘公：〈尚小雲別傳〉，《戲劇月刊》第一卷第八期，1929 年 2 月 10 日。

〔註66〕李伶伶：《尚小雲全傳》（北京：中國青年出版社，2011 年），頁 94。

〔註67〕《絕版賞析》，吳迎談 1929 年蓓開唱片，https://www.youtube.com/watch?v=M_qDTzGj_rQ。2019 年 4 月 14 日下載。

年，何日裡方得免兵戈擾亂，消卻了眾百姓困苦顛連。」揭示虞姬因大王出戰未歸的心緒繁亂。而巡營獨步帳外的唱腔，則繼《嫦娥奔月》後再度使用【南梆子】：「看大王在帳中和衣睡穩，我這裡出帳外且散愁情，輕移步走向前荒郊站定，猛抬頭見碧落月色清明」，首句簡潔平唱之中沖淡自然，第二句由低音轉高腔自然銜接，彷彿古戰場之「雲斂晴空、冰輪乍湧」立現眼前。其二、虞姬面對著慷慨悲歌的項羽，強顏歡笑的一段舞劍表演，所唱【西皮二六】：「勸君王飲酒聽虞歌，解君憂悶舞婆娑。贏秦無道把江山破，英雄四路起干戈。自古常言不欺我，成敗興亡一剎那。寬心飲酒寶帳坐！」接續【夜深沉】曲牌舞劍，梅蘭芳為此曾請教武術老師教習太極拳和太極劍，亦向王鳳卿學習《群英會》的舞劍與《賣馬》的要鐧，〔註68〕他自己的體會是：「《霸王別姬》的舞劍的位置，是環繞在四個犄角和中央，成為一朵梅花式的圖案，假使你的舞蹈步法不夠準確和嚴整，就會給觀眾一種殘缺支離的感覺。」〔註69〕梅蘭芳加工鎔鑄武術力道與舞劍程式，還必須舞得好看完美、合拍符節，而親眼得見的齊崧認為具有以下三項原則：

　　（甲）舞步的疾徐，必須能切合文場的節奏。

　　（乙）舞姿動作的起伏，必須能與唱腔的高低相互配合。如唱的是
　　　　　鶴鳴九皋而舞的是沉沙落雁，那就會顯得不順了。

　　（丙）《別姬》裡舞劍的面目表情，要凝重嚴肅，萬不可於無心中
　　　　　喜形於色或帶半點輕浮。兩眼眼神要隨著劍尖走，換句話
　　　　　說，就是要眼球隨著劍尖的掄擺而轉動。〔註70〕

　　這段表演追求的並非是目不暇給耍弄武藝的視覺刺激，反而是講究身段之運用自如，依靠肩膀、手臂與手腕施展勁頭揮舞雙劍，而演員的表情正如齊崧所指出必須沉毅凝重，眼神必須直視對準劍尖，絲毫不能渙散失焦，展現出虞姬即使內心煎熬，卻是哀愁不形於色的堅忍剛毅。其三、這齣戲更展現了梅蘭芳表演的深度，如戲曲研究者劉彥君指出的：「以虞姬來說，無論是暗自思忖，或是見機阻諫，還是含淚悲歌，都是在與霸王交流的規定情境中表現的」。〔註71〕利用傳統京劇程式「打背躬（供）」——人物背對所交流的

〔註68〕《舞臺生活四十年》，《梅蘭芳全集》第一卷，頁664。
〔註69〕梅蘭芳：〈中國京劇的表演藝術〉，《梅蘭芳全集》卷三，頁43。
〔註70〕齊崧：《談梅蘭芳》（北京：新華書店，1988年），頁116。
〔註71〕劉彥君：《梅蘭芳傳》（石家莊：河北教育出版社，1996年），頁124。

人物，面向觀眾說出自己的「潛臺詞」，即「內心獨白」或「旁白」，〔註72〕只瞞劇中人而不瞞觀眾，面對大王的時候是故做鎮靜和強顏歡笑，隱藏自己跟隨大王東征西戰的辛酸煎熬；但轉過身來面對觀眾的時候，則是表演出虞姬內心悲涼滄桑的一面，面項羽則喜、背大王則悲，「藏中見露、露中見藏」兩層的表演必須要拿捏的恰到好處，曾經合演過霸王項羽的淨角演員劉連榮（1900～？），便指出梅蘭芳的表演是「含蓄多於外露，壓抑多於傾洩，他把這一人物刻畫得極有深度。」〔註73〕又如同梅蘭芳常演的吹腔戲《奇雙會》，〈哭監〉一折李桂枝發現監中犯人竟是失散多年的父親，唱【吹腔】：「聽父言，心暗驚。哎呀爹……」，在「爹」字出口之後有一個緩慢回望又轉過身來的動作，梅蘭芳曾經一度將哭泣面孔毫不隱藏顯示給臺下觀眾，而後經過再三琢磨，體悟「在生活中喜怒哀樂都不能失掉『莊嚴』，悲痛到了極點的時候，只有掩面而泣，身上姿態所表現的悲哀也是有分寸的。」〔註74〕梅蘭芳注重且掌握「表演分寸」，這層「藏、露、收、放」表演深度，在之後的《宇宙鋒》愈加可以見得，筆者將於下章進一步論述。

　　因此由1918年楊小樓與尚小雲合作以武生為主角的《楚漢爭》，到1922年梅蘭芳與楊小樓合作的《霸王別姬》，戲份由霸王虞姬棋逢對手、生旦並重平分秋色，終至虞姬一人獨占鰲頭，無形之中成為梅派經典代表。

四、「古裝新戲」風格轉變之二

（一）《洛神》：含蓄內斂表演風格

　　繼《霸王別姬》之後，1923年的新戲《西施》、《洛神》又見古裝新戲之轉變突破——「尤重唱工氣韻」，《西施》全劇除「佾舞」之外，基本上以唱工為主，透過「西施女生長在苧蘿村裡」【西皮】、「水殿風來秋氣緊」之【二黃慢板】唱段，營造整體抒情美感，而《洛神》可說是延續這股性質，取材自三國曹植《洛神賦》，若以今日強調劇情高潮迭起著手編劇，如筆者於2012年觀看唐美雲歌仔戲團所演出《燕歌行》，新詮曹丕、曹植與洛神宓妃之間錯綜

〔註72〕余漢東：《中國戲曲表演藝術辭典》（北京：中國戲劇出版社，2006年），頁835。

〔註73〕劉連榮：〈合演霸王別姬所得〉，轉引自王安祈：《為京劇表演體系發聲》，頁54。

〔註74〕《舞臺生活四十年》，《梅蘭芳全集》第一卷，頁473。

複雜的三角關係，但當時眾星拱月以梅蘭芳為中心的個人挑班劇團而言，劇情自然而然的集中在洛神一仙，凝聚焦點於一位明星身上，由此角度思考出發，反倒是將此劇編排出一股「仙氣」、營造一縷「意境」，不予強調曹植與宓妃似假還真的情愫，也不由三角戀愛主題進一步發揮，編劇齊如山非常明快的只寫曹子建隻身返回蜀地，夜宿洛川驛站的一場夢境，表面上的寫法是安排曹子建做了一夢，真有漢濱遊女和湘水神妃帶路指引與宓妃相會，可說是「反客為主」的編劇方式，正如同王安祈指出的「視角的對換」，〔註75〕明明是曹子建的一場夢境幻想，玉鏤金帶枕上想起自己入夢，卻真實變成洛神對曹子建的邀約，最後洛神飄然而去，曹子建望著洛川餘情裊裊結束，如此賓主倒置、欲假還真，將想像涉入劇情之中，營造縹緲如夢流蕩似幻氛圍。筆者觀賞梅蘭芳《洛神》戲曲電影片——1955 年由吳祖光擔任導演，北京電影製片廠拍攝，劇中主要的歌舞場面「川上相會」，〔註76〕一方面將《洛神賦》編為群舞舞蹈，臺上仙女仙童皆是中國戲曲學校的學生，其中張曼玲和劉淑文飾演漢濱遊女和湘水神妃，搭配洛神一同歌舞，配合三層高臺布景，營造蓬瀛幻境、仙山瓊閣的劇場效果；另一方面則是西皮唱腔的安排，從頭句內唱【導板】「屏翳收風天清明」開啟，所唱【慢板】、【原板】轉【二六】、再轉【快板】、【散板】如此繁重的唱段，試看其中這段【原板】極為特別：

　　我這裡翔神渚把仙芝採定。

　　我這裡戲清流來把浪分。（接「回回曲」牌子）

　　我這裡拾翠羽斜簪雲鬢。（接「山坡羊」牌子）

　　我這裡採明珠且綴衣襟。（接「萬年歡」牌子）

　　眾姊妹動無常若危若穩，（接「一枝花」牌子）

　　竦輕軀似鶴立婉轉長吟。（接「香柳娘」牌子）

　　這段旖旎動人的【西皮原板】一句唱畢，中間過門夾雜一支曲牌，再繼續唱一句【原板】，重複五次刻意安排運用曲牌音樂的成套唱腔，頗具新意改

〔註75〕王安祈：〈穆桂英捧起帥印，梅蘭芳看見自己〉，《錄影留聲　名伶爭鋒——戲曲物質載體研究》，頁 272。

〔註76〕1956 年臺灣「梅派青衣祭酒」金素琴也拍攝了同名《洛神》電影，由金素琴扮演洛神、劉玉麟飾演曹植，熊光導演、齊如山擔任顧問，筆者於 2014 年《銀燈影戲耀紅氍》觀賞過此部電影。相關研究參見李元皓：〈從《洛水悲》到《洛神》〉，收入於李瑞騰、卓清芬主編：《物我交會：古典文學的物質性與主體性》（臺北：萬卷樓出版社，2017 年），頁 143～160。

變傳統京劇既有過門板式結構，不僅作為唱段的暫歇鋪墊、唱詞的承上啟下，更提供演員載歌群舞的空間，筆者翻閱當時演出宣傳《申報》1928 年 12 月 22 日第 31 版廣告，詳見圖 4-3：

圖 4-3：梅蘭芳歌舞名劇《洛神》

廣告中註明：「末場名（川上之會）為全劇精華所在，洛神所謂解玉珮以要之，即在此時，其濃豔處，可稱中國歌舞劇空前之大觀，梅君歌唱，先由導板，慢板，原板，二六，轉快板，在原板中，再加入【回回曲】【上坡羊】（按，應為山坡羊）【一枝花】【萬年歡】等四種排子（按，應指曲牌之牌子），梅君按板且歌且舞，舞中再轉二六板，再轉快板，旋舞旋歌，舞中再轉二六板，再轉快板，旋舞旋歌，愈形緊湊。」京劇原本即運用曲牌當背景音樂以配合特殊情境，例如【小開門】為更衣、寫信、行路或拜賀時的伴奏曲，如《四進士》宋士杰謄寫書信時便使用該曲牌；【朝天子】（亦稱【謁金門】）既用於《盜御馬》加強行圍射獵場面氣氛，亦用於《將相和》帝王上場表現宮廷氛圍；〔註77〕但梅蘭芳的設計安排卻不是如此，《洛神》卻是將曲牌插入唱腔中配合舞蹈，足見其音樂創發對京劇旦角藝術演進有正面助益。

〔註77〕上海藝術研究所中國戲劇家協會上海分會編：《中國戲曲曲藝詞典》（上海：辭書出版社，1981 年），頁 136、137。

　　由廣告上頭「歌舞名劇」標題、「中國歌舞劇空前之大觀」文字描述，梅蘭芳這幾齣古裝新戲從文學化劇本（《洛神賦》原詞化入）和歌舞劇表演發展旦角藝術，取崑之長、但不同於崑，發展出特殊的「京劇歌舞劇」。而這段歌舞濃淡得宜的情緒更是極為困難，面對著目不轉瞬的曹子建，洛神必須偶爾注目凝望，但不能帶有具體的表情，又要有幾絲清愁深藏眉宇之間，最後唸完「你我言盡於此，後會無期，殿下萬千珍重，小仙去也」，離去分別是如此沉靜莊重，但畢竟一切處於虛無飄渺之間，又得把這股沉重化為淡粉輕煙，正如齊如山所說：「洛神與曹植夢中相晤，不能一點表情也沒有，這種表情，倒相當的難，因為表現稍一過火，則近於真人，未免煙火氣太重，且不似仙；倘做的太雅淡，則大眾不容易明瞭，若想做的不即不離，而觀眾又能明瞭，則確非易事。」〔註78〕因此這齣戲難的是「舉重若輕」，梅蘭芳在演出靈秀脫俗的嫦娥、天女、西施基礎之上，至 1923 年轉而嘗試挑戰具有重度感的洛神表演，相對而言既具有超凡仙氣又兼備凝重氣勢，華麗唱面之中展現幾縷哀愁，「含蓄內斂」漸成為梅派特質，尤以《洛神》這戲最為代表。

（二）《太真外傳》：連臺本戲之嘗試

　　1925 至 1926 年豪華古裝《太真外傳》共有四本，是梅蘭芳首度嘗試的歷史傳說「連臺本戲」，編劇齊如山基本上約略按照《長生殿》「彈不盡悲傷感嘆」的脈絡走向，鋪陳楊貴妃「含情凝睇謝君王」之情感，筆者翻閱當時報刊資料，頭本由道宮遇豔至華清窺浴，第二本包含沉香醉寫、藩戚弄權、西閣妒藾、出宮獻髮、登樓望闕、祿山拜母、天上霓裳、夢遊月宮，第三本楊妃翠盤舞、第四本包含月宮夢會。〔註79〕以敘事架構、情節編排而言，有此「湊湊篇幅的文章」評價說法，〔註80〕正因為一來四本煌煌巨製篇幅排演費時，二來大型歌舞製作費事，導致全劇樣貌不易流傳窺見，其精華唱段雖極精彩、傳唱不歇，但歷來演出機會不多。〔註81〕而在論析古裝大戲《太真外傳》之

〔註78〕齊如山：〈齊如山回憶錄〉，《齊如山全集》（臺北：聯經事業股份有限公司，2016 年），頁 6130。

〔註79〕《申報》，1926 年 11 月 25 日、12 月 4 日。

〔註80〕劉彥君：《梅蘭芳傳》，頁 172。

〔註81〕2013 年由中國戲曲學院製作，梅葆玖擔任藝術指導，李勝素與于魁智領銜的《梅蘭霓裳》，號稱以 3D 多媒體製作打造，自《太真外傳》擷取精華共有六場：道宮定情、華清賜浴、長生盟誓、驪山羽舞、馬嵬殞命、玉真仙會。另參閱周龍主編：《梅蘭霓裳創作文集》（北京：中國戲劇出版社，2013 年）。

前，必須提及另一齣「極繁重的歌舞劇」《貴妃醉酒》，梅蘭芳與小翠花同樣學自於路三寶，但兩人演法截然不同，梅蘭芳在楊貴妃初則掩袖而飲、繼而不掩袖而飲、終則舉杯一飲而盡的過程中，〔註82〕去蕪存菁淡化醉話酒態、過份香豔的做工表演，長期合作的琴師徐蘭沅便這樣形容：「無論是唱唸做，在他演來已經達到了淨化的程度，然而卻是演一次、改一次、進一次、精一次」。〔註83〕全劇主要以【四平調】貫串全劇反映宮怨，看似旋律單調只有原板和慢板，〔註84〕但流暢平滑曲調所傳達的情緒非常多面，詮釋情感可以是悠閒自在、卻也可是萬端愁緒，而楊貴妃正是在閒情和愁緒之間擺盪游移，前半綵服明璫、儀態萬方出宮院之：「海島冰輪初轉騰，見玉兔，玉兔又早東昇，那冰輪離海島，乾坤分外明，皓月當空，恰便似啊嫦娥離月宮，奴似嫦娥離月宮。」奉召侍宴前往百花亭：「好一似嫦娥下九重，輕輕冷落在廣寒宮，玉石橋斜倚把欄杆靠……」，甜寬圓潤兼而有之，婉轉嫵媚音韻呈現歡愉氣氛；後半聽聞萬歲駕轉梅妃西宮，楊貴妃強作鎮定、惆悵自飲、醉後而歌，當高裴二力士誆駕，先是【二黃導板】「耳邊廂又聽得駕到百花亭」，轉【回龍】「啊！嚇得奴戰兢兢跌跪在埃塵」接【四平調】「這才是酒入愁腸人已醉，平白誆駕為何情！啊為何情！……」通過【四平調】板式旋律變化、層次鋪排，腔隨字走、字領腔行，舒展貴妃內妒外嬌的華麗與哀愁。

由此反觀《太真外傳》「以唱為主」極為動聽處，筆者聆聽梅蘭芳 1931 年灌製新樂風唱片除沿用【四平調】如「纖雲弄巧輕煙送暝，秋光明靜碧落沈沈」，成為梅派最名貴的唱段，其旋律不花俏不複雜、但卻極難唱，得唱出雍容典雅，後來幾乎成為梅派嫡傳梅葆玖晚會清唱表演的指定選段，頭本「華清賜浴」的「聽宮娥在殿上一聲啟請，我只得解羅帶且換衣襟」更採用別緻而耳目一新的【反四平】新腔——在【四平調】基礎上所創發的新板式，此刻楊貴妃既呈現「六宮粉黛無顏色」之得意自在，但入浴出浴又是難為情的私領域表現，藉由反四平調反襯出嫵媚自得卻纏綿羞澀的韻味，此處值得一提的是在 1936 年首演的《生死恨》同樣設計了【反四平】，倒是淋漓盡致唱出

〔註82〕《舞臺生活四十年》，《梅蘭芳全集》第一卷，頁 38～39。

〔註83〕徐蘭沅：《徐蘭沅操琴生活》第三集（北京：中國戲劇出版社，1963 年），頁 15～16。

〔註84〕何為在《戲曲音樂研究》一書中針對《貴妃醉酒》唱腔有詳細論述，詳見何為：〈京劇《貴妃醉酒》唱腔分析〉，《戲曲音樂研究》（北京：中國戲劇出版社，1985 年），頁 190～254。

了韓玉娘面對生離死別的悲戚哀愁。而「馬嵬埋玉」並未安排太多唱腔，正因為傳統戲曲的劇情高潮不在衝突的當下，高潮反而落在了第四本「月宮夢會」帝妃月宮團團的想像之中，太真仙子聽說唐明皇來訪並未驚訝興奮，而是如同《洛神》如夢似幻、虛無縹緲的氛圍，這一切儘管是唐明皇的虛擬幻境，但是具體真正出現了超凡脫俗的太真仙子，繼《廉錦楓》獨創旦角【反二黃導板】板式，太真仙子此句【導板】「忽聽得侍兒們一聲來請」更見跌宕起伏，接續【回龍】轉【慢板】構成份量極重的成套唱段，並非直接陳述重逢的情緒，而是將這股情緒化入一種情境中，營造似真還假之外，更是歷經生死的「情感沉澱」，再次重逢已無大喜大悲；更「以舞為賓」別開生面設計在轉動的高足圓盤上表演舞蹈，場子之壯麗紛華、結構之堂皇宏偉，不折不扣展現此時期的華貴氣度。

　　綜觀以上新戲逐步展現含蓄典雅、情感沉澱，是梅蘭芳極高藝術境界的表現，旦行發展至此，文化的高度已經逐漸提煉出來，且又展現幾個不同面向：並不只是寫實描述人情悲歡離合、聚散無常，而是能將大喜大悲化為事過境遷後的追憶反思，訴出若有似無的情感，使得梅派這些新戲因為含蓄內斂而形成一種情感的高度境界，因此梅派至此塑造眾多種類女子人物形象，而同時期尚小雲、荀慧生又有不同的風姿，以下由尚荀二人論析。

第三節　尚小雲與荀慧生新戲發展

一、尚小雲新戲之開拓

　　尚小雲在前一階段尚以「梅蘭芳第二」作為號召，然在此時期已可見尚派特色成型，在傳統劇目的唱唸環節，雖擁有鐵嗓剛喉、音色飽滿的大器磅礡特質，但其變革處並不明顯，始終遵循典型正宗青衣直腔直調的表現方式，維持京劇旦行表演的嚴謹規範，這是其「傳統」的一面；在新戲編創方面，則有其「創新」的格局，先後與「雲邊人物」：清逸居士（溥緒，1882～1933）、還珠樓主（李壽民，1902～1961）兩位編劇合作，特別是正負評價兩極化之《摩登伽女》，正是以此齣新戲獲得五大名伶新劇票選榜首，以下分由兩點進行論述。

（一）新戲俠義女性塑造：「雲邊人物」清逸居士量身打造

　　尚小雲嗓音寬亮的資質條件，除了具有繁重傳統唱工戲的演唱優勢之

外，以及曾經搭班由武生宗師楊小樓為首的桐馨社，紮實武功根柢基礎，愈加強化其舞臺表現的力度，因此在身邊文士「雲邊人物」如 1920 年代的清逸居士、1930 年代還珠樓主先後為其打造的量身劇目中，多是文武帶打，集中展現「俠義」的人物特色，編劇清逸居士本名為溥緒，字竹生，1911 年之後自稱為莊清逸、又叫金菊隱，清逸居士為其字號。作為末代莊親王載功之子，可說是出身貴冑王府，然因時代更迭轉替，沉迷戲院投身劇壇，熟諳戲曲表演更與名伶演員交情良好，筆者翻閱民國初年報刊，見其曾與齊如山、梅蘭芳等人一同參加 1929 年新豔秋（1910～2008）〔註85〕拜王瑤卿為師之盛會，〔註86〕《申報》特別列出清逸居士之名，可見已稍有名氣；由梅蘭芳余叔岩主導出版的《國劇畫報》，清逸居士撰寫發表多篇關於票界趣話、票友藝術軼聞等文章；〔註87〕在編劇方面，除替尚小雲前後編撰的劇本，諸如：《五龍祚》（一名《李三娘》）、《林四娘》、《千金全德》、《摩登伽女》、《婕妤當熊》、《珍珠扇》、《燕子箋》、《桃花陣》、《雲彈娘》（又名《相思寨》）、《花蕊夫人》、《白羅衫》、《楚漢爭》、《文君當壚》、《謝小娥》、全部《玉堂春》、全部《白蛇傳》、《峨眉劍》、《空穀香》、《前度劉郎》、《秦良玉》等多達二十齣之外，也替程硯秋編寫全本《柳迎春》〔註88〕、替新豔秋撰寫劇本。〔註89〕

　　尚小雲自 1923 年上演的《紅綃》又名《青門盜綃》，該劇取材於唐代段成式《劍俠傳》，改編為博陵名士崔芸與汾陽王郭子儀歌姬紅綃兩人聚合，有情人終成眷屬，〔註90〕根據曾於天津春和劇院觀賞過的評論家聊止所描述：

〔註85〕新豔秋原名王玉華，與雪豔琴、章遏雲、杜麗雲四仁和稱為「四大坤旦」，被推為「坤伶主席」，為著名程派傳人。

〔註86〕《申報》特闢專欄予以報導，見《申報》，1929 年 7 月 24 日。

〔註87〕諸如清逸：〈票界趣話〉，《國劇畫報》，1932 年第 1 卷第 25 期連載至第 2 卷第 4 期。清逸：〈票友之藝術〉，《國劇畫報》，1932 年第 1 卷第 13 期連載至第 22 期。清逸：〈票界軼聞〉，《國劇畫報》，1932 年第 1 卷第 39 期連載至 1932 年第 2 卷第 6 期。

〔註88〕舜九：〈程豔秋新排之全本柳迎春〉，《申報》，1930 年 6 月 4 日。

〔註89〕《申報》，1930 年 2 月 26 日。

〔註90〕〈尚小雲新排「紅綃」在京開演〉，《申報》，1923 年 12 月 14 日。因資料難得，故將劇目詳列如下：郭令公絲竹娛情、崔千牛簪纓繼美、河洲待詠關雎什、相府初瞻臥虎威、談燕從容張綺席、驚鴻歌舞出紅綃、有女懷春情含脈脈、彼都者子願學鶼鶼、掌珠燈筵前銜使命、指玉鏡月下待郎來、猜啞謎識破巧機關、赴佳期初試好身手、慶霎蛾佳人延月待、殲猁犬俠客御風行、比翼鴛締結三生石、隻飛鳳扶搖五夜鐘、旅次青廬美滿如花眷、洞房花燭權借讀書燈、憂國深心防草澤、過人雅量放楊枝、海燕玳梁關情春陌柳、青驄油

「小雲此齣，以低調寫深情，其婉轉處確自動聽，最後青門舞劍，身手夭矯，頗形剛健，與梅、程舞法，各有巧妙。」〔註91〕而同樣的人物類型，1925年程硯秋則是由編劇金仲蓀改編成《聶隱娘》，更為貼近原作傳奇小說，在此之前，更有1918年梅蘭芳推出《紅線盜盒》，1923年程硯秋也已打造《紅拂傳》，可見名伶競尚新戲趨勢之下，不約而同塑造俠女的劇中人物：「紅線、紅拂、聶隱娘、紅綃」，亦可見京劇青衣要求演員得具備深厚武功。若梅蘭芳演紅線以夜行時配合「雲帚」、「斗蓬」，而腰又配寶劍，頭上又是古裝頭，這些裝扮俱是增加歌舞難度之餘，清歌婉妙、載歌載舞作為呈現，從技藝方面體現齊如山所強調追求崑曲獨特的表演美感，而尚小雲演紅綃則可說是著重劇中人物的剛健形象，凸顯武場的功夫，更重要的是，自此開啟塑造一系列的俠義女性，如1924年《秦良玉》改編源於清乾隆年間董榕《芝龕記》傳奇，展演秦良玉「桃花馬上請長纓」的英雌形象，掃蕩狼煙建立奇功；1925年《林四娘》根據清朝楊恩壽《姽嫿封》傳奇改編而成，其中情節不僅有四娘舞劍為壽，劇評家有言：「四娘興兵為夫復仇，與流寇鏖戰之後，即在靈筵時唱反二黃一大段，非有真實藝術功夫不辦」；〔註92〕《謝小娥》又名《貞女殲仇》，劇中喬裝男子身分，為父親與丈夫報仇殲惡滅賊；1928年《婕妤當熊》飾演馮婕妤一角，雖身為宮廷后妃，見有熊直撲帝前，情勢危急之際毫不猶豫挺身而出，有此劇評：「舞劍一場唱工圓穩、步法輕健，及後刀光人影滾成一團，由見其出手之活潑，擋熊一場演來有英武氣」；〔註93〕1929年《峨嵋劍》與梅蘭芳《宇宙鋒》、程硯秋《青霜劍》、荀慧生《鴛鴦劍》並列為「四口劍」相同主題，尚小雲則是在濃烈神怪色彩中，突顯出主角碧雲為報殺父之仇，央求許真君教煉峨嵋劍十二柄，「練就峨嵋劍光芒燦爛，又有吶劍影鏡澈骨光寒」，最終鬥劍硃殺豬婆龍。

　　以上這一系列的劇中人物塑造與表演風格，可上溯自1918年與楊小樓配演《楚漢爭》之虞姬，個人私房劇目《紅綃》以降，不外乎是堅貞節烈、智勇

壁同賞曲江花、杏花帘酒家沽飲、桃葉艜郭僕尋春、漏春光酒樓驚豔影、煞風景醉尉發狂言、當車斗膽嗤螳背、歸路驚心問馬蹄、緹騎索崑崙森嚴刁斗、冥鴻脫繒繳指示仙機、有約青門感驪奏、多情紅葉謝鶯媒、問來因富貴壽考、成好事眷屬神仙、璧合珠聯紅顏有託、華燈仙仗白日上昇。
〔註91〕聊止：〈觀尚小雲之青門盜綃〉，《尚小雲專集》「評論彙錄」，頁8。
〔註92〕明炯：〈紀林四娘〉，《尚小雲專集》「評論彙錄」，頁6。
〔註93〕辣公：〈觀綺霞之婕好當熊〉，《尚小雲專集》「評論彙錄」，頁5。

雙全，多部劇作使用「劍」為砌末道具，尚小雲曾自言：「本人總覺得中國的女子太軟弱，太偏於依賴。本人所編演的諸劇就是著眼這一點的。雖不敢詡有轉移風俗的力量，但是至少亦可使女子多一種興奮的助力。這是本人大膽的一種嘗試。」〔註94〕可見其刻意追求女性剛勁逸麗形象，從個人因素而言，則可說是與尚小雲自身「生性豪俠」一拍即合，〔註95〕翁偶虹說的藝如其人「爽快明秀、豪放熱情」，〔註96〕而後與編劇還珠樓主李壽民的合作無間，更是進一步開拓對於「俠」的獨特演繹。

（二）1927年獨具一格《摩登伽女》：競奇立異與創新膽識

尚小雲與清逸居士兩人合作期間，最為著名的新戲便是首演於1927年1月16日北京新明戲院的《摩登伽女》，主角鉢吉帝身為印度種姓制度最為卑微低賤的「旃荼羅」階層，但卻能夠潔身自好、守身如玉，并邊巧遇王族尊者阿難求乞清泉，便陡生情愫愛其才貌雙全，萱堂摩登伽夫人為遂兒心願，乃擺設祭壇施行幻術、勾攝阿難魂魄。後經如來點化劍斷情絲，鉢吉帝參透人生夢幻，明瞭「紅粉朱顏變髑髏，鏡裡空花難永守」，〔註97〕智斬情緣皈依佛門。故事取材自印度佛教經典，劇名之「摩登伽」為印度梵文，意思為「惡作業」之義，追本溯源從《楞嚴經》切入理解，「摩登伽女」被定型為妨礙修道者的反面教材，〔註98〕單就劇本而言，宗教道德意味濃厚，以阿難轉瞬成衰翁、鉢吉帝紅顏變白髮來勸說滅卻妄念；亦含有貴賤不分、眾生平等意識思想，如阿難體悟自言「世尊既稱人人平等，因何單獨歧視旃荼羅」，〔註99〕也正符合清逸居士〈編新劇之我見〉文章提及：「鄙人以為若將歷代史書、各種典故，盡編成皮黃，詞句須明白坦易，使婦人孺子莫不通曉，既可補助無形教育，又可提倡中國藝術，治理論哲學於一爐，尤易感化人也。」〔註100〕清

〔註94〕〈奮發圖強中之尚小雲〉，《半月戲劇》，1937年創刊號。

〔註95〕《立言畫刊》有這樣的評價：「綺霞舉止倜儻，生性豪俠，能急人之急。識與不識，凡有請求者，綺霞靡不竭力傾囊以助，故馳譽二十年而家無積蓄，然而，『俠伶』之稱，遍於天下矣。」一得軒主：〈現代名伶小傳──尚小雲〉，《立言畫刊》，1940年第68期。

〔註96〕翁偶虹：《翁偶虹看戲六十年》（北京：學苑出版社，2012年），頁386。

〔註97〕清逸居士：〈《摩登伽女》曲本〉，《戲劇月刊》第1卷第8期「尚小雲號」。

〔註98〕蘇美文：〈情欲魔女、羅漢聖者──摩登伽女的形象探論〉，《漢學研究》第28卷第1期，頁225～262。

〔註99〕清逸居士：〈《摩登伽女》曲本〉，《戲劇月刊》第1卷第8期「尚小雲號」。

〔註100〕清逸：〈編新劇之我見〉，《國劇畫報》，1932年第1卷第10期。

逸居士編劇講究移風易俗之教化藝術並重，不過難能可貴尚小雲卻能憑藉著這樣的題材，展現大膽獨到之創新意識，下文第七章有詳細論述。

二、荀慧生之「融梆子於京劇」

　　荀慧生初期學藝承襲老十三旦侯俊山、龐啟發專攻梆子花旦，自 1917 年改演京劇，正如荀慧生自言：

> 由於我具有自幼學習梆子的基礎，所以在改演京劇之後，很自然地在唱作當中融合了梆子的傳統技巧，從而漸漸地突破了京劇表演藝術的成規，有了一些革新和創造。一個新「改行」的年輕的演員，這樣的做法，不免會受到不小的責難，但是，同時我也得到了廣大觀眾的熱烈支持。〔註101〕

　　一方面轉益多師從喬蕙蘭、李壽山、曹心泉等名家學習崑曲，從吳菱仙、孫怡雲學習京劇青衣，從張彩林、陳桐雲、路三寶、田桂鳳、陸杏林、程繼仙等學習花旦及小生，先後經陳德霖、王瑤卿等名師薰陶，〔註102〕尤其備受著名武生楊小樓的提攜，1925 年採納楊小樓與余叔岩兩位前輩之建議，正式改用荀慧生名字；〔註103〕另一方面，之所以能夠在許多由梆子花旦改唱京劇花旦的演員中脫穎而出，諸如五盞燈（王貴山）、芙蓉草（趙桐珊）、小翠花（于連泉）、七盞燈（毛韻珂）、小十三旦（賈璧雲）以及路三寶等，亦有別於梅蘭芳與尚小雲純粹京劇青衣演員，與其成功汲取鎔鑄梆子特色於京劇表演美學緊密關連，本節欲從荀慧生自上海紅回北京的過程，並展開一連串新戲演出兩方面著手論析。

（一）唱腔轉變

　　荀慧生 1919 年首次赴上海天蟾舞臺演出，筆者翻閱當時《申報》1919 年

〔註101〕荀慧生：《荀慧生演出劇本選集》（上海：文藝出版社，1982 年），頁 1。

〔註102〕荀慧生：〈我對流派藝術的一些看法〉，《荀慧生演劇散論》（上海：文藝出版社，1980 年），頁 252。靜英：〈荀慧生之我見〉，《申報》，1941 年 2 月 13 日第 12 版。提及荀慧生努力青衣時期，從吳菱仙研究腔調，向王瑤卿學白口身段，《二進宮》、《寶蓮燈》、《金榜樂》、《母女會》經常貼演。

〔註103〕荀慧生：〈緬懷往事談梆子　慶幸今朝話新人〉，《荀慧生演劇散論》，頁 344。荀慧生：〈序〉，《荀慧生演出劇本選集》第一集，頁 1，19 歲毅然改演京劇。譚志湘：《荀慧生傳》（石家莊：河北教育出版社，1996 年），頁 169。在「聲」或「生」之抉擇，最後選定「生發」之生，一切創造皆產生靈慧之氣，「聲」給人單一具體之感，不如「慧生」意蘊深遠。

9月9日廣告，詳如圖4-4清楚可見：以「名震寰球南北歡迎泰斗藝員」楊小樓作為頭牌號召，協同老生譚小培、青衣尚小雲、刀馬花旦白牡丹三人形成「三小一白」演出陣容，1919年9月9日至11日前三天打炮戲，分別為：楊小樓《長坂坡》《盜御馬》《連環套》《狀元印》、尚小雲《汾河灣》《蘇三起解》《玉堂春》、荀慧生《花田錯》《貴妃醉酒》《遊龍戲鳳》，尤其首天的《花田錯》飾演丫鬟春蘭，俊俏扮相佐以絕妙蹺功，以及蘊含梆子韻味而譽滿春申。〔註104〕而根據名鬚生劉硯芳（1893～1962，楊小樓女婿）的回憶：「當時有些人提出，到上海去唱戲非同小可，必須帶有份量、有名望的旦角去才行。唱梆子的白牡丹恐怕不夠份兒。」〔註105〕但正是因為楊小樓的特意提拔帶領，而後近五年時間深根上海逐步建立名氣聲望，由圖4-5：1919年首次亮相與1920年二度演出廣告對比。

圖4-4：楊小樓、譚小培、尚小雲、白牡丹演出廣告

〔註104〕馬少波等主編，北京市藝術研究所、上海藝術研究所組織編著：《中國京劇史》，中卷，頁1271。

〔註105〕轉引自張偉君：〈荀慧生傳略〉，《京劇談往錄》（北京：北京出版社，1985年），頁308。

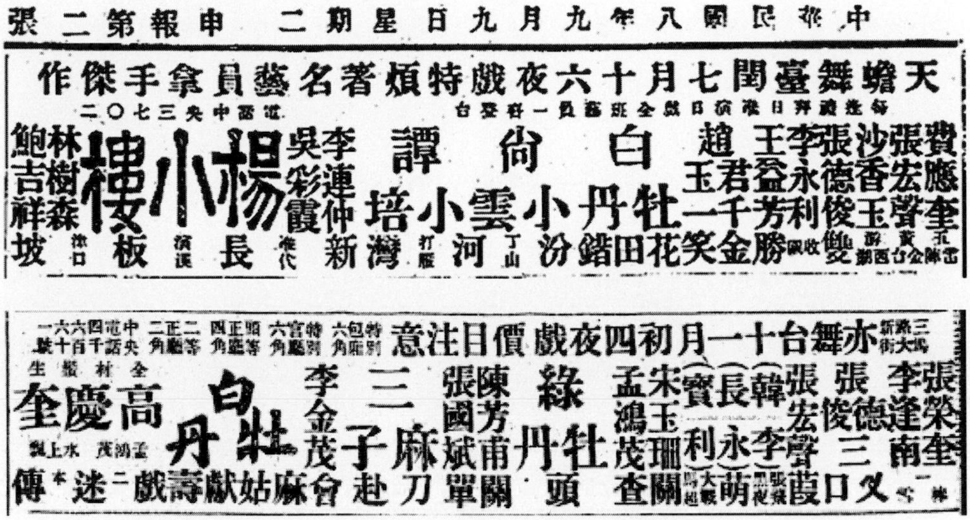

圖 4-5：《申報》1919 年 9 月 9 日與 1920 年 12 月 13 日

「江南景好又逢君」，1920 年 12 月應上海亦舞臺邀請與鬚生高慶奎（1890～1942）同臺演出，前後年兩相對照之下，不僅可見廣告「白牡丹」字體明顯加粗，以突出聲名不同以往，更見其搬演壓軸戲《麻姑獻壽》，演出戲碼排列已逐漸後移，此趟《申報》還有這樣的評論：「平心論之，白之色藝在今日花衫界中尚當得『平淨無疵』四字」，〔註 106〕而如同梅蘭芳在上海演出期間觀摩欣賞許多不同劇種藝術，荀慧生也接觸了話劇與時裝新戲，更曾應春陽社王鐘聲邀請客串文明戲，演出《秋瑾》、《熱淚》、《官場現形記》、《一元錢》、《革命家庭》等，除了在舞臺生涯首次接觸布景，體會「在文明戲的舞臺上，有一片彩繪的背幕，代替了門簾臺帳」之外，〔註 107〕更重要的是擷取文明戲重視生活化表演與情節完整性的經驗，豐富加強塑造人物的能力。而荀慧生在上海演出期間便嘗試搬演新戲，此點截然不同於梅蘭芳、尚小雲、程硯秋三人編排新戲的經驗，1921 年推出由舒舍予和楊塵因執筆的《西湖主》，取材《聊齋誌異》卷八同名小說：「近者有取聊齋中西湖主故事，編為戲材，令牡丹試演，已現於亦舞臺上竟不多差，而得盡展其長以薈萃之，是可謂荀自創之作，然創演故非易事，名之所歸又非偶然也。」〔註 108〕圖 4-6 為筆者翻閱《申報》1921 年 4 月 3 日《西湖主》演出廣告：

〔註 106〕野驢：〈霓裳新話〉，《申報》，1920 年 8 月 31 日第 14 版。
〔註 107〕荀慧生：〈京劇藝術與布景〉，《荀慧生演劇散論》，頁 259。
〔註 108〕斧風：〈歌臺叢話〉：《申報》，1921 年 4 月 18 日第 14 版。

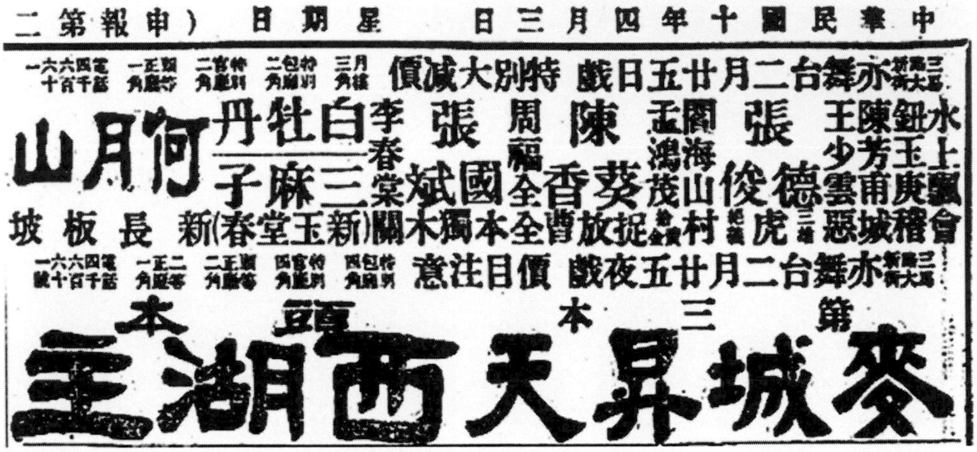

圖 4-6：《西湖主》演出廣告

　　即使此齣新嘗試並未流傳成為荀派代表劇目，但其 1922 年錄製的第一批唱片《貴妃醉酒》、《玉堂春》、《樊江關》、《西湖主》，其中唯一一齣新戲便是《西湖主》，足見荀慧生尋覓創新的發展途徑，而其以花旦本工、兼習青衣，筆者詳細翻閱 1931 年《戲劇月刊》所發行的《荀慧生專號》，多數劇評家都是這樣談論的：「喉非甚佳」〔註 109〕、「慧生究屬花旦人才，青衣已是兼工，既能作念獨擅，唱工雖弱，亦可掩瑕也」、〔註 110〕「其扮相既美，又擅做工，雖嗓音略遜而肯孜孜研求」，〔註 111〕可見荀慧生並非天賦好嗓，即使一度吊嗓甚勤嗓喉好轉，以筆者聆聽《荀慧生老唱片全集》早期 1922 年至 1925 年之間所錄製的唱片，整體而言多挑選高調門的劇目選段演唱，偏向老派青衣路線，尤其是 1925 年《孝義節》錄製的這句二黃慢板「駕祥雲衝開了風淘萬丈，叫一聲眾雲童站立在兩廂」，可聽見較為尖利小嗓翻高使用，〔註 112〕與前所論及陳德霖演唱「句句作哀響」頗有同工之妙，荀慧生亦自言：「這時期的唱片在發音、用氣上，還能聽到一些老唱法的特點——每句唱中，開頭和中間換氣，最後一個字音發出來很『沖』。」〔註 113〕但也僅止於此，1925年之後的唱片逐漸降低調門，整體風格由「調高腔直」轉向「調低腔轉」的過渡，柔媚婉轉的特質漸趨明顯，奠定獨樹一格荀派特色：念白之流利灑

〔註 109〕小隱：〈我之荀言觀〉，《荀慧生專號》，《戲劇月刊》第 3 卷第 8 期。
〔註 110〕怡翁：〈荀慧生之面面觀〉，《荀慧生專號》，《戲劇月刊》第 3 卷第 8 期。
〔註 111〕施病鳩：〈管弦聲裏話荀郎〉，《荀慧生專號》，《戲劇月刊》第 3 卷第 8 期。
〔註 112〕王家熙：〈荀慧生老唱片賞鑑〉，《京劇大師荀慧生老唱片全集》。
〔註 113〕荀慧生：〈聽唱片 談感想〉，《荀慧生演劇散論》，頁 363。

脫，行腔之嬌媚婉轉，整體表現是柔和婉媚、低迴曲折，也正因為荀慧生「倒倉」調門較低、欠缺高音，「嗓子吃低不吃高」特質非常明顯，卻能在高昂透亮之外轉直為曲，柔媚委婉之中別出心裁，正如吳小如指出的「遺其貌而取其神，催剛為柔，化激昂為淒惋，化粗獷為柔細，化怯音為酸音，化野腔為媚腔」，〔註114〕除了在唱腔方面的轉變之外，更重要的是荀慧生清楚意識到必須具有表演的代表性與獨特性，歷經上海醞釀嘗試編演新戲而表演藝術日益成熟後，返回北京更積極致力新戲的搬演。

（二）新戲與編劇陳墨香

　　正如荀慧生所言：「1924年，我從滬杭等處返還北京，在環境影響之下，同程硯秋先生、尚小雲先生各與劇作家們緊密合作，在新劇目的競賽中，都創編了新劇。」〔註115〕受時移勢變潮流所趨，尤須推陳出新不可故步自封，體認非新戲不足以賣座、非新腔不足以抗衡，而荀慧生曾與多位名劇作家陳墨香、樊樊山、壽石工、胡冷庵、陳水鐘等文人墨客合作，荀派代表作多由熟稔舞臺的陳墨香（1884～1942，又名陳敬余，號觀劇道人）〔註116〕所援筆，著有《觀劇生活素描》、《梨園外史》等作品，兩人結緣於「同為瑤卿先生座客」，〔註117〕相談甚歡彼此切磋，展開長達十一年時間（自1924年全本《玉堂春》開始至1935年）的編演關係，多達四十五齣劇目，〔註118〕荀慧生是這樣談兩人的共事合作：

> 他和我合作劇本，總是由他先打出全劇的提綱，作好初步設計，然後逐一研究劇中人物的性格，以及重要的場子和唱、做、念的安排。
>
> 經過一再研究、修補，算作初稿。並在排演和演出中，繼續修訂不

〔註114〕吳小如：〈荀派的唱和念〉，《吳小如戲曲文錄》（北京：北京大學出版社，1995年），頁504。

〔註115〕荀慧生：〈我對流派藝術的一些看法〉，《荀慧生演劇散論》，頁251。

〔註116〕劉乃崇：〈記京劇作家陳墨香〉，《戲劇論叢》，1958年第一輯，頁259。

〔註117〕根據張偉君的說法：「兩人是在王瑤卿先生家裡認識的，二人合作默契情同手足，可是在研究劇本的時候，往往為了某個場次的安排或一字一詞，爭論得面紅耳赤。」張偉君：〈荀慧生傳略〉，《京劇談往錄》，頁321。劉乃崇：〈王瑤卿與四大名旦〉，《王瑤卿藝術評論集》，頁182。

〔註118〕包含改編傳統老戲與新編劇目：《十三妹》《釵頭鳳》《杜十娘》《情天冰雪》《護花鈴》《妒婦訣》《柳如是》《魚藻宮》《還珠吟》《美人一丈青》《紅樓二尤》《霍小玉》《勘玉釧》《秦娘》《孔雀東南飛》《香菱》《平兒》《雙妻鑒》《慎鸞交》等，荀慧生：〈編劇瑣談〉，《荀慧生演劇散論》，頁236。原刊於1959年7月號《劇本》。

妥之處，才算定稿。〔註119〕

　　1927年荀慧生入選五大名伶新劇的《元宵謎》、《情天冰雪》、《繡襦記》、《香羅帶》、《荀灌娘》，均是陳墨香為其改編的新戲作品，除此之外，亦對於傳統京劇老戲的改造，如《玉堂春》壓縮加工刪除枝蔓：在起解、會審兩折前加上嫖院、關王廟、落鳳坡、小公堂等，後面增添監會、金殿、團圓等場次；〔註120〕以《悅來店》和《能仁寺》演為全本《十三妹》，而無「見龍不見首」之弊，〔註121〕對於完整劇本的要求在四大名旦之中堪稱居首，〔註122〕以下由1927年《香羅帶》作為例證。

　　1927年的新劇票選有別於其它四位名伶劇目，荀慧生分別藉由擅演的梆子傳統戲《合鳳裙》與《三疑計》，增益首尾成為京劇《元宵謎》與《香羅帶》，足見荀慧生並非全然盡棄夙習之梆子根柢，而是兼容京梆二者之長，以《香羅帶》為例，目前還能看見童芷苓（1922～1995）演出版本：唐通娶妻林慧娘，生有一子唐芝，聘請儒士陸世科擔任家庭教師。一日陸世科感冒風寒，唐芝以母親之羅帶綑綁棉被，親自送與老師家中。唐通前往陸世科家中探病，驚見妻子林慧娘的羅帶，不分青紅皂白懷疑妻子不貞。唐通乃逼迫慧娘梳妝打扮前往陸世科房門，自然並無任何情事發生，唐通之誤會乃冰釋。唐通外出住宿黑店，將店主宋名殺死，宋名頭顱被官兵取走，因而官府地保誤會為唐通屍體，又撞見唐通表弟調戲慧娘，以為兩人有染扭送官府，誣陷慧娘謀害親夫。後來陸世科高中為官審查此案，妄斷慧娘罪名，幸好唐通適時返家解釋這前因後果，慧娘終於得已洗刷罪名。〔註123〕

　　荀慧生將梆子《三疑計》改為京劇《香羅帶》，從劇本文辭與表演風格兩方面同步斟修酌改，一方面由從情節的完整性予以考量，「而非死拉硬套」，〔註124〕在原本簡單一折的故事情節予以增首益尾，並改變薄弱劇情不合理的部分：改近世已不多見纏足睡鞋為羅帶，換皓首老者陸世科為小生扮

〔註119〕荀慧生：〈編劇瑣談〉，《荀慧生演劇散論》，頁236。
〔註120〕荀慧生：〈漫談《玉堂春》〉，《荀慧生演劇散論》，頁159～167。
〔註121〕永運：〈特寫：漫談荀慧生〉，《立言畫刊》，1939年第42期。
〔註122〕何時希：〈梨園舊聞〉，《京劇談往錄三編》（北京：北京出版社，1990年），頁566。
〔註123〕一共有十四場次：「出師、別家、師病、種禍、驚帶、釋疑、除頑、誤裏、欺嫂、誣陷、放官、妄斷、赴刑、明冤」，《荀慧生演出劇本選集》，頁200。
〔註124〕荀慧生：〈編劇瑣談〉，《荀慧生演劇散論》，頁238。原刊於1959年7月號《劇本》。

飾；〔註125〕另一方面擴充唱詞文句以貼近劇中主角心緒，劇中林慧娘面對丈夫的盛氣凌人，陸世科的嚴詞拒絕，心中有苦難言左右徬徨，這段西皮唱段：

表 4-4：京劇《香羅帶》與梆子戲唱詞對照表

《俗文學叢刊》 梆子劇本	《荀慧生演出劇本選集》 1929 年 2 月 8 日蓓開公司錄音唱片
李月英： 站立在書館外用目睜， 又只見唐老爺怒氣來生， 這害館好比作閻羅寶殿， 唐老爺他好比五殿閻君， 小翠花他好比勾命的鬼， 李月英我好比屈死冤魂。 我不敢高聲來叫， 低聲把門扣， 叫一聲王先生快開門庭。	林慧娘： 【西皮導板】三從四德尊明訓， 【西皮快板】西廂待月我何曾。忍淚含羞輕啟請， 　　　　　　教人皂白就兩難分。 【西皮流水】先生不可太執性，事要從權莫守經。 　　　　　　先哲陳言且莫論，嫂溺援手你快救人！ 　　　　　　奴自幼也曾習古訓，三從四德盡知聞。 　　　　　　名節二字是根本，不是貪淫無恥的人。 　　　　　　先生不必細盤問，說出口來難為情， 　　　　　　只求開門施惻隱， 　　　　　　救我的殘生我感你的恩。 　　　　　　你說我水性楊花不貞淨， 　　　　　　他那裡正顏厲色責淫奔， 　　　　　　到此時何須惜性命，拼著玉碎就與珠沉。 　　　　　　縱然不念夫妻分，難捨堂前母子情， 　　　　　　細想今宵如夢境，無端平地起風雲， 　　　　　　我若不忍心頭恨，膝下嬌兒可憐生， 　　　　　　過眼雲煙都莫論， 【西皮搖板】萬般由命就不由人。

　　經由編劇陳墨香文人執筆，為演員量身定做的精鍊唱詞，突出劇中主角林慧娘思緒翻騰，荀慧生唱來流暢自然沒有裝腔作勢的彆扭，並順著劇情展現表現變化的眼神，如慧娘出場的柔光「定神」，含情期待的「凝神」，乍聽丈夫批評的「楞神」，與丈夫爭辯之「送神」，丈夫以見相逼的「怨神」，〔註126〕

〔註125〕《荀慧生演出劇本選集》，頁 197。荀慧生在劇本集中註明：「《三疑計》原本造成唐通誤以妻子不貞的原因為一隻纏足睡鞋，而先生陸世科則為一皓首老者。改編時，鑒於睡鞋乃舊日婦女所用之物，近世已不多見，且以此作為主導，出現於舞臺之上，形象不雅，乃改為女子所用之羅帶，戲亦隨之改用《香羅帶》為名。唐通夫婦本為中年之人，若陸先生年已老邁，唐通疑妻與之有染，似不近情理，因而將陸改用小生扮演。」

〔註126〕萬鳳姝：〈贊藝館留香〉，《京劇流派劇目薈萃》第四輯（北京：文化藝術出版社，1990 年），頁 110。

整體而言即是講究「舞臺完整緊湊化」，〔註 127〕劇情鋪陳自成首尾、高潮迭起，一方面可見陳墨香劇本情節曲折、佈局節奏明快、敘事能力緊湊，另一方面則見荀慧生深入的刻畫能力，正如劇評家指出：「慧生在四大名旦中成名最晚，而進步極速，以資質論，慧生花旦人材，擠身名旦之班，差有微詞，然其藝術之博、探討之深、新劇之名貴，令譽之孟晉，致造成獨幟一軍之機，亦自有其必然也。」〔註 128〕即使荀慧生成名於上海再赴北京發展，其細膩表演的藝術表演有目共睹，如與小翠花之間的競爭，由前一階段延伸至本時期，筆者藉由劇評詳細觀察，昔日 1914 年 7 月 22 日《順天時報》劇評〈小翠花與白牡丹之比較觀〉：「牡丹每演辛安驛一齣，臺下鼓掌之聲如雷也。牡丹作派雖善而終過於淫蕩，演至洞房一節，尤屬放縱過火。筱翠花則不然，即雙搖會一齣亦為彩旦中之淫蕩戲也，⋯⋯至相公回家後大娘偷聽私語一節，尤屬放蕩之場，而翠花之做工雖精而終不放縱。」到了本時期兩人演出傳統戲《坐樓殺惜》劇評分析：「此戲慧生飾閻婆惜，描摩潑辣雖未有翠花之天生潑像為合格，但生質如此不可苛求。至扮相之秀麗、作工之熨貼、珠喉之圓潤則翠花所不及也。」以及《紅鸞喜》評論：「棒打一場為全劇之重要關節，亦即全劇之精華所團聚，帳中申斥莫稽罪狀，白口湛亮且能將恨而愛之意充分表出，不似翠花疵牙切齒只能描盡一個狠字，慧生可謂深知體貼戲情者矣。」〔註 129〕由早期筱翠花與白牡丹《辛安驛》劇評至此已有轉換，往昔兩人同以蹻功表演著名走紅，所塑造的人物形象卻逐漸有別，同樣扮演《坐樓殺惜》的閻惜姣，「天生潑像」的筱派「魂旦」風騷潑辣，例如上崑名旦梁谷音精彩的〈活捉〉「魂步」便是向筱翠花學習而得，〔註 130〕荀派則以「扮相之秀麗、作工之熨貼、珠喉之圓潤」為特色，一是豔麗嫵媚、稍嫌過火，一是秋波流轉、恰如份際，也因此筱翠花多扮飾放浪形骸負面形象，偏向以「色」取悅他人的女性人物，筱派《貴妃醉酒》所塑造貴妃也是偏向慾望追求的形象，相較之下荀慧生能突破花旦重做輕唱的侷限，鍛鍊火候、掌握分寸，展現千般裊娜、萬般旖旎，「其武劇繁而不紊，疏而不懈，納剛健於婀

〔註 127〕孫毓敏：〈荀慧生大師的「三化三感」〉，收入秦華生主編：《京劇流派藝術論》（北京：京華出版社，2001 年），頁 90。

〔註 128〕怡翁：〈荀慧生之面面觀〉，《荀慧生專號》，《戲劇月刊》第 3 卷第 8 期。

〔註 129〕九畹室主：〈荀慧生之舊劇〉，《戲劇月刊》，1931 年第 3 卷第 8 期。

〔註 130〕許姬傳：〈看梁谷音演活捉〉，《梁谷音畫傳——我的崑曲世界》（上海：上海百家出版社，2009 年），頁 209。

娜，化平淡為神奇；其文劇豔不傷雅，流不失蕩，變淫媟為幽窈，傳情愛以嬌羞，腰工蹺工步法腕力無不精妙入微」，〔註 131〕捨妖冶風騷為柔情綽約，尤長做工表情、著重「體貼戲情」，表演戲路也更為寬廣，其時荀派風格已然逐步成型。

第四節　程硯秋新戲密集演出

　　四大名旦之中，梅蘭芳的唱唸做打表演藝術，確立並開創了京劇旦行美學，毫無疑問位居首席，而年紀最小的程硯秋，〔註 132〕不僅能在後起之秀中異軍突起，正如梅蘭芳所言「程郎晚出動京師」，〔註 133〕十五歲拜師梅門卻漸與師父匹敵抗衡，「程腔」一曲乍起撼劇壇，其演出生涯中，三位著名劇作家：羅癭公、金仲蓀、翁偶虹分別為其編寫新戲、量身打造不同表演特色，〔註 134〕迎頭趕上在他之前的尚小雲與荀慧生，成名之速為他人所不及。〔註 135〕如此

〔註 131〕寒雲：〈國香拾遺〉，《白牡丹》，《民國京崑史料叢書第九輯：留香集》，頁165。王家熙：〈荀學建構芻議〉，《上海藝術家》，2000 年第 6 期，頁 22。

〔註 132〕程硯秋原名承麟，師承榮蝶仙之童伶時期藝名為程菊儂，而後又改豔秋、字玉霜，1932 年 1 月 1 日於《北平晨報》刊登更名啟事，更「豔秋」為「硯秋」，改字「玉霜」為「禦霜」。詳見程硯秋著、程永江整理：《程硯秋日記》（長春：時代文藝出版社，2009 年），頁 132。故有「程硯秋、程豔秋、程玉霜、御霜、老四、菊儂」之名稱，為行文之方便，除引文與原始資料之外，皆以「程硯秋」稱之。

〔註 133〕李伶伶：《程硯秋全傳》（北京：中國青年出版社，2011 年），頁 213。

〔註 134〕如賀捷生、曹其敏編：《禦霜實錄：回憶程硯秋先生》（北京：文史資料出版社，1982 年）、蕭晴記譜整理：《程硯秋唱腔選集》（北京：人民音樂出版社，1988 年），陳培仲、胡世均：《程硯秋傳》（河北：河北教育出版社，1998年）、程永江編撰：《程硯秋史事長編》（北京：北京出版社，2000 年）、張慶善主編：《程硯秋百年誕辰紀念文集》（北京：文化藝術出版社，2003年）、程硯秋著、丁紀紅編：《身上的事：程硯秋自述》（北京：中國廣播電視出版社，2009 年）、李伶伶：《程硯秋傳》（北京：中國青年出版社，2007年）、程永江著、鈕葆整理：《程硯秋戲劇藝術三十講》（北京：華藝出版社，2009 年）、程永江：《程硯秋演出劇目誌》（北京：時代文藝出版社，2015年）。程硯秋三階段代表劇目加以分析，參考鈕葆：〈試述程派藝術的形成、發展與歷史分期〉，收入於程永江著、鈕葆整理：《程硯秋戲劇藝術三十講》，頁 200～266；翁偶虹：《翁偶虹編劇生涯》（北京：同心出版社，2008年），頁 125。

〔註 135〕「玉霜自正月初二日（19240207）至初九無日不滿座。凌駕於尚小雲與徐碧雲之上」，轉引自程永江編撰：《程硯秋史事長編》，頁 151。

特殊現象是怎樣日積月累？所推出的新戲劇目與表演藝術具有什麼特點呢？以下分由程硯秋崛起過程展開論述之前，必須先提及《程硯秋演出劇本選集》，收有：《紅拂傳》、《三擊掌》、《鴛鴦塚》、《青霜劍》、《竇娥冤》、《碧玉簪》、《梅妃》、《朱痕記》、《荒山淚》、《春閨夢》、《亡蜀鑒》、《鎖麟囊》共十二齣劇本，〔註136〕除此劇本選集之外，值得一提的是，金仲蓀特將程硯秋所得名士之詩詞文章編纂成為《霜傑集》，〔註137〕書名源自詩人陶淵明「卓為霜下傑」詩句，取其松菊堅貞、不畏霜寒之意，於1926年付梓印刷，分別為四大篇章：一為「詠玉篇」，收錄題詠硯秋之詩文詞；二為「鏘鳳篇」，收有硯秋與果素瑛花燭之期相關恭賀詩詞文；三為「拾錦篇」，收錄各類評論硯秋之雜體文章；四為「貫珠篇」，紀錄新編各劇的說明書。此書乃可作為程硯秋早期劇作的回顧整理，具有相當重要意義且彌足珍貴。〔註138〕

一、羅癭公的量身打造

程硯秋並非出身於梨園世家，其父執輩還具有八旗子弟的背景，只因家道中落，「奇慧有至性」的程硯秋為減輕經濟困難，便成為榮蝶仙（1893～？）之「手把徒弟」，榮蝶仙為花旦兼刀馬旦演員，對於程硯秋的訓練從武生與花旦啟蒙，因程硯秋幼時嗓子極佳，改從陳嘯雲學習青衣戲諸如《彩樓配》、《二進宮》、《祭塔》等，〔註139〕而後既能與嗓音寬厚高亮、聲如雷鳴的孫菊仙配唱《硃砂痣》、《桑園寄子》，根據劇評家張聊公觀賞心得：「程豔秋唱工亦婉轉動人，是日嗓音亦佳，豔秋之年齡，與孫菊仙相差數倍，白髮

〔註136〕中國戲曲研究院編：《程硯秋演出劇本選集》（北京：中國戲劇出版社，1958年）。另參考劇本資料如下，北京市戲曲研究所編：《京劇匯編》（北京：北京出版社，1957～1985年）、陶君起：《京劇劇目初探》（北京：中國戲劇出版社，1980年）、《戲考大全》（上海：上海書店出版社，1990年）、《京劇流派劇目薈萃》（北京：文化藝術出版社，1996年）。

〔註137〕詳見《霜傑集》所收錄金仲蓀、今覺盦主人、邑齋主人之序文，收入於《中華歷史人物別傳集》第89冊（北京：線裝書局，2003年），頁500～502。此為陶淵明〈和郭主簿其二〉一詩，原詩為：「和澤週三春，清涼素秋節。露凝無遊氛，天高肅景澈。陵岑聳逸峰，遙瞻皆奇絕。芳菊開林耀，青松冠巖列。懷此貞秀姿，卓為霜下傑。銜殤念幽人，千載撫爾訣。檢素不獲展，厭之竟良月。」

〔註138〕詳見程永江：〈記金仲蓀爺爺〉，《我的父親程硯秋》（長春：時代文藝出版社，2009年），頁78～95。

〔註139〕吳富琴：〈風雨同舟日——憶硯秋同志〉，《程硯秋藝術評論集》（北京：中國戲劇出版社，1997年），頁318。

紅顏，相映成趣」，[註140]宛若是昔日譚鑫培與梅蘭芳之老少配搭翻版；又能與素以唱腔高亢、滿宮滿調的劉鴻聲（1876～1921）配演《斬子》，「劉先生要唱乙字調，沒有一條寬亮高亢的嗓子，是當不了他的助手的」，[註141]觀眾將之比擬為享譽菊壇的陳德霖（外號為石頭），而有「小石頭」之稱，根據劇評家張聊公於 1918 年於中華舞臺觀看程硯秋的《桑園寄子》，「豔秋唱來無可指摘，且唱時非常用心，尤屬難得」；於丹桂戲園觀賞《武家坡》，「簾內導板及上場之慢板，均穩妥已極，而『那一旁站定了一位軍官』句之軍官字，行腔尤極婉妙，『手指西涼高聲罵』之二六，及與老生對唱之快板，亦均流轉動人，嗓音亦較所唱寄子為亮也。」[註142]足見彼時程硯秋雖尚未出師，但已然一鳴驚人，在各方營業演出邀約不斷的情況下，程硯秋自然成了師父眼中的搖錢樹，不過名義上雖然是拜師學藝，但當時師徒關係的建立有如「賣身契」的簽訂，過度打罵乃是家常便飯，引程硯秋回憶：「剛練完撕腿，血還沒有換過來，忽然挨打，血全聚在腿上了。」[註143]不難想見「七年大獄」坐科艱辛，榮蝶仙如此恨鐵不成鋼的訓練教育模式，儘管紮實打下了程硯秋的武功底子，但就現實層面而言，的確也因其嶄露頭角登臺掙錢，便密集安排唱戲演出，日積月累造成其聲帶過度疲勞的現象，就在倒倉低沈暗啞的變聲期關鍵時刻，幸遇伯樂羅癭公慧眼識英雄，程硯秋開展另一階段的發展。

　　羅癭公之所以在程硯秋的表演生涯中，扮演著極為重要且關鍵的腳色，正如同章詒和之言：「羅癭公還是程硯秋的嚴師、謀士、引路人、策劃者、劇作家和真正的後台！」[註144]包含仗義籌資釀金令程硯秋提前出師，一方面以詩詞書畫薰陶，奠定其藝術修為，從作詩、音韻、四聲各處細節嚴加教導，另一方面在程硯秋搭散班階段（1917～1921），[註145]如 1919 年搭班「喜群

〔註140〕張聊公：〈孫菊仙與程豔秋〉，《聽歌想影錄》（天津：天津書局，1941 年），頁 181。

〔註141〕程永江：《程硯秋史事長編》，頁 36。

〔註142〕張聊公：〈初露頭角之程豔秋〉，《聽歌想影錄》，頁 141～142。

〔註143〕程硯秋：〈我的學藝經過〉，程硯秋著、程永江編、鈕葆校勘：《程硯秋戲劇文集》（北京：華藝出版社，2009 年），頁 341。

〔註144〕章詒和：〈細雨連芳草，都被他帶將春去了──程硯秋往事〉，《伶人往事》（臺北：時報文化出版公司，2006 年），頁 289。

〔註145〕程永江：〈程硯秋與他的班社〉，《藝壇》（武漢：武漢出版社，2000 年）第一卷，頁 177。

社」──為當時京城最具聲望的戲班，演員包括梅蘭芳、余叔岩、王鳳卿與陳德霖，借名家提攜而有露臉亮相機會之外，羅癭公不遺餘力延請名師，如武旦翹楚閻嵐秋與崑曲名家喬蕙蘭，以「文武崑亂不擋」原則為培養目標，更重要的是 1919 年介紹正式拜師梅蘭芳、問業於王瑤卿，皆源自於他時感「菊部頹靡，有乏才之嘆，方恐他日無繼梅郎者」，觀看了程硯秋的演出有所感觸：「一見，驚其慧麗；聆其音，婉轉妥貼，有先正之風。異日見於伶官錢家，溫婉綽約，容光四照；與之談，溫雅有度。」在令人回味再三的梅蘭芳唱腔旋律中，羅癭公獨具慧眼看出程硯秋的旦行資質，不過他念茲在茲考慮的是：梨園界中是否出現梅蘭芳之「繼承者」？後輩風華中誰能夠承繼梅蘭芳的路軌？而這要回到羅癭公本身來論，其名惇曧、字掞東，癭公是晚年字號，於清末民初之際，與樊增祥、林紓等集為詩社，為一代名士，〔註146〕縱情戲園愛好看戲，自言「謂我昏然廢百事，苦伴歌郎忘日夕」，更是支持協助梅蘭芳的梅黨文士之一，因此羅癭公的初衷偏向將程硯秋傾力打造成為「梅蘭芳第二」時，進一步不僅只協助扶持程硯秋獨立成班，1922 至 1924 短短兩年多期間更為其量身創作多部新戲，因此當程硯秋首度赴滬亦舞臺演出，筆者翻閱《申報》1922 年 11 月 14 日所刊登臨別紀念的廣告，詳如圖 4-7，清楚看見以「獨一無二真正梅派古裝青衣花旦」形容：

圖 4-7：程豔秋「獨一無二真正梅派古裝青衣花旦」廣告

〔註146〕關於羅癭公生平資料，參考關國瑄：〈羅癭公傳〉，《大陸雜誌》第 27 卷第 12 期（1963 年 12 月 31 日），頁 4；朱文相：〈羅癭公生平及劇作資料輯錄〉，《戲曲藝術》第 1 期（1982 年 1 月），頁 80～85；羅學濂：〈羅癭公遺囑及其他〉，《傳記文學》第 47 卷第 2 期（1985 年 8 月），頁 45～47；陸萼庭：〈羅癭公三札〉，《大雅藝文雜誌》第 11 期（2000 年 10 月），頁 65～68；董昕：〈羅癭公對程派藝術形成的作用與價值〉，《中國戲曲學院學報》第 30 卷第 1 期（2009 年 2 月），頁 60～64、47。

此時的程硯秋走的是梅派路子，推出戲碼：全本《紅鬃烈馬》、《汾河灣》、《能仁寺》、《弓硯緣》、全本《蘆花河》，不過藉由這張廣告也可對照程硯秋日後 1930 年推出全本《柳迎春》（由清逸居士編寫），〔註147〕再演《汾河灣》已有程派味道。而且即使程硯秋和前面所述的尚小雲同樣被稱做「梅派」演員，但新戲的發展均與梅蘭芳極為不同。

1922 年在梅蘭芳大顯身手搬演古裝新戲之際，程硯秋亦在羅癭公傾力相佐獨立挑班，誠如程硯秋談〈我的學藝經過〉：「羅先生幫助我根據我自己的條件開闢一條新的路徑，也就是應當創造合乎自己個性發展的劇目，特別下決心研究唱腔，發揮自己藝術的特長。由這時候起，就由羅先生幫助我編寫劇本，從《龍馬姻緣》、《梨花記》起，每個月排一本新戲，我不間斷的練功、學崑曲，每天還排新戲，由王瑤卿先生給我導演並按腔。」〔註148〕以 1922 年開啟由羅癭公編劇、王瑤卿導演的搬演新戲第一階段，包含《龍馬姻緣》、《梨花記》、《花舫緣》、《紅拂傳》、《玉鏡臺》、《鴛鴦塚》、《風流棒》、《孔雀屏》、《賺文娟》、《金鎖記》、《玉獅墜》、《青霜劍》、《碧玉簪》等，除《紅拂傳》、《鴛鴦塚》、《青霜劍》、《碧玉簪》收入於《程硯秋演出劇本選集》之外，其他的劇目多已不見劇本與演出資料，因此筆者藉由《霜傑集》當中的「貫珠篇」，所收錄新劇的說明書來加以介紹。

（一）1922 年《龍馬姻緣》與《紅拂傳》：開啟才子佳人之旖旎表演風格

羅癭公打造的第一齣新戲《龍馬姻緣》，正為程硯秋自立門戶「和聲社」的首部劇作，能否一炮而紅的關鍵。此劇又名《南安關》，程硯秋扮演龍珠公主、榮蝶仙演龍鳳、王又荃扮演馬駿，故事似取材於《聊齋誌異·羅剎海市》及同書之《夜叉國》部分情節加以編創，〔註149〕大抵敷演龍珠、龍鳳與馬駿三人之愛情故事。推出之後接連在北京中和園、華樂園、三慶園演出。1922 年 10 月 8 日應邀首赴上海，於亦舞台演出的兩部新戲，《龍馬姻緣》即是其一，此齣劇本失傳，筆者為還原現場，藉由翻閱當時刊登於《申報》1922 年

〔註147〕蘇少卿：〈觀程豔秋全本柳迎春〉，《戲劇月刊》，1930 年第 3 卷第 2 期。舜九：〈程豔秋新排之全本柳迎春〉，《申報》，1930 年 6 月 4 日。
〔註148〕程硯秋：〈我的學藝經過〉，程硯秋著、程永江編、鈕葆校勘：《程硯秋戲劇文集》，頁 343。
〔註149〕陶君起：《京劇劇目初探》（北京：中國戲劇出版社，1980 年），頁 421。

－191－

10 月 29 日的廣告宣傳來一睹劇情內容，一開頭的：「諸君試看這龍馬姻緣四箇字，就覺得新鮮異常，內容一定是很豐富美備的了。」十足的吸引觀眾看客的目光，接續為劇情說明：

> 頭場一大段慢板，便將全劇的精神提挈起來，與龍鳳相見拈酸之時，顯出貴公主之本色。及駙馬收入監牢，龍珠公主修書請龍鳳發兵解救，一大段二六唱得玉潤珠圓。及至兄王被弒，逃走出宮奔投龍鳳時，龍鳳假意威嚇，龍珠委曲求情，已經非常好看。及見龍鳳堅持要殺，他便侃侃陳詞，歷數龍鳳不忠不孝之罪，這一大段白口如哀家梨、如并州剪，爽利清脆，這般好處是不能以筆墨形容的。龍鳳答應出兵，龍珠隨營參謀，一路上極為活潑。及駙馬先行收復京城，龍鳳怨怪其夫之時，龍珠代為說情，以圖和好，結局甚為美滿。

廣告內容鉅細靡遺介紹《龍馬姻緣》的來龍去脈，也道出看戲的重要唱段與念白，《申報》也刊載這樣的藝術評論：「豔秋演來，始而呈驕貴之態，中而表悔過之情，繼而陳理直氣壯之詞，終而成兩美必合之美，其中喜怒哀樂變幻迅捷之情態，非豔秋之聰明敏慧，斷不能表現如此之完滿。」〔註150〕戲曲廣告之宣傳難免帶有吹捧之意味，〔註151〕但以上四段針對程硯秋的表演說明，一來凸顯了劇情的起承轉合與重點，二來清楚呈現演員做工的細膩，才能表現出劇中人物性格的轉換，使一齣戲具備可觀的份量，也為後來如《鴛鴦塚》《鎖麟囊》的新戲表演奠定基礎。

首赴上海的另一齣新戲為《梨花記》，程硯秋在劇中扮演駱惜春，父親駱仁卿貪富賴婚，阻撓惜春與張幼謙兩人婚事，但惜春冒險修書，深夜相會幼謙定下誓言。駱仁卿設謀陷害幼謙使之入牢，幸而幼謙喜報大魁，最終盡釋前嫌，喜迎惜春。〔註152〕《申報》廣告中強調：「看豔秋此劇，於求婚及許婚

〔註150〕《申報》，1922 年 10 月 29 日。

〔註151〕林幸慧將《申報》戲曲廣告分為四個表現層次：告知、宣傳、吹噓、攻擊，見《由申報戲曲廣告看上海京劇發展：一八七二至一八九九》（臺北：里仁書局，2008 年），頁 25～32。

〔註152〕劇情參考《申報》，1922 年 10 月 24 日所刊登之《梨花記》廣告（以及《霜傑集》中《梨花記》劇目說明，頁 556。首演時，《申報》所登出的預告宣傳，開頭詳加註明：「諸君，須要知道這齣梨花記，是北京一位老名手，給程豔秋編出來的一齣特別好戲。」雖然沒有標明編劇者羅癭公，但上海劇壇應早就聽聞此為羅癭公一手打造之新戲。《申報》，1922 年 10 月 24 日。

之態度，修書約會及訣別難捨之神情，勝讀最新之言情小說。」劇情為單純的才子佳人故事，寫兩人歷經曲折之過程而後成婚，〔註153〕而程硯秋跨越北京、初抵上海演出所得到的評價，可由署名為「自在簃」的〈觀豔雜談〉一探究竟：

> 程玉霜以簪纓世澤獻技舞臺，秀外慧中，其稟賦已不同凡俗。況經
> 畹華為之指點，顰笑舉止各如分際。……此遭初至海上，而輿論已
> 大為讚嘆，各界人士為之洗塵，設筵者日有數起，票界諸君子，前
> 日曾在久記社為之開歡迎大會也。〔註154〕

　　該雜談特別指出破繭而出的程硯秋，經過梅蘭芳（畹華）的指導提示，其一招一式、一顰一笑俱循規蹈矩，舉手投足之間恰如其分，連臨別演出之盛況，《申報》「劇談」專欄也有專文介紹：「這一天不到二時，該台便上下客滿，連戲臺上都加了三排凳子，賣座很盛。」〔註155〕這些評論之言，從演員表演特質、文人雅士捧角、演出熱烈場面，皆給予極高的肯定，而此次既有演出傳統老戲之水準，如「《玉堂春》為最重之唱工戲，玉霜兩演之，均游刃有餘。蓋嗓音既佳，使調又宛轉如意，遂使繞梁三日，有遏雲之妙矣。」〔註156〕帶來的《龍馬姻緣》、《梨花記》新戲亦佳評如潮。因此繼1922年首赴上海初試啼聲的演出，僅隔一年又赴上海演出新戲作品。

　　1922年3月10日和聲社時期、於北京華樂園首演的《紅拂傳》，〔註157〕此為程硯秋早期之代表作，由唐代傳奇《虯髯客傳》加以改編，寫紅拂女

〔註153〕隔年在上海又演出《梨花記》，劇評刊載：「豔秋唱梨花記中之一段二六板，
　　　　『對此情不由得心中如醉，低下頭來自沈思，他本是才郎世無比，風神好似
　　　　玉交枝，我若與他成連理，不枉我生成冰玉肌。』溫柔細膩，曲曲將兒女心
　　　　腸，從聲調中和盤托出，至此雖未觀其全劇之結局，而已令人迴腸，有佳人
　　　　難再得之歎。」見〈記程豔秋之梨花記及孔雀屏〉，《申報》，1923年10月
　　　　27日。由此更可看出羅癭公筆下的謝惜春，為一勇敢追求愛情的青春姑娘，
　　　　非常適合年輕的程硯秋來飾演。
〔註154〕《申報》，1922年10月30日。
〔註155〕鄭鷓鴣：〈程豔秋臨別的盛況。余叔岩未來的先聲〉，《申報》，1922年11月
　　　　21日。
〔註156〕《申報》，1922年11月2日。
〔註157〕北京首演之前，上海《申報》已然刊登「程豔秋新排紅拂傳」之新聞：「程
　　　　豔秋近由某名手編成《紅拂傳》一劇，內容極為豐美。」白原：〈程豔秋新
　　　　排紅拂傳〉，《申報》，1923年3月7日。新聞或廣告往往未寫編劇者羅癭公
　　　　名諱，只說是由北京名手所編創的劇本，此現象在上述的劇目《梨花記》廣
　　　　告中也曾出現。

「歌成金縷無人識，舞罷霓裳只自憐」處境，而後慧眼識英賢，喬裝打扮軍官模樣，更深夜靜私奔李靖之過程。1923 年秋天（1923 年 9 月 27 日至 11 月 18 日）應上海丹桂戲園之邀前往演出，《紅拂傳》開演當日，《申報》特地在「本埠新聞」版面中，發佈「《紅拂傳》今晚開演」〔註 158〕之消息：「紅拂傳，演千秋佳話為戲劇，程豔秋演唱此齣，人恆以先睹為快，今晚開演於丹桂第一台，並將不僅演唱一夕云。」接連幾天陸續刊登：「記程豔秋之兩夕《紅拂傳》」〔註 159〕、「今晚程豔秋重演《紅拂傳》」〔註 160〕、「記程豔秋三度表演之《紅拂傳》」〔註 161〕數篇報導，足見在滬甌起一陣不小的旋風，而 1927 年北京《順天時報》舉辦名伶新劇票選，即是以此新戲榮膺五大名旦之一。

綜觀羅癭公 1922 至 1924 年為程硯秋新編劇作，並未亦步亦趨跟隨梅蘭芳「古裝新戲」編演神話傳說，或是走向嘗試諷世警俗「時裝新戲」路徑，反而與之路線截然分道。儘管劇本與演出不見得成熟，但足見程硯秋對於新戲的逐步嘗試。

（二）《鴛鴦塚》與《青霜劍》：悲劇題材嘗試與打造唱段

以上介紹羅癭公新編的劇本皆為才子佳人圓滿結局，喜劇色彩的新戲使程硯秋成名，更以《紅拂傳》走紅上海，但後人多數評論與研究，以悲喜二分了程派的劇作——《鴛鴦塚》與《青霜劍》開啟悲劇題材之嘗試，前者被稱為「一齣反封建婚姻的戲」，〔註 162〕於 1923 年 7 月 14 日在上海丹桂首演，由羅癭公根據清人黃治《蝶歸樓》傳奇改編，寫謝招郎與年輕貌美的王五姐相愛，然此門婚事屢受招郎母親百般阻撓，導致王五姐情傷抑鬱而終，謝招郎也殉情而死，兩人合葬一處，稱為「鴛鴦塚」。《申報》1923 年 10 月 6 日刊登之廣告：「廿六夜准演匠心獨運新排哀感頑艷高尚純潔言情好戲」，特別標註為哀情戲：「此為最高尚、最純潔、用情至深之哀情佳劇，以婚姻之不自由，屈於舊道德之裁制，又不敢衝決家庭之範圍，雙方之用情，一往不返，遂決以生命殉之，是亦癡情男女之最可哀者也。」《鴛鴦塚》前有【四平調】

〔註 158〕〈《紅拂傳》今晚開演〉，《申報》，1923 年 10 月 13 日。

〔註 159〕〈記程豔秋之兩夕《紅拂傳》〉，《申報》，1923 年 10 月 16 日。

〔註 160〕〈今晚程豔秋重演」《紅拂傳》〉，《申報》，1923 年 10 月 21 日。

〔註 161〕〈記程豔秋三度表演之《紅拂傳》〉，《申報》，1923 年 10 月 23 日。

〔註 162〕程硯秋：〈創腔經驗隨談〉，程硯秋著、程永江編、鈕葆校勘：《程硯秋戲劇文集》，頁 391。

（筆者聆聽的是 1928 年高亭唱片）「女兒家婚姻事羞人答答」，曲調俏麗中似唱出詩人王筠筆下之「含嬌起斜盼，斂笑動微嚬」，後有王五姐愁眉不展朝夕牽掛【二黃慢板】（1924 年勝利唱片）「對鏡容光驚瘦減，萬恨千愁上眉尖」，程硯秋特地改變此處的行腔規律，把大腔從第一句和第二句，改為第一句至第三句，到了第七句則轉為散板，依照程硯秋自己的說法：「《鴛鴦塚》這一段的唱法是懨怨、纏綿，越來越病重，所以最後的唱要顯得有氣無力。將唱腔和聲音結合起來表現它。」〔註 163〕如此「幽怨纏綿」情緒連接直貫而下，臨終病重以【反二黃】（1935 年勝利唱片）「為癡情閃得我柔腸百轉，因此上終日裡病體纏綿」轉【散板】「眼睜睜紅粉女要入黃泉」，〔註 164〕慢板百轉千迴拖腔裡展淒涼悲切，散板高亢悠揚使腔中現悲痛欲絕，因此，筆者翻閱當時 1924 年報刊劇評心得，例如：「這種悲哀的聲調恐怕比聽猿啼鶴唳還要難受得多，樓上許多女郎都撲簌簌地落下淚來。」〔註 165〕《申報》：「患病時向其嫂透露真情，柔腸寸斷，招郎赴約前來，各訴哀情，撫摩其傷痕，始認為錯怪，其驚喜交并之狀，實盡表情之能事，台下竟有為之泣下者，足見其感人之深。」〔註 166〕但在這兩段經典動人的【二黃慢板】與【反二黃】之中，劇情夾雜了王五姐家中請來糊塗道士代寫書信，謝家丫鬟秋桂錯猜招郎心事的場次，當時候的劇評也特別提及：「此雖似與正文無關，但哀情之劇，其中不穿插一二解頤之事，稍為更換腦筋，恐觀者有江州司馬濕透青衫之慨，且精神亦不能為之一醒，此亦編戲者之一片苦心也。」〔註 167〕筆者以為，編劇的用意想必是藉由道士和丫鬟插科打諢一番，稍微調和悽慘情節氣氛，也使觀眾的看戲心理得到一時半刻的平衡舒緩，況且《鴛鴦塚》是程硯秋所推出的第一齣悲劇新戲，或許也存在著測試觀眾反應之考量，而且如此的安排，倒也各自凸顯了王五姐的焦急與謝招郎的不安。著有《程硯秋傳》之陳培仲、胡世均有此評語：

> 從《龍馬姻緣》、《梨花記》，到《風流棒》、《孔雀屏》，……基本上未
> 能擺脫「才子佳人大團圓」、「誤會成喜劇」之類的窠臼。這反映了

〔註 163〕程硯秋：〈創腔經驗隨談〉，程硯秋著、程永江編、鈕葆校勘：《程硯秋戲劇
　　　　文集》，頁 397。
〔註 164〕《程硯秋演出劇本選集》，頁 89。
〔註 165〕程永江編撰：《程硯秋史事長編》，頁 123。
〔註 166〕〈程艷秋之「鴛鴦塚」〉，《申報》，1924 年 1 月 27 日。
〔註 167〕〈程艷秋之「鴛鴦塚」〉，《申報》，1924 年 1 月 27 日。

作者羅癭公和程艷秋當時的思想認識水平和觀眾的審美欣賞愛好。

其中最能代表程艷秋早期戲劇成就的是悲劇《鴛鴦塚》。〔註168〕

陳培仲、胡世均從悲劇的觀點來看羅癭公新編的劇作，但《鴛鴦塚》就內容而言，仍舊不脫才子佳人談情說愛範疇，只是以悲劇一掃大團圓的既定結局，1924年6月28日在上海演出的《青霜劍》，才真正在劇情上明顯不同於以往。

《青霜劍》又名《烈婦報仇》，取材自小說《石點頭》的《侯官縣烈女殉夫》，內容譜寫方世一暗中買通江洋大盜攀倒天，誣陷秀才董昌為主使者，偏偏遇上名喚「胡來」的知縣，自言「我落的是兩袖清風，暗中金子銀子藏在我的箱子之中」，這貪得無厭的父母官，不分青紅皂白竟將董昌處斬。方世一趁機請託媒婆姚氏勸說董昌之妻申雪貞改嫁，雪貞看破這來龍去脈，將計就計假意允嫁，將孤兒託付於表姊，洞房之中將方世一殺死為夫報仇。程硯秋於1931年（中華戲曲專科學校的演講），提及他揣摩該劇主角申雪貞的性格，表達對於這齣戲的看法：

> 在未演之前，先就要懂得申雪貞如何受方世一的壓迫和摧殘，要懂
> 得申雪貞如何要刺殺仇人，要懂得申雪貞是如何悲慘，如何痛苦，
> 如何壯烈，我要把申雪貞的人格（個性）整個的懂得了，這才能登
> 台表演，才能在台上把申雪貞忠忠實實的表現出來。……要能夠徹
> 底了解申雪貞的人格，知道她是受土豪劣紳的迫害太甚才以魚死網
> 破的精神來反抗的。〔註169〕

這段演講充分闡明一位好演員認真體會劇中人物的心情波動，才能將劇本文字進行生動的表演詮釋。程硯秋發揮的重點場次，〔註170〕乃在於申雪貞悲慘痛苦「哭靈」與壯烈「祭墓」兩場，正如《霜傑集》中所提及「哭靈時七字反二簧一大段，及末場祭墓時踩板一大段，唱工做派俱極繁重，機警

〔註168〕陳培仲、胡世均：《程硯秋傳》，頁69～70。

〔註169〕程硯秋：〈我之戲劇觀——1931年12月25日在中華戲曲專科學校的演講〉，程硯秋著、程永江編、鈕葆校勘：《程硯秋戲劇文集》，頁7。

〔註170〕程硯秋於1938年演出此劇時，有此趣味評論：「當硯秋一出場的時間，前後排的人，都不禁一口同聲的說出個『胖』字，她還補上一句，『簡直像無錫的大阿福』，等到散戲的時候，我回過頭來問她們『還胖不胖』，都說『奇怪』，怎麼一點不覺得他胖，並且比別人彷彿還靈活些這就是藝術美的神妙之處，可是身上沒有十年八年功夫，也休想到這個境地。」見陳小田：〈評青霜劍〉，《申報》，1924年1月27日。

節烈，慷慨沈痛，得未曾有。」〔註171〕筆者對照李薔華（1929～）根據程硯秋1956年錄音配像資料，第八場「哭靈」的【反二黃慢板】：「家門不幸遭奇變，手挽孤兒跪靈前。夫郎陰靈當不遠，為妻定要雪沉冤。石爛海枯心不轉，青霜寶劍是家傳，天涯海角來尋遍，不殺仇人心不甘。與夫郎地下重相見，仇人首級血紅鮮。今日靈堂來祭奠，並無別語對君言。」申雪貞自覺相公交友不慎才遭此飛災橫禍，取劍立下誓言，定要訪出仇人，申雪貞此刻的心境，雖然茫然絕望，但早已將滿腹怨恨化為報仇雪恨動力，唱段恰可和另一齣程派代表劇目《竇娥冤》「法場」【反二黃慢板】作為對照，《竇娥冤》竇娥：「沒來由遭刑憲受此大難，看起來老天爺不辨愚賢。良善家為什麼反遭天譴？作惡的為什麼反增永年？法場上一個個淚流滿面，都道說我竇娥死得可憐！眼睜睜老嚴親難得相見，霎時間大炮響屍首不全。」同樣的【反二黃慢板】板式而唱法不同，一以十字句、另一以七字句，正如程硯秋自言《竇娥冤》：

> 這一段反二黃的唱法是如怨如訴，腔調雖然高亢，但在高亢之中卻又含蓄，如棉裡藏針一樣，用來表現竇娥的內心無處申訴的怨氣、憤怒和不平。這一段反二黃就與《青霜劍》中申雪貞祭祀她丈夫哭靈時所唱的那一段反二黃是不同的，《青霜劍》中的反二黃是表現申雪貞已經下了決心，一定要手刃仇人，非給丈夫報仇不可，心情激昂、悲憤，聲調高亢、激烈，鋒銳外露的、明朗地訴說著自己的懷抱。〔註172〕

《竇娥冤》已成程派招牌，行雲流水高亢聲調之中，筆者細聽1957年錄音較1929年蓓開唱片更深刻感受「棉裡藏針、柔而有骨」，如「老天爺」之「老」字哭腔嗚咽動聽韻味悽悱，「屍首不全」之「全」字，句尾拖腔和緩而有力度、哀柔卻顯紮實，表達竇娥所有希望憑藉俱已徹底毀滅，唯有向天泣訴的酸楚欲絕，頗有「一聲唱到融神處，毛骨蕭然六月寒」之感染力；而「腔同情異」之下，程硯秋對於新戲《青霜劍》更體會解讀劇中人的情感與境況，特別在於吐字收音下足功夫，哭靈的最後一句唸白「你且聽了」，若斷若續如游絲一縷，為底下唱腔做了最好的鋪陳，開啟慷慨激昂中盡顯淒愴之

〔註171〕《霜傑集》，《中華歷史人物別傳集》第89冊，頁561。
〔註172〕程硯秋：〈談竇娥〉，程硯秋著、程永江編、鈕葆校勘：《程硯秋戲劇文集》，頁532～533。

反二黃，似有花腔卻不著痕跡、勻配無痕，呈現申雪貞剛烈性格下激情宣洩的酣暢淋漓。而末場進入高潮的「祭墓」之前，先有「洞房」做工繁重手刃仇人，當申雪貞持劍欲刺之時，忽聞賊子方世一鼾聲大作，驚嚇之餘的程式動作需有「準確身段」與「表演勁頭」，引程硯秋指導弟子趙榮琛（1916～1996）表演所言：「這個轉身要極快，蹲身要矮，因為這是申雪貞刺殺仇人前唯恐失慎而保護自己的本能的極快反應，只有快和矮才能把氣氛造起來，使動作圓和美，帳子後亮那個矮像才會有強烈的效果。」〔註173〕可見程派細膩做表中鮮明掌握整體劇情脈絡，高度技巧化裡精準體現人物內心情感，開展墳前哭祭、毅然自盡的二黃大段唱段，搭配緊湊的【快三眼】，一字一句鏗鏘有力，深刻撼人更具濃重悲劇意味。

程硯秋早期經常上演的，除了反覆琢磨「冷戲新唱」的傳統劇目之外，更重要的是短暫兩年多時間，羅癭公竭心盡力為其量身打造十二齣專屬劇目，「曲折劇情・由喜劇過渡至悲劇」：《紅拂傳》樹立喜劇的風格，而悲劇色彩始於《鴛鴦塚》，盛於《青霜劍》與《竇娥冤》，於喜劇中見嬌媚柔軟、於悲劇中含悽惻婉轉，綜觀喜劇的份量又多過於悲劇劇目，且新編喜劇題材的同質性過高，羅癭公曾直言票房考量：「為了你的生活危機，只有先犧牲我。於是另行構思，以遷就環境為原則」，所謂的「遷就環境」便是迎合觀眾的審美趣味，〔註174〕因此 1924 年推出《賺文娟》和《玉獅墜》二劇，果又轟動九城。基本上早期乃依循羅癭公打造模式而發展，直至下一個階段，程硯秋開始正視面對藝術生涯與逐步開展創作道路。

二、「程腔」的初步成形與金仲蓀編劇

程硯秋在羅癭公逝世之後，編劇重要位置由金仲蓀接手承擔，金仲蓀祖籍浙江金華，原名炎棪、仲蓀為其字號、別署悔廬，先後擔任過南京戲曲音樂學院的所長，中華戲曲專科學校之副校長，從事之職與戲曲密切相關，與羅癭公交情深厚，也因此毅然秉承羅癭公未竟之願，開始竭力輔助程硯秋的演藝生涯。而在論述金仲蓀打造之下，本階段的劇目風格是什麼？造就哪些

〔註173〕趙榮琛：〈淺談我對《荒山淚》學習和演出的心得體會〉，收入中國戲曲家協
　　　　會北京分會、程派藝術研究小組：《秋聲集：程派藝術研究專集》（北京：北
　　　　京出版社，1983 年），頁 103。

〔註174〕曲六乙：〈程硯秋的戲劇觀〉，收入中國戲曲家協會北京分會、程派藝術研究
　　　　小組：《秋聲集：程派藝術研究專集》，頁 58。

程派經典之前，筆者仔細翻閱報刊，在《申報》廣告介紹程硯秋 1927 年的《斟情記》：

圖 4-8：程豔秋《斟情記》

其時程硯秋應上海榮記大舞臺邀請，初次於江南演出新戲《斟情記》，宣傳內容「程藝員飾劇內主角福姑，表演貞烈女子傳神獨肖，洞房侍疾各場刻畫細膩，尚屬餘事，至其唱工之繁重，為其他諸劇所不及，且無腔不新，無詞不妙，嗜程腔者務請從早預定座位。」〔註 175〕內文便已提及「程腔」二字，合理推論在 1920 年代便以初步成形，而在 1927 年之前的幾齣新戲，更可見金仲蓀為其「量體製衣」打造嶄新劇目，以及程硯秋琢磨唱腔的痕跡，以下便分為兩部分進行論析。

（一）自導自演創腔之突破

1924 年 12 月 14 日程硯秋推出《碧玉簪》（鳴盛社），為金仲蓀接替羅癭公編劇的第一齣作品。《碧玉簪》的上演，當時劇壇普遍並不看好，根據程硯秋自己的回憶，梨園界盛傳：「羅癭公死了，程硯秋可要完了。」〔註 176〕羅癭

〔註 175〕《申報》，1928 年 11 月 7 日第 25 版。
〔註 176〕程硯秋兒子程永江回憶：「父親曾語我，癭公故後，京都梨園曾盛傳『羅公一去，程某人從此便完了』的輿論，……甚至一向熱情幫助父親的王瑤卿老師也對父親顯得冷淡許多。」詳見程永江：《我的父親程硯秋》（長春：時代文藝出版社，2009 年），頁 87。

公的溘然長逝，但是程硯秋並未被擊倒，反而對於傳統京劇有所繼承與開創，自言：

> 為了紀念羅先生，我只有繼續學習，努力鑽研業務，使自己真的不至於垮下來。從此，我練習著編寫劇本，研究結合人物的思想情感的唱腔和身段，進一步分析我所演過的腳色，使我在唱腔和表演上，都得到了很多新的知識和啟發。〔註177〕

站在舞臺第一線的程硯秋，面對當下局勢無暇自顧自憐，反而化為源源不絕的創造原動力，積極鑽研編腔、研究人物、安置身段，編劇金仲蓀改編自越劇經典劇目《碧玉簪》〔註178〕：尚書張瑞華將女玉貞許配趙啟賢，但玉貞表兄陸少莊覬覦其花容月貌，乃請顧媒婆設計拿取碧玉簪，佐以情書誣陷玉貞不忠，趙啟賢果然中計質疑玉貞清白，後經張瑞華盤查來龍去脈後，才得以真相大白水落石出，整齣戲以女主角家傳寶物──「碧玉簪」導致才子佳人誤會、最終冰釋化解，具備了推動情節的作用。劇中重點場子如「頭洞房」與「二洞房」，除了要將玉貞情感變化層次表演清楚之外，引用演員李玉茹〈傳承的楷模：學習程派，理解程硯秋〉所言，當年被評論為「抽絲縛繭」第二次洞房非常難演，「除了開始和結尾，基本上是張玉貞的獨腳戲，用兩段南梆子和念白，表達出女主角的心情和新婚洞房原本應該甜蜜而現在非常尷尬的情境。」〔註179〕回頭看程硯秋唱腔與身段的細膩配合，先是安排四句【南梆子】抒發百思莫解的抑鬱煩懣：「莫不是聽纏言將人錯怪，莫不是嫌貌醜有口難開；莫不是另藏嬌無心納彩，倒叫我費心思難以詳猜！」〔註180〕據程派傳人王吟秋的學習心得，指出程硯秋特別叮囑：「這一段要把愁思心情唱出來，特別是在『另藏嬌』的『嬌』字，和『無心納彩』的『心』字的行腔上，要加以強調，注意人物的感情。唱出人物內心的複雜活動。」〔註181〕正因為玉貞最為擔心丈夫是否金屋藏嬌另藏新歡，故而在這句唱腔強調著重。

〔註177〕程硯秋：〈我的學藝經過〉，程硯秋著、程永江編、鈕葆校勘：《程硯秋戲劇文集》，頁343。

〔註178〕折子戲《三蓋衣》源出於此，《中國劇目辭典》（石家莊：河北教育出版社，1997年），頁799。

〔註179〕李玉茹：〈傳承的楷模：學習程派，理解程硯秋〉，《李玉茹談戲說藝》（上海：上海文藝出版社，2008年），頁135。

〔註180〕《程硯秋演出劇本選集》，頁188。

〔註181〕王吟秋：〈程硯秋老師教我《碧玉簪》〉，《中國戲劇》（1984年2月），頁45。此文收入於程硯秋著、程永江整理：《程硯秋日記》，頁530～535。

接續通過「三蓋衣」表演，把內心由徬徨躊躇、遲疑難定、到決然蓋衣的心理活動，一步一步的具體呈現「抽絲縛繭」的深度，也將情節繼續往前推進。〔註182〕

而值得注意的是「病房」一場的【二黃慢板】，程硯秋曾於1929年在蓓開灌製成唱片，1954年錄音時已更改詞句：「無端巧計將人來陷，薄命自傷怨紅顏。獨處閨房愁無限，落得孤身病懨懨，今生苦被郎輕賤，滿腹冤屈向誰言？一心早想尋短見，又怕醜名誤流傳。」如程硯秋所言：

> 在排演新劇目，為新劇目創腔時，我總是先把唱詞背好，高低字記住了（當然首先還必須了解這一段腔是在什麼環境、心情下唱的，唱的人是什麼身份等），再根據感情需要，隨著字將腔裝上去。〔註183〕

在遵循【二黃慢板】的性質規律之外，程硯秋設計了兩個「拉腔」表達主角冤屈難解、無可奈何之情感，第一個拉腔在「將人陷」的「陷」字之後：〔註184〕

$$1767 \quad \dot{1}\cdot676 \quad 656\dot{1}\cdot2 \quad 76255 \mid 6 \; -$$

高音 i 音反覆出現三次，迂迴婉轉訴說難分難解的千愁萬緒。第二個拉腔在「怨紅顏」的「顏」字之後：

$$5\cdot6 \quad \dot{1}\cdot7 \quad 6605 \quad 33565\dot{1} \mid 5 \; -$$

從頭眼處 i 音到中眼6音為止，代表唱腔由高往低逐漸下落，而6音後頭有一個極為短暫的停頓，則產生「惋惜嘆息、無話可說」的氣韻生動。而「滿腹冤屈向誰言」更是靈活借鑑《文昭關》唱腔「滿腹含冤向誰言」，巧妙

〔註182〕《碧玉簪》首演之結局，見《大公報》之登載劇談，尚有將丫鬟小蕙收為偏房之情節，但《程硯秋演出劇本選集》已將此部分刪除，以玉貞父親張瑞華弄清前因後果，趙啟賢得中狀元、趙母勸和，終以喜劇收場。〈程豔秋新排之碧玉簪〉，《大公報》，1924年12月14日。

〔註183〕程硯秋：〈創腔經驗隨談〉，程硯秋著、程永江編、鈕葆校勘：《程硯秋戲劇文集》，頁378。

〔註184〕程硯秋：〈創腔經驗隨談〉，程硯秋著、程永江編、鈕葆校勘：《程硯秋戲劇文集》，頁385。

運用老生的旋律結構於旦角慢板唱腔，[註185] 整體而言可見程硯秋創腔之新意輩出。在《碧玉簪》之後，金仲蓀接著新編《聶隱娘》，為金仲蓀第一齣獨立完成的新編劇作，取材自唐段成式《劍俠傳》，與唐人小說情節大抵相同，劇情為：唐朝貞元年間，魏博大將聶鋒之女聶隱娘，幼年時被一老尼帶走，教導聶隱娘學習劍術，初能成功刺虎，後為民除害剷除惡人。魏博節度使田季安與陳許節度使劉昌裔互有仇隙，田乃聘請隱娘將劉昌裔除之而後快，但隱娘發現劉昌裔為官愛民，故而拒絕田之請託，為保護劉昌裔先後奮擊刺客精精兒與空空兒。而後，隱娘自歸山林。此劇於 1925 年 4 月 18 日於三慶園演出。

　　《聶隱娘》題材之選擇與羅癭公《紅拂傳》相似，同樣塑造俠女形象，羅癭公筆下的紅拂女，果斷機智中帶有柔情綽態，而金仲蓀劇中的聶隱娘，則突出剛毅果決不帶兒女私情的一面，如最終隻身返山，「舞劍」之二六（刊載於《北洋畫報》「程豔秋特刊」）：「手把龍泉奉師命，山容含笑似歡迎。初時作勢看猛進，又復翻身效虎蹲。柔若三眠嬌柳醒，輕如雙燕遇風行。劍光四射迷人影，寒芒好似那照月流星。我和你舞將來雪花亂迸，莫負他這寶劍虎氣龍身。」[註186] 編劇由唱詞掌握住聶隱娘一身俠骨之特質，造就此齣「奇俠佳劇」。[註187] 此段也正是翻新出奇之處，《霜傑集》中「聶隱娘說明書」特別提及：「舞劍皆用單劍，蓋用單劍須有真實功夫，較之雙劍尤為難能可貴，末場兩人對舞，更見精彩。俠情奇趣，動魄驚心，擬之紅拂，可稱雙絕。」[註188] 程硯秋亦自言：「我二十歲排演新戲《聶隱娘》時，在台上舞的單劍，就是從武術老師那兒學會了舞雙劍後拆出來的姿勢。當時舞台上舞單劍的，還是個創舉呢。」[註189] 上述皆著重在「舞單劍」──沉甸甸青剛真劍的表演創新，[註190] 正因為前已有紅拂舞動雙劍，更有梅蘭芳虞姬邊唱邊舞雙劍的典範屹立，必須加以突破才能帶給觀眾視覺新鮮感，因此避用雙劍自創單劍舞蹈，而且相較於雙劍容易舞出花俏姿態，高難度的單劍身段更需

〔註185〕王吟秋：〈程硯秋老師教我《碧玉簪》〉，《中國戲劇》（1984 年 2 月），頁 45。此文收入於程硯秋著、程永江整理：《程硯秋日記》，頁 534。

〔註186〕此劇雖無留下影音資料，但可由當時《北洋畫報》「程豔秋特刊」所登載之「聶隱娘詞句」，《北洋畫報》，1927 年 3 月 25 日第二版。

〔註187〕〈聶隱娘劇旨〉，《北洋畫報》，1927 年 3 月 25 日第三版。

〔註188〕《霜傑集》，《中華歷史人物別傳集》第 89 冊，頁 563。

〔註189〕程永江編撰：《程硯秋史事長編》（北京：北京出版社，2000 年），頁 68。

〔註190〕程永江：《我的父親程硯秋》，頁 134。

要美化設計與再三雕琢，可見程硯秋歌舞技藝的決心翻新，以及逐步跨越老師梅蘭芳的可能嘗試。

（二）《文姬歸漢》抒情筆法

《文姬歸漢》是 1925 年程硯秋將鳴盛社改為「鳴和社」，所推出的第一齣新戲，歷來以文姬做為戲曲題材、被之管弦者，如明朝陳與郊《文姬入塞》雜劇，清代尤侗《弔琵琶》雜劇，女主角蔡文姬鮮明形象早已深入人心，而金仲蓀所編、程硯秋所演之《文姬歸漢》如何突破前人經典？

《文姬歸漢》劇情為名儒蔡邕之女蔡文姬，為左賢王擄至匈奴十二年，生有二子，曹操與蔡邕素有舊識，乃令周近以重金贖回文姬。金仲蓀編劇的重點，設計〈行路〉〈館驛〉〈祭墳〉三場連貫而下，而程硯秋在唱腔安排分用不一樣的慢板：【西皮】、【二黃】與【反二黃】，三大段的慢板唱腔對於觀眾來說，聽覺上容易偏向單一重複，對於演員來說，卻也是吃力不討好，所以根據吳小如的印象所及，程硯秋演出《文姬歸漢》時，具有以下三個特點：

> 一、照例加價；二、強調「年只一演」，即不論在北京或外地，每年在一地只演一次；三、如在北京，大抵在年底唱封箱戲時才演出；如在外地，則於臨別紀念時（往往是最末一場）演出。〔註191〕

如此「限定」的演出特點，可知此劇在程硯秋心中必然佔有重要之地位與意義，就現實層面而言，確也因為演出時間較長、唱工極為繁重，對演員是不小的負荷，即使演出頗獲好評亦不輕易搬演。聆聽程硯秋 1953 年錄音資料，〔註192〕手揚馬鞭、身披斗蓬、揮舞水袖之〈行路〉【西皮慢板】：「整歸鞭行不盡天山萬里，見黃沙和邊草一樣低迷」，其中「到如今行一步一步遠足重難移」，若斷實續、紆徐縈折的行腔如萬丈游絲裊裊不絕，彷彿感受到文姬歸途的舉步維艱；「館驛」之【二黃慢板】思兒想女觸動文思，更是當時演出的宣傳焦點：「獨取文姬所作《胡笳十八拍》原詞，叶以皮黃，創為新聲，合詩歌而為一」，〔註193〕編劇金仲蓀亦自言：「自有戲劇以來，用皮簧唱古詩詞者，自程藝員始，可謂空前傑搆。」〔註194〕不過嚴格來說，在此之前梅蘭芳

〔註191〕詳見吳小如：〈《文姬歸漢》及其他〉，《吳小如戲曲文錄》（北京：北京大學出版社，1995 年），頁 682。

〔註192〕夏邦琦整理：《程硯秋唱腔集》（新編本）（北京：北京藝術出版社，2004 年），頁 271～279。

〔註193〕看雲樓主：〈程豔秋排演歷史新劇「文姬歸漢」〉，《申報》，1926 年 1 月 13 日。

〔註194〕《霜傑集》，《中華歷史人物別傳集》第 89 冊，頁 563。

的《洛神賦》已用京劇皮黃唱古典詩詞。正因為【二黃慢板】向來多以十字句，而程硯秋「以腔就字」讓《胡笳十八拍》之十四拍長短句成為唱詞，長期合作的俞振飛便指出：「實際上這是程式上的一個大突破。在京劇藝術中，凡是硯秋認為非改不可的，他就絕不猶豫，他從不被陳舊的東西纏住手腳。」〔註195〕接續「祭墳」一場來到昭君墓前弔祭，聽者有「急管哀絃寫幽怨，不須重聽弔琵琶」之感，〔註196〕1940年《申報》有此評論：

> 全劇情緒，又祇有一悲字，寡居是悲，遭亂被擄亦悲，居胡思鄉，歸國思子，無一非悲，過昭君墓而興同病相憐之感，非悲而何。做戲易，表情難，表悲歡離合喜怒哀樂更迭之情易，表一字到底之情難，蓋寡居與離亂之悲，思鄉與思子之悲，悲雖同，而其所以興悲之感則異也。〔註197〕

此則劇評精準點出以「悲」字貫串全劇，無法左右自己命運歸宿的昭君，只能任人擺佈，在漢在胡身不由己，置胡國思戀故鄉、歸漢地牽掛稚子，演繹卑微女性在家國恩重、兒女情長之間的糾結矛盾，正因為《文姬歸漢》非藉戲劇結構取勝，而以大篇幅的抒情唱段，一來推動情節的發展，二來更提供演員寬廣揮灑空間，藉由臺灣程派著名票友高華（1906～1986）「空拉唱片」，亦可聽出沉鬱悲惻、嗚咽欲絕的氛圍，一層沉似一層，不過而後由李世濟（1933～2016）所代表的「新程派」，邀請范鈞宏改寫劇本則有截然不同的側重焦點：「且不說原本存在著結構鬆散、場子零碎、情節單薄的缺點，只從蔡文姬精神狀態中或是從其他人物行動中表現出來的有損於少數民族感情的語言和情節來講，原本也是必須經過修改才有可能演出的。」〔註198〕於是情節轉變：左賢王親送一雙兒女來到館驛，文姬興奮喜悅唱出答謝之詞：「送兒女足陷風塵身披霜，催姜心傷今痛昔好淒惶，深悔恨誤把恩愛當惡辱，難寬留錯認壯志為嬌狂，我與你十載異夢，王爺呀今別離，惜別方知君情長，深深拜此恩此情沒齒難忘，願王爺福壽綿長，明年相逢在漢疆。」李世濟所詮釋的文姬簇擁一雙兒女溫馨歸漢，尤其最後一句之來年漢土相會，過於鮮

〔註195〕俞振飛：〈談程腔——悼硯秋同志〉，《程硯秋百年誕辰紀念文集》，頁162。

〔註196〕滌齋：〈華樂園觀文姬歸漢賦贈玉霜〉，《霜傑集》，《中華歷史人物別傳集》第89冊，頁520。

〔註197〕小田：〈文姬歸漢〉，《申報》，1940年4月27日。

〔註198〕范鈞宏：〈關於《文姬歸漢》及其他——兼答金永祁同志〉，《戲劇報》，1983年第5期。范鈞宏：〈流派劇目需要不斷整理加工〉，《戲劇報》，1983年第1期。

明的政治發聲反而破壞了文姬的情緒，一筆勾銷了整歸鞭泣不成聲，以及一路鋪陳建構的離情張力、命運框架，由此卻可反襯金仲蓀原先劇本的主要內涵，純粹援引史實回歸歷史脈絡、回到古典人物，純粹「歌以詠言、聲以宣意」，經由程硯秋唱腔而營造提升至情感境界，這是編劇成功之處。

小結

　　1917 至 1927 年間報刊媒體的傳播、劇評票選的頻繁劇評均達前所未見之興盛，直接促成「唯旦行是趨」，可謂是旦行派別發展階段，更是梅尚程荀新戲創作之顛峰時期，四大名旦地位已是不容否認，高踞菊壇首座之梅蘭芳，無論在停演時裝新戲、續演古裝新戲、雕琢傳統劇目的創作思考與取捨整編，充分展現其主體意識與獨特氣韻，由前一階段的旖旎風情增添重度到舉重若輕端莊雅正，整體而言恢宏大器、重彩濃墨，磨腔煉句與歌舞身段二者交輝互映、相得益彰；荀尚兩人亦在一齣又一齣的新戲與老戲搬演，表演特色得以逐步建構，尚小雲俠義女性人物的塑造，已經成為尚派擅長風格與鮮明特色，荀慧生融會梆子移植劇目，豐富強化形塑荀派劇中人物，截然不同於梅蘭芳專屬劇目之含蓄內斂，而是以生活化方式淋漓盡致剖析劇中人物情感面，移植改編之荀式風格強烈，成就旦行劇目另一個面向。而後起的程硯秋更在羅癭公與金仲蓀先後量身打造、王瑤卿協助之下蘊積實力，由初期喜劇而後悲劇性的腔調愈加清晰，以低迴婉轉、幽咽細膩「程腔」在旦行領域中穩占一席之地，典型固定的傳統老戲中唱出新意，新編初排的程派新戲中更現韻味，雖未能並駕齊驅師父梅蘭芳，亦當領先超越荀尚前輩，至下一階段旦行發展成熟時期，更可見程派藝術發展邁向新的里程碑。